조한욱 교수의
소소한 세계사

조한욱 교수의

소소한 세계사

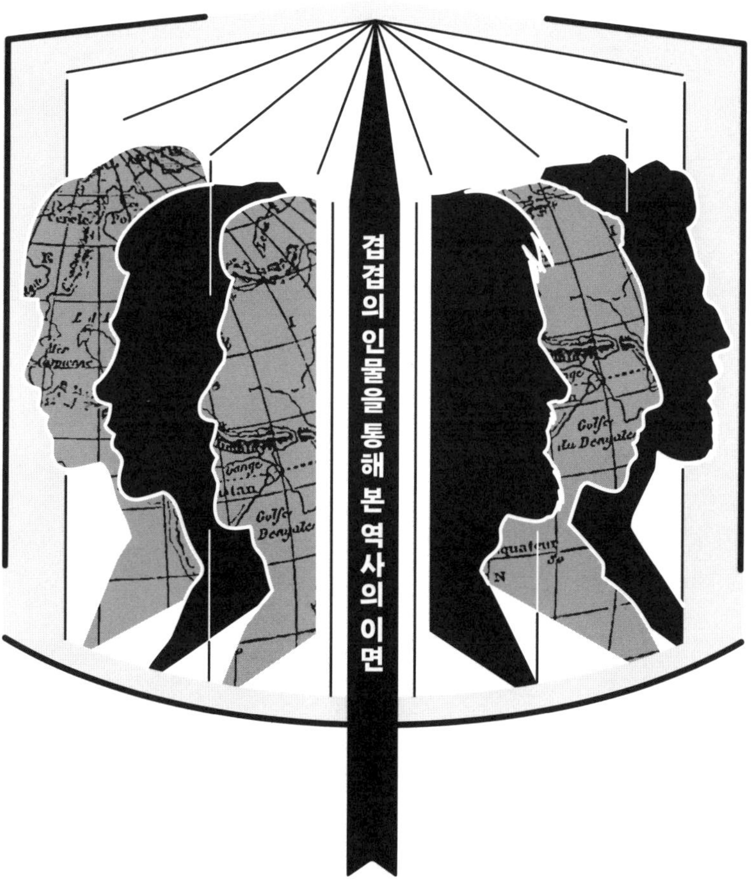

교유서가

차례

II

서문

10년에 걸쳐 써오던 칼럼을 마쳤다. 무척이나 정성을 들인 칼럼이었다. 그 기간을 지탱해오는 동안 많은 어려움을 겪었다. 소재를 선정하는 것부터가 쉬운 일이 아니었다. 신문이라는 매체의 특성상 발행 당시의 상황을 고려하면서 민주 시민의 덕성을 함양해야 한다는 내 스스로 정한 기준에 부합해야 했다. 그 과정에서 우리 사회에 어떤 사건이 생기면 거기에 일말의 빛을 던져줄 가능성이 보이는 외국의 역사나 인물을 찾아야 했다. 특별한 사건이 없는 경우에는 널리 알려지면 좋을 책이나 영화, 또는 다른 문화적 산출물을 소개했다. 때로는 잘못 알려진 사실을 바로잡으려 시도하기도 했고, 한 해 중의 어떤 시기에 적절한 주제를 선택하기도 했다.

주어진 짧은 지면에 많은 얘기를 담고자 하는 의도는 또다른 어려움의 출발이었다. 비록 학술적인 글은 아닐지라도, 사실을 확인해야 한다는 학문적 수련에서 비롯된 습관이 비집고 들어와서 글이 길어질 때마다 그것을 제한된 길이에 맞추려는 작업은 때때로 지나친 압축을 불러 의미가 모호해지는 경우도 생겼다. 더 큰 문제는 중요한 인물이나 사건마다 반드시 밝혀야 하는 상세 정보가 있음에도 그것들마저 최소한으로 축약시켜야 했다는 것이다. 어찌되었든 그와 비슷한 과정을 거친 칼럼에 바탕을 둔 책이 이미 두 권이 나왔고, 이후 모인 글들도 엄청난 분량이 되었다. 그 글들 외에 이전의 책들에 수록되지 않았던 글들까지 대체로 그러모은 결과가 이 책이다.

그 수많은 주제와 사건들을 어떤 방식으로 분류할 것인가? 지나치게 다양한 소재들 자체가 어떤 틀에 맞추려는 시도를 거부했다. 그러다가 든 생각이 칼럼을 쓸 때마다 때로는 절기나 축일에 맞췄거나, 아니면 관련된 인물의 탄생일 또는 서거일이나 중요한 사건이 일어난 날을 주제 삼아 쓴 것인데, 이 책을 읽으면서 독자들 나름으로 한 해의 흐름을 따라 행간을 읽어가는 것도 의미 있는 일이라는 데 생각이 미쳤다. 물론 칼럼이 발표된 순서 그대로 따라간 것은 아니고 때로는 연결되는 주제의 글들이 함께 묶였다.

책의 영향력이 현저하게 저하되고 있는 작금의 세태 속에서 또다른 한 권의 책을 낸다는 일은 여간 부담스럽지 않다. 글의 가치가 형편없이 실추된 세상에서 올바른 지식과 가치관에 바탕을 두고 글을 썼다고 자부하지만, 마치 내가 어떤 편향된 정치적 성향에서 글을 쓴 것처럼 비난하는 정말로 편향된 독자들이 있다는 것도 알고 있다. 정말로 그들이 깊이 생각하며 잘 읽어보기를 권한다. 그러나 이 책을 내기로 결정한 더 큰 이유는 이러한 세태 속에서도 꾸준히 내 글을 읽고 공감해주는 독자들이 있다는 것을 알고 있기 때문이다. 이 책은 그들에게 바치는 나의 헌사라고 봐도 무방할 것이다.

2021년 5월

조한욱

I

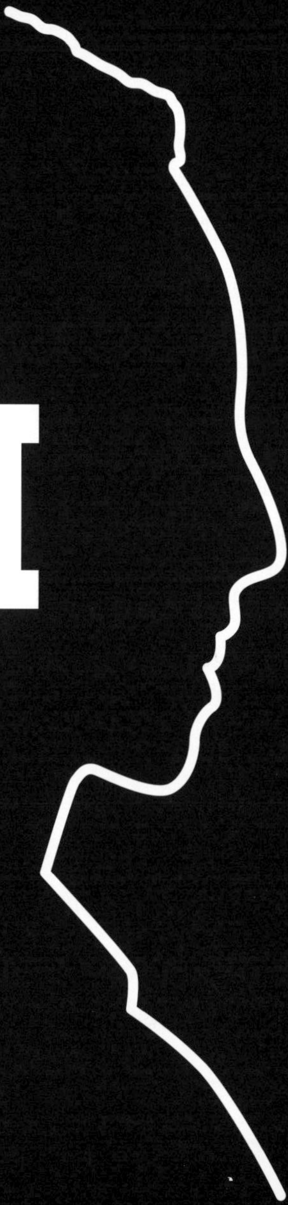

신년의 유래

새해는 언제 시작할까? 한국인들에게 이 의문은 양력 1월 1일을 첫날로 받아들일지, 아니면 음력 정월 초하룻날을 설로 인정해야 할지 하는 해묵은 문제에 대해 견해를 밝히라는 요구처럼 들릴 것이다. 한편으로 서양에서는 당연히 양력 1월 1일을 새해 첫날로 받아들이리라는 추정이 그 의문에 전제되어 있다. 그러나 사실은 그렇지 않다. 서양에서 설날의 역사는 신정, 구정의 구분보다 훨씬 복잡하게 얽혀 있다.

가톨릭교회가 큰 영향력을 행사하던 중세 유럽에서는 교회의 중요한 축일을 한 해의 출발점으로 잡는 예가 많았다. 그런데 그 축일이 지역마다 달라서 어느 곳에서는 성탄절이, 다른 곳에서는 가브리엘 대천사가 동정녀 성모 마리아에게 아기 예수의 잉태를 고지했다는 3월 25일이, 또다른 곳에서는 부활절이 첫날이었다. 중세라 해도 가톨릭이 아니라 정교를 믿던 동로마 지역에서는 10세기 말부터 9월 1일에 새해가 시작되었다.

1이라는 숫자가 갖는 상징성이 있는데, 이를테면 어떻게 3월 25일이 새해 첫날이 될 수 있다는 말일까? 로마에서 비롯되어 유럽에서는 달마다 숫자가 아닌 이름이 붙어 있기에 가능한 일이다. 실제로 영국에서는 12세기부터 1752년까지 3월 25일 수태고지의 날을 새해 첫날로 인정했다. 그 결과 영국 의회의 기록에는 찰스 1세를 처형한 것이 1648년 1월(재뉴어리) 30일로 되어 있다. 오늘날의 역사책에 1649년으로 기록되어 있는 것과는 차이가 난다.

리투아니아, 베네치아 공화국, 신성로마제국처럼 이전부터 1월 1일을 설날로 인정한 나라들이 있긴 했지만, 전반적으로는 교황 그레고리우스가 율리우스력의 단점을 보완하여 그레고리력을 제정한 1582년부터 유럽의 여러 나라에서는 점차 1월 1일을 새해 첫날로 받아들이기 시작했다.

어찌되었든 새해 첫날은 희망을 품어보는 날이다. 사회의 여러 영역에 진정한 민주주의가 실현되는 한 해가 되기를 염원한다.

유래, 종교, 중세 **(2016-12-29)**

야트막한 언덕 풍경

● **폴 오스카 크리스텔러**

이탈리아 르네상스의 업적이라면 누구나 당시의 찬란한 예술 작품들을 꼽는다. 반면 그 시대의 지적 성취도 만만치 않은데, 밑바탕에 휴머니즘이 깔려 있다는 명제에 대해서는 전반적인 동의가 있다. 그렇지만 거기까지일 뿐 '휴머니즘'에 대해 말하라면 대략 예닐곱 개의 정의가 경합을 벌인다. 하지만 크게 보면 대립하는 두 학파의 주장으로 결국 환원된다. 하나는 휴머니즘을 좁은 의미로 해석하여 그것을 지식인들의 집단 이익을 증진시키려던 활동으로 본다. 다른 하나는 그것을 시민들이 적극적으로 참여하여 공공선을 모색하려던 운동으로 본다.

폴 오스카 크리스텔러는 좁은 의미로 해석하는 학파의 거두이다. '후마니타스'라는 말이 처음 나왔을 때 그 말 자체가 단지 '학문'을 뜻했으니 그것을 '인본주의'와 같은 개념으로 채색하는 것은 당시의 용례를 몰라서 나온 소치라는 것이다. 어쨌든 그는 20세기 전반기에 고국 독일과 이탈리아에서 탄탄한 실력을 갖추었다. 이후 파시즘을 피해 미국으로 이주한 뒤 예일대학을 거쳐 컬럼비아대학에 정착했다.

플로티노스나 피치노처럼 당시 미국에 잘 알려지지 않은 중세와 르네상스시대 지식인들의 사상을 소개한 것도 큰 기여이지만, 크리스텔러의 가장 큰 업적은 『이탈리아의 길』이다. 전 세계의 도서관이나 수장고에서 발굴한 르네상스시대 이탈리아 지식인들의 수고를 집대성한 방대한 자료집이다. 이전까지는 분류조차 되지 않은 자료들로, 그의 작업은 이후 연구의 양과 질을 크게 격상시켰다.

한 시대를 풍미한 대가조차 르네상스 철학이 철학사에서 푸대접을 받는다는 것을 느꼈다. 철학사에서는 중세와 계몽주의라는 고봉만 볼 뿐 중간의 르네상스라는 낮은 언덕은 무시한다는 것이다. 그는 항변한다. 언덕이라도 주변보다는 높아 볼 만한 경관을 선보이며, 산봉우리에서 산봉우리로 이어지는 경로를 안내해준다는 것이다. 생각의 다양성을 위해서라도 그 야트막한 풍경은 필요하다고 덧붙이고 싶다.

🔑 사상, 철학, 학문 (2020-01-02)

넓은 의미의 휴머니즘

● 한스 바론

이탈리아의 휴머니즘을 좁은 의미로 해석한 학파의 대표자인 크리스텔러를 앞에서 소개한 바 있다. 그렇다면 이제 균형을 맞춰야 한다. 넓게 해석한 학파의 창시자는 한스 바론으로 알려져 있다. 그도 크리스텔러와 마찬가지로 독일 출신으로서 저명한 신학자 에른스트 트뢸치의 제자였다. 그런데 히틀러가 권좌에 오르면서 유대인으로서 위협을 느껴 이탈리아와 영국을 거쳐 최종적으로 미국에 정착했다. 그는 도서관의 사서이자 연구원이었다가 마지막에 시카고대학의 교수로 학자의 경력을 마쳤다.

바론도 '후마니타스'라는 말이 단지 '학문'을 뜻하는 단어라는 점에는 동의한다. 그런데도 그가 크리스텔러와 구분되는 것은 학문 내부의 변화뿐 아니라 전반적인 시대상의 변화까지도 염두에 두었다는 사실이다. 그에 따르면 이탈리아 르네상스의 문화는 1400년 무렵에 성격이 크게 바뀌어 고전 고대와도 구분되면서 이후 드러나게 될 그 자체의 특징을 갖추기 시작했다는 것이다. 그런데 그 시기가 시민들이 자발적으로 정치에 참여하여 공화정을 이루려던 때와 일치하고 그 장소도 그것이 가장 활발하게 이루어지던 피렌체 공화국이었다는 것이다. 따라서 휴머니즘의 성장과 시민 정치의 발흥 사이에는 상관관계가 존재한다는 것이다. 이런 의미에서 그의 주장을 '시민적 휴머니즘'이라고 부르기도 한다.

그런데 내게는 크리스텔러와 바론의 관계가 부럽다. 언젠가 르네상스부터 18세기까지 꼼꼼하게 정리한 수사학 관련 책을 읽은 적이 있는데, 나는 그 저자가 크리스텔러의 제자일 것이라고 추측했다. 서문을 읽어보니 내 추측이 맞았다. 그런데 놀라운 사실은 박사학위 논문을 발전시킨 그 저작을 비판적으로 읽으며 조언을 아끼지 않은 사람 중에 한스 바론이 들어 있었던 것이다. 학문들 사이에 담장을 치는 것도 모자라 학문 내부에서도 이해관계에 따라 반목이 예사로운 이곳의 풍토에서는 부러울 수밖에 없다. 그 담장을 없애지는 못할망정 그것이 낮아지길 기대하며.

연구, 학문, 현대 **(2020-01-09)**

풀먼 파업 ● 유진 데브스

1893년 미국에는 심각한 불황이 닥쳐 경제의 모든 부문이 큰 타격을 받았다. 그 심각함이 1896년 대통령선거 이후 미국 정치 지형도의 변화에 큰 영향을 끼쳤지만, 직접적인 갈등은 풀먼 파업이라는 형태로 나타났다. 풀먼 열차 제작회사에서는 불황에 따른 손실을 임금 삭감으로 만회하려 했다. 그들은 임금을 28퍼센트 삭감하면서 노동자들 집단 거주지의 집세나 공공요금은 보전해주지 않았다. 결국 노동자들은 파업을 결행했다.

풀먼 노동자들의 파업 소식에 미국 철도노조 지도자인 유진 데브스는 거대한 풀먼 회사를 상대하기에는 노동자들이 자금도 부족하고 미숙하다고 지적했다. 이 파업은 노조의 동의를 얻지 않고 일어난 이른바 '살쾡이 파업'이었던 것이다. 이후 노조원들은 풀먼 열차에 대한 보이콧을 만장일치로 결의했다. 노동자 10만 명 이상이 동맹파업을 벌이면서 풀먼 파업은 전국적인 노사분규로 확대되었다.

상황이 급박해지자 철도관리자협회는 풀먼 열차가 운행되지 않는 한 우편열차를 포함한 모든 열차를 운행하지 않겠다고 통보하고 시카고 일대 교통을 마비시켰다. 또한 연일 파업에 대한 악의적인 뉴스를 보도하게 만들어 여론이 회사 쪽에 유리하게 흘러가도록 조작했다. 결국 그로버 클리블랜드 대통령은 파업을 진압하려고 연방군을 투입했다. 언론에서 '데브스의 난'이라고 묘사한 풀먼 파업은 결국 30여 명이 죽고 700여 명이 체포되면서 실패로 끝났다. 데브스는 법원의 파업 금지 명령을 거부했고 우편열차 운행 방해를 음모했다는 혐의로 기소되어 징역 6개월을 선고받고 우드스톡 감옥에 수감되었다.

데브스는 풀먼 파업의 실패를 통해 자본가의 힘이 도처에 존재하며, 정부는 자본가 편이라는 것을 뼈저리게 경험했다. 그는 노조가 노동자의 권리 보호에 성공하기 위해서는 정치제도와 법률체계의 변화가 선행되어야 함을 깨달으며, 감옥에서 사회주의자의 길을 가게 되었다. (*이 글에서는 전다솜의 최근 석사논문을 참조했다.)

권리, 근대, 노동, 정치 (2019-01-03)

풀먼 포터 ● 조지 풀먼

'포터'는 물건을 나르는 사람, 즉 '짐꾼'을 뜻하는 말로서 어느 정도 비하의 의미가 담겨 있다. 역사가 우리를 놀라게 하는 것 중 하나는 우리의 통념과 어긋나는 사례를 풍부하게 제시해준다는 사실에 있는데, 이 단어의 경우도 그렇다. 특히 풀먼 열차 제작회사에서 고용한 객차 내 승무원을 가리키는 '풀먼 포터'는 역사의 명암을 있는 그대로 드러낸다.

기차는 물자와 인력을 대량으로 수송함으로써 영국에서 출발한 산업혁명을 추동할 수 있는 중요한 요인이었다. 그런데 미국의 기업가였던 조지 풀먼은 남북전쟁이 끝난 뒤 여기에서 상업적 성공의 가능성을 예감했다. 대륙횡단철도 부설의 초창기였던 1860년대 말에 풀먼은 호화로운 침대차를 제작했다. 하인들의 시중을 받던 부유층이 기차 여행을 하면서도 그들만의 생활방식을 이어가도록 하겠다는 그 발상은 곧바로 성공을 거두었다. 기차를 제작하는 노동자들의 도시까지 조성해야 할 정도의 성공이었다.

풀먼은 남북전쟁 이후 쏟아져나온 흑인 해방 노예들을 그 기차에서 시중을 드는 인력으로 고용했다. 그들을 풀먼 포터라고 부른다. 풀먼으로서는 비용 절감의 차원에서 기획한 일이었을 수도 있다. 또한 그들의 생활수준 역시 그리 높지 않았음을 보여주는 기록도 많다. 그렇지만 1960년대에 이르기까지 풀먼 포터는 흑인들로만 구성되어 있었고, 직업에 대한 자부심도 높았으며, 결과적으로 흑인의 지위 향상에 기여했다는 평가가 일반적이다.

다만 풀먼에 대한 긍정적인 평가는 거기까지일 뿐이다. 1893년부터 시작된 불황의 문제를 해결하기 위해 그는 노동자들의 처지를 고려하지 않은 임금 삭감에 의존함으로써 결국 노동자들은 앞에서 언급한 바 있는 풀먼 파업으로 치달을 수밖에 없었던 것이다. 결국 30여 명이 숨진 그 파업을 통해 유진 데브스(철도노조 지도자, 이후 미국 사회당 대선 후보)는 사회주의자의 길을 걷게 되었다.

권리, 노동, 인종, 현대 **(2020-02-20)**

아버지의 가르침

● 서굿 마셜

침대차의 포터였던 윌리엄 마셜과 아내 노마는 미국 해방 노예의 후예였다. 그들은 두 아들의 교육에 각별히 힘을 쏟으며 법치에 대한 존경심을 불어넣었다. 아버지는 자식들을 교육의 일환으로 법리 다툼이 진행되는 법정을 참관시킨 뒤 함께 토론을 벌였다. 저녁식사 후에는 시사 문제를 놓고 가족 모두가 격론을 벌이곤 했다.

그 맏아들이 흑인 최초의 대법원 판사 서굿 마셜이다. 아버지는 '완벽한 선'을 뜻하는 '서러굿'이라 작명했지만 어린 아들은 긴 스펠링을 버겁게 여겼는지 스스로 '서굿'으로 개명했다. 대학 저학년 시절의 그는 학업에 뜻이 없이 동료들을 괴롭히기까지 하며 평범과 불량 사이를 오가던 학생이었다. 그러나 결혼을 한 뒤 법률가로 목표를 정하면서 진지한 학생이 되었다.

인근의 메릴랜드대학 법대에 가고 싶었으나 원서도 내지 못했다. 흑백 차별이 여전히 횡행하던 20세기 전반에 그곳은 흑인을 받아들이지 않았기 때문이다. 결국 흑인들로 구성된 하워드대학에 진학했다. 학비 조달을 위해 어머니는 약혼반지와 결혼반지를 저당잡히기도 했다. 수석으로 졸업한 그는 '미국 유색인 지위향상 협회'(NAACP)와 연계하여 25년간 법조인으로 활약했다.

그를 유명하게 만든 사건은 어느 흑인 학생을 대리하여 메릴랜드대학에 맞서 제기한 소송이었다. 흑인은 성적이 탁월해도 입학이 거부되었기 때문에 법률가를 지망하던 메릴랜드주의 흑인들은 사립대학이나 다른 주의 공립대학으로 가야 했는데, 마셜은 그것이 "분리하지만 평등"해야 한다는 이전의 판례에 어긋난다는 사실을 강조하며 승리를 이끌어낸 것이다.

그러한 공로들을 인정받아 그는 1967년 흑인 최초로 대법원 판사가 되었다. 그는 언제나 자신의 성공을 아버지의 공으로 돌렸다. "아버지가 나를 법률가로 바꿔놓았다. 그는 논쟁하는 법을 가르쳐주었고, 내가 어떤 진술을 하든 그것을 입증하게 만들었다."

노동, 신념, 인종, 저항, 차별 **(2020-02-27)**

행진곡의 왕 ● 존 필립 수자

해병 군악대에서 트롬본을 연주하던 아버지는 음악에 소질을 보이는 열세 살 난 아들이 서커스에만 한눈을 팔고 있는 꼴이 보기 싫었다. 그는 어린 아들을 해병대에 입대시킨 뒤 군악대로 차출했다. 이것이 미국의 작곡가이자 지휘자로, 특히 '행진곡의 왕'이라는 칭호로 불릴 만큼 그 분야의 발전에 큰 족적을 남긴 존 필립 수자가 군대에 가게 된 내력이다.

어릴 적부터 관악기는 물론이고 피아노와 바이올린 등 다양한 악기뿐 아니라 성악에까지 재능을 보인 그는 군악대에서 곧 두각을 나타냈다. 그는 해병대의 군악대장에 올라 다섯 명의 대통령 아래에서 10여 년 동안 군악대를 지휘했다. 그가 지휘하던 군악대는 두 명의 대통령 취임 축하 무도회에서도 연주했다.

보통 그가 발명한 악기에 그의 이름이 붙어 수자폰이 되었다고 말한다. 그러나 그것은 반쯤만 사실이다. 그는 튜바를 개량하여 음역을 바꾸고, 연주자가 행진하면서 더 편하게 연주할 수 있도록 만들려고 애썼다. 그리하여 필라델피아의 악기 제작업자 존 페퍼에게 의뢰했던 것인데, 거기에 수자의 이름이 붙은 것이다. 악기의 제작 과정에 수자의 조언과 제안이 많이 반영되었던 것은 분명한 사실이다.

그는 제대 후 수자 밴드를 만들었다. 미국은 물론이고 전 세계를 순회하며 사람들을 즐겁게 한 1만 5000회 이상의 공연 중에서 특히 기억할 만한 것은 파리 세계박람회와 런던 로열 앨버트 홀의 무대였다. 파리의 도로를 누비며 개선문까지 행진했던 공연도 잊을 수 없는 행사였다. 특이하게도 수자 밴드가 행진을 하면서 악기를 울린 것은 40년 동안 여덟 차례에 불과했기 때문이다.

미국이 1차대전에 개입하자 수자는 다시 입대하여 군악대장이 되었다. 이미 부를 쌓아올린 그는 1달러만 빼고 월급 전액을 해병대 구조 기금에 기부했다. 새해 벽두에 그의 행진곡을 반기고 싶은 또다른 이유이다.

관용, 음악, 작품 **(2018-01-04)**

내 이름을 달지 말라

● 조지 이브리스트

누구나 알듯 에베레스트산이 세상에서 가장 높다. 웨일스 측량사의 이름을 따 그렇게 명명되었다는 사실도 웬만하면 알고 있다. 그런데 그 측량사는 스스로를 조지 이브리스트라 불렀으니, 이브리스트산이라고 바꿔 불러야 할까? 어쨌든 그가 그 산을 처음 발견했으니 그렇게 불리는 것이라고 짐작하겠지만 그렇지 않다. 1865년 왕립지리학회에서 그를 기려 산에 이름을 붙이겠다고 결정했을 때 이브리스트는 반대했다. 여기에는 가슴 훈훈한 이야기가 담겨 있다.

이브리스트는 인도 대륙을 측량하기 시작한 윌리엄 램튼 대령의 부관으로 파견되었다가 램튼이 사망한 뒤 임무를 물려받았고, 1830년에는 인도 측량관이 되었다. 남인도에서 네팔까지 대략 2400킬로미터에 이르는 지역에 대한 삼각측량을 램튼이 시작했고 이브리스트가 완성했다. 근 40년이 소요된 과업이었다. 이브리스트는 은퇴한 뒤 귀국하여 왕립학회 회원이 되었고, 왕립지리학회의 부회장이 되었다.

후임 인도 측량관으로는 앤드루 스콧 워가 임명되었다. 그는 아직 측량되지 않은 히말라야 고산 지역에서 이브리스트의 임무를 이어받았다. 그는 전인미답의 고지대에서 예측하기 어려운 날씨와 몇 달에 걸쳐 악전고투하며 '봉우리 15'를 측량할 수 있었고, 동행했던 네팔의 수학자 라다나트 시크다르가 그것이 그 일대에서 가장 높으며 아마 세계에서도 가장 높은 봉우리일 것이라고 확인해주었다.

워는 착오가 있을지 몰라 4년 동안이나 거듭 확인한 뒤 결과를 발표했고, 거기에 전임자의 이름을 붙이자고 제안했다. 이브리스트는 반대했다. 자신이 그 산을 측량하지도 않았고, 현지인의 이름을 붙이는 것이 관례라는 이유에서였다. 당시에는 '초몰룽마'라는 티베트식 명칭도 알지 못했기에, 결국 몇 년 뒤 워의 제안이 산의 명칭으로 확정되었다.

워는 에베레스트 정상에 두 다리를 올린 유일한 인물이 되었다. 한 다리는 산에, 또하나는 이름에.

근대, 신념, 유래 **(2017-01-05)**

그들의 애국 ● 매리언 앤더슨

'미국 혁명의 딸들'이라는 비영리 단체가 있다. 1889년 조지 워싱턴 미국 초대 대통령의 취임 100주년을 기념하여 애국심을 더욱 고취시키려는 목적에서 창설된 여성 조직인데, 미국 독립에 직접적으로 도움을 준 사람들의 자손임을 입증할 수 있는 사람들만이 가입할 수 있다. 미국의 50개 주는 물론이고 여러 다른 나라에까지 3000개에 달하는 지부를 둘 정도로 영향력이 막강하여, 역사 에세이 콘테스트를 열기도 하고 장학금을 지급하는 등의 봉사활동을 벌인다.

'제헌관'이라 불리는 이 조직의 워싱턴 본부 건물에는 미술관과 도서관도 있는데, 음악회가 열리는 장소로도 알려져 있다. 그런데 1939년 이 단체에서는 이미 미국과 유럽에서 명성을 쌓은 흑인 콘트랄토 매리언 앤더슨의 공연을 거부했다. 당시 워싱턴은 흑백을 차별하던 지역으로서, 흑인과 백인이 뒤섞여 공연을 관람할 수는 없다는 이유에서였다. 당연히 이런 결정은 흑인은 물론이고 의식 있는 백인들의 분노를 자아냈다. 당시 퍼스트레이디인 엘리너 루스벨트마저 이 단체에 대한 실망감을 표출하며 탈퇴했지만 흑인은 분리된 뒷좌석에 앉아야 한다는 차별이 바뀌지는 않았고 결국 공연은 무산되었다.

이 일은 클래식 음악가로는 드물게 앤더슨이 인종차별에 반대하는 행동에 나서게 된 계기가 되었을 뿐 아니라 오히려 그의 명성을 치솟게 만들었다. 그해 부활절에 루스벨트 대통령의 주선으로 앤더슨은 링컨 기념관의 계단 위에서 공개 콘서트를 열었다. 7만 5000명의 관객이 운집했고, 수백만의 청중이 라디오 실황 중계를 즐겼다. 그리고 1955년에는 유색인종 최초로 메트로폴리탄의 오페라 무대에 올랐다. 콘서트에서 아리아를 부르긴 해도 연기를 못한다는 스스로의 판단으로 오페라 무대를 거절하던 그의 유일한 오페라 공연은 베르디의 〈가면무도회〉였다.

오늘날 '미국 혁명의 딸들'은 인종과 종교에 상관없이 자격이 있는 모든 여성에게 문호를 개방한다.

O┯ 여성, 음악, 저항, 차별 **(2016-01-06)**

루비콘강을 건너다

● 율리우스 카이사르

이탈리아의 라벤나 남쪽에 있는 작은 강을 이탈리아 사람들은 루비코네강이라고 부른다. 그렇지만 역사적 사실 때문에 사람들은 라틴식 이름인 루비콘강으로 기억한다. 기원전 49년 갈리아에 파견되었던 율리우스 카이사르가 결단 끝에 건넜다고 하는 바로 그 강이다. 그 둘이 같은 강인지 확인되지 않았는데도 역사가들은 대체적으로 그 둘이 같다는 견해를 유지한다.

카이사르가 루비콘강을 건넜다는 사실이 중요한 이유가 있다. 로마가 세력을 확장할 무렵 전장에 파견된 장군이 군사를 거느리고 돌아올 때 루비콘강에 도달하면 로마에 충성한다는 의미로 무장을 해제해야 한다는 규약이 있었다. 무장을 한 채 강을 건넌다는 것은 로마에 대한 반역을, 즉 로마에 내전이 일어나리라는 것을 뜻했다.

이 사건에 대해서는 역사가 수에토니우스가 상세한 기록을 남겼다. 그에 따르면 결행 직전의 순간까지도 카이사르는 확고한 결심을 하지 못했다. 그는 주변의 참모들에게 "아직도 퇴각할 수 있다. 그렇지만 이 작은 다리를 건너면 무기를 들고 싸우는 수밖에 없다"고 말했던 것이다.

바로 이 상황에서 다음과 같은 초현실적인 일이 일어났다고 수에토니우스는 전한다. 용모가 고상하고 눈빛이 수려한 한 사람이 나타나 피리를 불기 시작했다. 그의 주위에 군인들이 모여들었는데, 그중에는 나팔수도 있었다. 그가 갑자기 나팔을 빼앗아 들고는 진격의 나팔소리를 울리며 강의 건너편으로 넘어갔다. 이에 카이사르가 외쳤다. "신의 전조와 적의 불법 행위가 우리를 부르는 곳으로 가자. 주사위는 던져졌다."

실제로 그런 일이 일어났을까? 출처가 그리스의 극작가 메난드로스의 표현인 "주사위는 던져졌다"는 말을 카이사르가 정말로 그리스어로 언명했을까? 어쨌든 이후 "루비콘강을 건넜다"와 "주사위는 던져졌다"는 말은 위험을 무릅쓰고 돌이킬 수 없는 행동을 감행했다는 사실을 표현하는 관용어가 되었다. 1월 10일의 일이었다.

고대, 유래, 전쟁, 지도자 **(2019-01-10)**

상보성의 원리 ● 닐스 보어

덴마크의 물리학자 닐스 보어는 원자 구조와 양자역학 연구에 끼친 업적으로 1922년에 노벨 물리학상을 받았다. 그의 양자역학의 영향을 받아 하이젠베르크가 불확정성의 원리를 발표했다. 또한 그는 최초로 핵무기를 개발한 맨해튼 프로젝트에도 참여했다. 하는 일이 많았던 만큼 그와 관련된 이야기들도 많다.

대학생 시절 물리학 수업중 한 교수가 기압계를 이용해 빌딩의 높이를 알아내라는 문제를 냈다고 한다. 교수가 원한 답은 옥상과 지상에서 기압을 측정하여 그 차이를 공식에 대입하는 것이었다. 그러나 대학생 닐스 보어는 그 진부함을 견딜 수 없었던지, 기압계에 끈을 묶어 땅까지 내려 그 줄의 길이를 잰다고 대답했다고 한다. 화가 난 교수에게 다시 제시한 대답은 건물 관리인에게 기압계를 주고 건물 높이를 알아낸다는 것이었다. 이것은 유명세에 따라다니는 근거가 불확실한 이야기일 뿐이다.

다른 이유로 내막을 알 수 없는 이야기도 있다. 코펜하겐대학에서 보어의 조교였던 하이젠베르크는 훗날 독일 핵무기 개발의 책임자가 되었다. 그뒤 둘이 만나 대화를 나눴다고 한다.

핵무기 개발과 관련된 과학자들의 윤리 문제에 대한 설전이 오갔으리라는 추측에는 신빙성이 있지만 그 대화의 내용은 아직도 과학사에서 논란거리로 남아 있다. 둘 다 별로 말을 하지 않았고, 말한 내용마저 서로 달랐기 때문이다.

확인된 이야기도 있다. 나치가 덴마크를 점령한 뒤 모친이 유대인이라는 이유로 닐스 보어를 체포하려 한다는 소식이 전해졌다. 그는 스웨덴으로 도피한 뒤 스웨덴 국왕을 설득해 덴마크 유대인들 약7000명의 도피처를 구해줬다.

빛이 입자인가 파동인가 하는 문제에 있어 연구자가 취하는 태도에 따라 빛은 입자가 되기도 하고 파동이 되기도 한다는 상보성의 원리도 보어에게서 비롯되었다. 자연 현상도 그러한데 인간은 얼마나 더 자신의 틀에 매여 있는 것일까. 그러니 올바른 틀을 갖춰야 한다.

과학, 연구, 전쟁 **(2018-01-11)**

현자 나탄 ● 고트홀트 에프라임 레싱

거친 이분법으로 말한다면 이성에 기반을 둔 계몽주의는 프랑스가, 감성의 계발을 목표로 한 낭만주의는 독일이 발전시킨 사조다. 그렇지만 수가 적었어도 프랑스에 낭만주의자가, 독일에 계몽주의자가 없지는 않았다. 괴테가 디드로와 루소는 독일인과 동류라고 말했듯 프랑스에도 감성의 중요성을 인식한 사람들이 있었고, 칸트처럼 이성을 비판 철학으로 확립한 독일인도 있었다.

그리 많지 않았던 독일의 계몽주의자 중에 고트홀트 에프라임 레싱이 있다. 시인으로, 철학자로, 극작가로, 예술 비평가로 활발하게 집필 활동을 했던 사람이다. 재치가 충만한 그의 글은 이론적이고 비판적이며 논쟁적이다. 하나의 사물을 보더라도 여러 각도에서 보면서 상대방의 논지에서도 진리의 요소를 찾으려 한다. 그는 기독교인도 사상의 자유에 대한 권리를 갖는다고 주장하면서 성서를 문자 그대로 받아들이는 해석에 반대했다. "기적에 대한 증거가 더이상 존재하지 않는데 어떻게 기적이 계속하여 기독교의 초석이 될 수 있겠는가?"

기독교에 대한 그런 합리적 비판에 근거하여 그는 종교적 관용의 중요성을 설파한다. 『현자 나탄』은 각 종교가 다른 종교를 이해할 필요성을 강조하는 희곡이다. 3차 십자군전쟁 당시의 예루살렘이 배경인 이 연극에서는 유대인 나탄과 이슬람교의 살라딘과 기독교 기사가 점차 그들 사이의 간극을 좁혀나가는 과정을 그린다.

참된 종교가 어떤 것인지 묻는 살라딘에게 나탄이 우화로 답한다. 똑같이 사랑하는 세 아들에게 마법의 반지를 물려줘야 하는 사람이 반지 두 개를 복제했다. 진짜 반지를 가지려 다투는 아들들에게 현명한 재판관이 훈계한다. 신의 길에 합당하게 살아야 반지가 마법을 발휘할 텐데 무슨 상관인가? 각기 자신의 종교에 맞게 참된 삶을 살아야 하는 것 아닌가? 레싱 생전에 교회의 반대로 무대에 오르지 못한 이 희곡은 오늘날 우리의 일부 교회에서도 금지할 것 같다.

관용, 문학, 작품, 종교, 철학 **(2017-01-12)**

독재의 말로 ● 빅토르 하라

취중폭력을 일삼던 아버지는 가족을 버렸다. 그러나 어머니는 자식들이 좋은 교육을 받도록 전력을 다했다. 원주민과 백인의 혼혈인종인 메스티소였던 어머니는 독학으로 배운 기타와 피아노에 맞춰 칠레의 전래 민요를 노래했다. 빅토르 하라의 노래 〈아만다, 당신을 기억합니다〉는 그런 어머니를 추모하며 만든 노래다. 어머니에 대한 사랑은 민중에 대한 사랑으로 이어졌다. 그는 칠레 민속음악을 현대 칠레인의 삶에 접목시킨 비올레타 파라의 영향을 받으며 누에바 칸시온(새로운 노래운동)이 물결치게 만들었다. 연극 연출가로도 명성을 쌓아가던 하라는 음악세계로 들어서며 연극을 떠났지만, 그의 역할은 예술에 머물지 않았다. 그는 교사였으며, 독재 타도를 위해 헌신한 운동가였다. 그는 살바도르 아옌데가 라틴 아메리카에서 최초로 선거를 통해 집권한 사회당 대통령이 되는 데 이바지했다. 그러나 아옌데가 미국의 지원을 받은 피노체트의 반군에 의해 사살되면서 하라의 운명도 같은 길을 갔다.

쿠데타의 밤에 그는 산티아고 기술대학에서 학생들과 어울려 노래했고, 다음날 아침 군부에 의해 체포되었다. 칠레 대운동장에 감금되었다가 살해된 그의 시체는 운동장 밖으로 버려졌고, 영국 출신의 아내가 수습하여 고문의 흔적을 확인했다. 오늘날 칠레 대운동장은 '빅토르 하라 운동장'이라 불리기도 한다.

쿠데타의 원흉인 피노체트는 국민적 저항에 부딪혀 결국 권좌에서 물러났고, 미국마저 등을 돌렸다. 독재자는 반드시 처벌해야 한다는 칠레 사법부의 의지에 따라 수백 건의 기소가 이루어졌으나 갑작스러운 사망으로 사법적 처벌은 이루어지지 않았다. 그는 무덤과 시신에 대한 훼손을 두려워해 화장해 달라는 말을 유언으로 남겼다.

실제로 고문과 살해에 가담했던 하수인들에 대한 사법 처리가 하나하나 이루어지고 있다. 42년이 지났지만 사태 당시 책임자 위치에 있었던 군부의 실력자들이 법의 심판을 받았고, 미국으로 도주한 자에 대한 재판은 아직도 진행중이다.

권력, 음모, 음악, 정의, 폭력 **(2016-01-14)**

역사주의 이전의 역사주의자들

프랑수아 오트망

어느 개념어와 마찬가지로 '역사주의'라는 단어도 주장하는 사람에 따라 그 내용이 천차만별이다. 그렇다 할지라도 역사학자들 사이에서는 어느 정도 동의가 이루어져, 그것은 모든 현상을 역사적 변화라는 맥락 속에서 이해하려 하며, 그 과정에서 법칙의 확립을 추구하는 자연과학과 달리 구체적이고 개별적인 사실의 특수성을 천착하려는 경향이라고 본다. 그것은 19세기 후반에 딜타이, 리케르트와 같은 사람들을 통해 정리되기 시작한 뒤, 20세기에 들어 크로체와 마이네케 같은 역사철학자들에 의해 정교하게 다듬어졌다.

그런데 도널드 켈리라는 미국의 역사가가 『현대 역사학의 기반』이라는 저서에서 '역사주의'라는 단어가 존재하지도 않던 16세기에 이미 프랑스의 법학자들이 역사주의의 강령을 실천에 옮겼다는 주장을 펼쳤다. 한평생을 지성사와 사학사의 연구에 몰두하며 수많은 업적을 이룬 공로를 인정받아 국제지성사학회의 회장까지 지낸 학자의 치밀한 연구 결과였다. 그는 기욤 뷔데, 안드레아 알차토 등 이른바 '프랑스의 르네상스'를 주도했던 법학자들의 업적을 파고들면서 그런 결론에 도달했던 것이다.

그런데 확실히 무림은 깊고 고수는 숨어 있다. 그 법학자들에게 관심을 갖고 그들을 추적한 결과, 그들에게 지대한 영향을 끼친 또다른 인물이 드러난다. 바로 프랑수아 오트망이다. 그는 로마법학자였지만 『유스티니아누스 대법전』을 비판하면서 그것은 단지 당시의 법 이론가들의 권위에만 의존하여 그들의 해석만을 법의 논거로 삼았을 뿐이라고 주장했다. 따라서 프랑스의 법은 토착 프랑스인인 갈리아인의 경험에 맞추어 제정되어야 한다는 것이 그의 대표작 『프랑코 갈리아』의 논지였다. 전통에 의존하던 로마법학자들은 단지 절대주의 왕권을 강화시키려는 목적만 갖고 있었을 뿐 그들에게 역사적 근거는 없었다는 것이다.

그는 이러한 주장에 걸맞은 삶을 살았다. 그는 개신교로 개종했고 그로 말미암은 박해를 피해 스위스에서 망명생활을 하던 중 사망했다.

법, 연구, 작품, 철학, 학문 **(2020-01-16)**

어느 연쇄 살인범 1

앨버트 데살보

폭력성이 강한 어느 알코올 중독자가 자식들 앞에서 이가 뽑힐 정도로 아내의 얼굴을 주먹으로 때리고 손가락을 젖혀 부러뜨리기까지 했다. 그런 환경에서 아들 앨버트 데살보는 가학 성향을 키웠고, 10대에 접어들면서 좀도둑질로 법의 경계선을 넘나들었다. 폭행과 절도로 소년원을 드나들던 그는 군에 입대했고, 군사 법정에 서기도 했지만 가까스로 명예제대를 할 수 있었다. 제대한 뒤 그는 보스턴 근교에 살고 있었다.

1962년 6월부터 대략 1년 반 사이에 보스턴 지역에서는 열세 명의 독신 여성이 살해되었다. '보스턴 교살자'라고 통용되던 범인은 피해자들의 아파트에서 성폭행을 한 뒤 옷가지로 목을 졸라 죽였던 것이다. 강제로 침입한 흔적도 없던 그 사건들은 미궁에 빠져들었다. 한편 보스턴 경찰은 연쇄 강간범도 추적하고 있었는데 그 용의자가 체포되었다. 형사를 사칭한 어떤 사람이 젊은 여성의 집에서 성폭행을 한 뒤 갑자기 "미안하다"는 말을 하고 떠났다는 것이다.

인상착의에 대한 피해자의 진술이 데살보와 일치했고, 그의 사진을 본 많은 여성들이 그에게 공격을 받은 일이 있다고 증언했다. 그런데 강간 혐의로 기소된 뒤 데살보는 자신이 연쇄 살인도 저질렀다고 자백하면서 살인 사건들에 대해 상세하게 진술했다. 최면술까지 동원된 자백이었는데, 문제는 그의 증언을 뒷받침할 물증이 없다는 것이었다. 배심원단은 성폭행 혐의로만 종신형을 결정해 감옥으로 보냈다. 그는 감방의 동기들과 탈옥을 감행했다. 대규모의 수색 작전이 펼쳐지자 그는 사흘 만에 자수했다.

재수감된 그는 연쇄 살인범이 아니라며 기존 자백을 번복했다. 그러던 중 마약과 관련된 다툼 끝에 다른 수감자에게 살해되었다. 50년이 지난 2013년에 보스턴 경찰은 강간 뒤 살해당한 한 피해자의 가검물에서 검출된 DNA가 그의 것과 일치한다고 발표했다. 그렇지만 그가 모든 살인을 저지르지는 않았으리라는 추측도 유력하게 제기된다.

여성, 폭력, 현대 **(2019-01-17)**

어느 연쇄 살인범 2

앨버트 데살보

연쇄 강간의 용의자였던 앨버트 데살보가 연쇄 살인범으로 강력하게 부각될 수 있었던 결정적 계기는 다른 수감자인 조지 나사르에게 그 사실을 털어놓은 데 있었다. 나사르는 곧 자신의 변호사 리 베일리에게 알렸고, 베일리는 데살보의 변호까지 맡기로 했다.

베일리는 데살보의 자백에 일관성이 없고 결정적인 물증이 없다는 점을 강조하면서, 오랜 기간에 걸친 절도와 성범죄 행각에 연관성이 없다는 점을 근거로 감옥이 아닌 정신병동에서 치료를 받아야 한다고 주장했다. 그러나 배심원단은 감옥에서의 종신형을 결정했고, 베일리는 향후 비슷한 종류의 범죄자에 대해 연구하여 범죄를 줄일 방편이 사라졌다고 개탄했다.

재수감 이후 경계가 가장 철저한 상태에서 그는 연쇄 살인에 대한 주장을 철회하기 시작했다. 그러던 중 수감된 지 6년 만인 1973년에 살해된 주검으로 발견되었다. 용의자인 로버트 윌슨에 대한 재판은 배심원단이 합의된 결론에 도달하지 못한 채 종결되었다. 윌슨에 따르면 데살보는 마약 조직에서 정해놓은 가격보다 낮은 값에 마약을 팔았기 때문에 문제가 되었다는 것이었다.

2013년 보스턴 경찰은 데살보의 관 뚜껑을 다시 열어 유해에서 검출한 DNA가 강간 살해된 열아홉 살의 메리 설리번에게서 발견된 것과 일치함을 확인했다. 그렇지만 그 연쇄 살인의 일부가 다른 범죄자들의 소행일 가능성은 여전히 열려 있다. 열아홉 살에서 여든다섯 살에 이르는 피해자들 사이에서 프로파일링이 가능한 어떤 연관성도 발견되지 않았다는 것이 그런 의혹을 제기하는 사람들의 주장이다.

1971년 텍사스주 의회에서는 '인구 조절'을 위한 데살보의 노력을 기리는 법안을 만장일치로 통과시켰다. 그것은 만우절의 장난이었는데, 제안자인 하원의원 톰 무어는 숙고의 과정을 거치지 않고 입안하는 동료들의 행태에 경종을 울리기 위해서였다고 밝힌 뒤 그 법안을 철회했다.

과학, 법, 정치 **(2019-01-24)**

왕보다 강한 여왕

이사벨 1세

카스티야의 이사벨 1세가 아라곤의 페르난도 2세와 결혼해 오늘날 에스파냐 영토의 기반을 닦아놓았다는 것은 세계사의 상식이다. 그 부부가 가톨릭 신앙을 수호하여 1974년 교황한테서 '신의 하인'으로 인정받았다는 사실도 잘 알려져 있다. '신의 하인'은 성인으로 시복받기 위한 첫 단계다.

그런데 세계사 책에서는 남편보다 아내의 업적을 더 높게 평가하는 것처럼 보인다. 그도 그럴 것이 그들의 결혼부터가 이사벨의 원려에 의해 꾸며지고 실행되었기 때문이다. 근세 초 유럽의 왕가가 대개 그렇듯 정략결혼이나 전쟁을 통한 합병과 같은 과정으로 인해 그 계보가 혼란스러웠다. 이복 오빠인 국왕 엔리케 4세는 동생을 포르투갈의 왕과 결혼시키려 했다. 그러나 지중해의 영유권을 가진 아라곤의 왕이 자신에게 제격이라 생각한 이사벨은 페르난도를 몰래 만났고, 엔리케의 사망 이후 마침내 결혼했던 것이다.

페르난도가 왕위를 계승한 뒤 수립된 에스파냐 왕국은 실질적으로 두 군주의 공동통치를 받았다. 그들은 부정부패를 일소하는 개혁을 벌여 국가 재정을 튼튼하게 만들었다. 이 문제에서도 페르난도는 타락한 공직자들에게 관용을 베풀려 했지만 이사벨은 법을 엄격하게 집행해야 한다는 태도를 취했다. 콜럼버스의 항해를 적극적으로 지원한 것도 이사벨이었다. 그 덕분에 해외 식민지를 확보하게 된 에스파냐는 강국으로 떠올랐고, 이후 해외 식민지 개척이 한 시대를 가리키는 세계사의 용어로 정착했다.

하지만 그들이 경쟁만 벌인 것은 아니었다. 이베리아반도 남부에 잔존하던 이슬람 세력을 몰아내려는 레콩키스타에는 남편이 더 열성이었다. 이사벨은 전장을 누비는 남편을 위해 군자금과 군수품을 조달했다. 또한 신민들과 친밀한 관계를 유지하는 것도 그들의 공동 관심사였다. 그리하여 그들은 매주 금요일마다 시간을 정해놓고 민원인들의 불평을 직접 들었다. 내게는 이것이 그들의 가장 큰 업적으로 보인다.

권력, 여성, 정치, 지도자 **(2018-01-18)**

갈색 개 사건 ● 윌리엄 베일리스

1903년부터 7년이 넘게 영국 사회는 생체 실험을 둘러싸고 극심한 갈등을 겪었다. 게다가 그 갈등은 국경 너머까지 확대되었는데, 그 전말은 다음과 같다.

1903년 2월 윌리엄 베일리스라는 런던대학 생리학과 교수가 60명 정도의 의학도들 앞에서 테리어종의 갈색 개 한 마리를 놓고 생체해부를 자행했다는 소문이 돌았다. 개에 대한 실험으로 호르몬을 발견한 의학적 성과를 올린 바 있는 베일리스는 개를 적절하게 마취시켰다고 주장했다. 그러나 문제를 제기한 스웨덴의 여성 행동가들에 따르면 개는 의식이 있어 고통스러워했다는 것이다. 영국의 '생체해부 반대 협회'에서는 그것이 잔인하고 불법적인 처사였다는 성명을 발표했다. 베일리스는 즉각 그들을 명예훼손으로 고소해 승리를 거두었다.

그러나 이것은 전초전에 불과했다. 생체해부에 반대하는 사람들이 인근의 공원에 갈색 개의 동상을 세웠다. 거기에 부착된 명판이 의학도들을 자극했다. "영국의 신사숙녀 여러분, 언제까지 이런 짓을?" 그들은 틈만 나면 동상을 훼손했다. 경찰이 하루 24시간 경계에 나서야 했다. 경찰과 의학도의 충돌이 빈번해지다가 1907년 12월 10일 밤에 최악의 사태로 치달았다. 1000여 명의 의학도가 개의 허수아비를 들고 행진했다. 그들의 맞은편에는 여성 참정권 운동가들, 노조원들과 400여 명의 경찰이 대치했다. 그리고 전쟁을 방불케 하는 충돌이 이어졌다.

1910년 3월 오랜 소동에 지친 경찰 당국은 야음을 틈타 동상을 철거한 뒤 녹여 없앰으로써 이른바 '갈색 개 사건'은 마무리되었다. 어찌 보면 우스꽝스러운 이 사건에서는 양측 모두에게 정당성이 있었다. 의학도들은 실험을 통한 의학 지식 증진이라는 명분을 내세웠고, 생체해부 반대자들은 동물에게도 권리가 주어져야 한다는 당위성을 설파했던 것이다.

백남기 어른의 사인부터 여러 의료인들의 국정농단까지, 그들의 명분은 어디 있을까?

권리, 의학, 정의, 풍자, 현대 **(2017-01-19)**

감옥으로부터의 사색 ● 신영복

감옥은 죄인을 가두는 곳이다. 그렇다고 죄인만 감옥에 가두지는 않는다. 의인도 감옥에 간다. 특히 정통성이 없어 독재에 의존하는 정권일수록 양심에서 우러나오는 올바른 목소리를 내는 사람들을 가둔다. 치부에 대한 비판이 두려워서 인신을 구속함으로써 위기를 모면하려는 무리수를 두는 것이다. 그러나 의인은 두려워하지 않는다. 신체를 가둔다 하더라도 영혼은 자유롭다는 것을 알기 때문이다. 그들은 감옥에서도 사색을 계속하며 모든 나무들이 더불어 숲이 될 수 있는 길을 찾아 사람들에게 깨우쳐준다.

그렇게 자무엘 폰 푸펜도르프는 기독교 국가만이 아닌 모든 국가에 통용될 국제법의 체계를 감옥 안에서 세웠다. 헨리 데이비드 소로가 정당하지 못한 국가에 도덕적으로 반대하는 개인은 저항할 권리를 갖고 있다는 '시민 불복종'의 개념을 정립한 것도 유치장의 경험 때문이었다. 간디는 수감을 두려워하지 않으며 무저항 비폭력의 운동으로 인도의 독립을 이끌었다. 네루가 감옥에서 기억에만 의존하여 딸에게 보낸 편지는 『세계사 편력』이라는 책이 되어 전 세계에서 억압받는 민중이 주인인 세계관을 드러낸다. 무솔리니는 신체가 허약한 안토니오 그람시를 감옥에 보냈지만, 그것은 『옥중수고』를 통해 헤게모니 이론을 더욱 확고하게 다듬을 기회가 되었을 뿐이다. 카스트로 치하에서 체포되어 수감된 쿠바의 저항 시인 에베르토 파디야에게 "최고의 시는 언제나 간수의 등불 밑에서" 태어났다.

이들은 감옥에서의 고초를 변절을 위한 구실로 삼지 않는 사람들이다. 이들은 자신에게 가해진 부당한 폭력을 타인에 대한 무분별한 증오심으로 대체시키지 않는 사람들이다. 이 의로운 사람들의 육체에 가해진 구속은 영혼이 더욱 단련되어 한결 자유롭게 비상하고, 그리하여 다른 이들에게 배움이 되고 도움이 될 계기로 작용했을 뿐이다.

신영복 선생이 그런 분이셨다. 창졸간에 황망할 뿐이다. 편히 쉬시길.

🗝 용기, 작품, 저항, 폭력 **(2016-01-20)**

고독한 별 ● 닐 다이아몬드

확실히 명절은 지나간 세월을 돌이켜보게 만드는 힘을 갖고 있다. 기억은 과거를 미화시키는 경향이 있다고 혹자는 비판할지 몰라도, 그래서 어쩌란 말인가. 1년에 며칠쯤 조상을 기리면서 덕담을 나누는 것이 내게는 결코 나빠 보이지 않는다.

마음이 과거로 향하며 감수성이 가장 예민한 시절에 즐겨 듣던 노래들이 그리워지는 것도 어쩔 수 없는 인지상정이다. 그리하여 오랜만에 닐 다이아몬드의 노래를 들었다. 확실히 지금은 옛날보다 더 좋은 시절이다. 옛날에야 무엇보다 팝송을 들으며 그 곡조에, 그리고 어설프게 알아듣던 가사에 열광했을 뿐이다. 하지만 지금은 정보에 훨씬 쉽게 접근할 수 있어서 그런지 가수와 노래의 배경까지도 알게 된다. 물론 더 많이 알게 될수록 더 싫어지는 사람들도 있지만 다이아몬드는 더 좋아지게 된 경우이다.

뉴욕의 가난한 유대인 집안에서 태어난 그는 열여섯 살 생일 선물로 기타를 받는다. 펜싱 선수로서도 대학의 대표선수로 두각을 나타낸 그였지만 머릿속에는 음악밖에 없었다. 어릴 적 포크 음악의 대부 피트 시거가 어린아이들과 공연하는 것을 보면서 그를 따르겠다는 꿈을 키운 그는 단지 10학점만 더 이수하면 뉴욕대 의대의 졸업장을 받을 수 있었지만, 음악 관련 회사의 변변치 않은 제안을 받아들이고 졸업장을 포기했다.

그렇지만 그에게 성공은 요원한 길이었다. 듀엣으로 나섰다가 솔로로 전향하며 세상에 자신을 알리고 싶어했지만, 현실은 하루에 35센트로 연명해야 하는 처지였다. 그러면서도 노래를 향한 열정을 살려 꾸준히 작곡을 했고 그 노래들이 그의 운명을 바꾸었다. 그중에서도 대표곡이 〈고독한 사람〉이다. 스스로가 "좌절의 결과"였다고 말한 그 노래는 무명시절의 자신을 반영하는 것이었기에 그가 평생 가장 애호하는 곡이 되었다.

"나 스스로를 찾기 전까진 내가 뭘 원하는지도 알지 못하겠네. 나는 내가 되어야 해. 고독한 사람이." 그의 전기 제목은 『고독한 별』이다.

열정, 음악, 작품, 현대 (2020-01-23)

세계 시민 헤세 ● 헤르만 헤세

세계적으로 독자층이 두터운 독일의 대문호 헤르만 헤세만큼 한 개인에게 많은 나라의 영향력이 결집되어 있는 경우도 드물다. 아버지의 고향은 독일인들이 거주하던 발트해 연안의 작은 마을이었다. 이곳은 당시 러시아의 지배를 받고 있었기 때문에 그는 공식적으로 독일과 러시아의 이중국적자였다. 지금은 에스토니아의 영토가 된 그곳에서 독일 남부의 마을 칼프로 이주한 그는 언제나 외로운 외국인이었지만 품위가 있는 사람으로 인정받았다. 그가 근무하던 출판사의 사장이 딸을 그와 결혼시켰고, 출판사까지 물려줬다.

헤세는 아버지가 들려주던 에스토니아의 옛이야기를 들으며 자라났다. 그것은 종교적 경건함이 가득하지만 한편으로는 명랑한 이야기였다. 아들은 아버지의 고향에 대한 동경을 품으며 언젠가 그곳에 꼭 가보겠다는 마음을 다졌다. 사위에게 출판사를 넘겨준 외할아버지는 인도에 파견된 선교사였는데, 언어에 능통하여 인도 공용어의 하나인 말라얄람어 사전을 냈고, 성서를 그 언어로 번역하기도 했다. 외할머니는 프랑스와 스위스계로서, 그런 인연으로 어릴 적 헤세의 집안이 바젤로 이주하여 6년을 보낸 적도 있었다.

헤세는 고집 센 아이로 자라났고, 그런 이유로 어머니는 그에게 때로는 낙담하면서도 제대로 키우고자 노심초사하며 교육에 각별히 신경을 썼다. 그런 우려에도 불구하고 헤세는 작가가 되려는 꿈을 키웠고, 그와 함께 세계시민이 되려는 의지를 굳건히 다졌다. 그것은 단순히 그의 성장 배경 때문만이 아니었다. 그런 그에게 가장 큰 영향을 끼친 인물이 외할아버지로서, 헤르만이라는 이름조차 그에게서 연유한다.

방법은 간단했다. 세계 문학으로 가득찬 자신의 서재를 손자에게 개방한 것이다. 헤세가 회상하듯, 그 독서가 "어떤 종류의 민족주의에도 저항하려는 생각"을 심어준 것이다. 나치를 피한 베르톨트 브레히트와 토마스 만의 망명을 도운 이유가 바로 그 세계시민 정신이었다.

문학, 열정, 작가, 현대 **(2018-01-25)**

유엔에 봉직했어도

군나르 뮈르달

군나르 뮈르달은 스웨덴 안팎에서 중요한 직책을 훌륭하게 수행한 인물이다. 스톡홀름대학의 교수로서 중요한 저서를 집필해 세계의 정치적 · 인종적 갈등을 줄이고 빈곤을 퇴치하는 데 기여했으며, 스웨덴의 국부인 타게 엘란데르 밑에서 무역부 장관을 맡았고, 유엔 유럽경제상임위원회의 간사로서 경제정책개발센터를 개설했다. 국제 관계에서도 자신의 목소리를 내, 미국의 베트남전쟁 개입에 반대했다. 그런 공로로 그는 1974년 노벨 경제학상을 받았다. 그의 아내 알바는 스웨덴 정부로 하여금 핵을 포기하게 이끈 공로로 1982년 노벨 평화상을 받았다.

그 부부에게는 얀이라는 아들이 있었다. 이 아들은 몸이 뚱뚱했지만 상상력이 남달리 뛰어났고 폭넓은 독서를 통해 깊은 감수성을 키우고 있었는데, 사회민주주의자였던 부모보다 더 급진적인 길을 가며 열셋의 나이에 부모와 결별했다. 그들이 갈라선 것은 정치적 노선 때문이 아니었다. 기자와 같은 외부 사람들의 눈길만 의식하며 가식적으로 자녀를 대하던 부모에 대한 환멸이 그가 홀로 서도록 만든 것이다.

그는 작가로 성공을 거두었다. 얼마 전 한국어로 번역 출간된 『나는 노벨상 부부의 아들이었다』는 소설 형식으로 쓰였지만, 실명을 사용하며 성장 시절의 경험을 토로하고 있다. 아들은 부모의 공적인 업적까지 부인하지는 않는다. 그렇지만 자신들이 원하는 방식대로 따라가기만을 바라면서 외형적으로는 화목한 가정처럼 보이려고 온갖 노력을 다했던 부모와 그 아들의 어긋남은 결코 되돌릴 수 없는 것이었다. 아무리 뛰어난 업적을 쌓았다 해도 가식은 부자의 연을 끊을 만큼 치명적인 상처를 입힌다.

가장 무능한 유엔 사무총장이었다는 평을 받는 사람이 있다. 그런 그가 유엔의 관례를 무시하고 국내 정치에 참여하려 한다. 국제적인 저자세로 빈축을 산 그가 말을 바꿔가며 변신을 꾀한다. 그러나 사실은 바뀌지 않는다.

🔑 작가, 작품, 정치, 풍자, 현대 **(2017-01-26)**

사랑의 학교 ● 에드몬도 데 아미치스

조국 이탈리아의 독립을 바라며 오스트리아제국에 맞선 전투에 참전했다가 패배한 뒤 환멸에 빠져 군대를 떠난 사람이 있었다. 그런데 글쓰기에 재능이 있음을 뒤늦게 알아차리고 글로써 이탈리아 국민의 자긍심을 고취시키고 독립에 기여했다면 그 패배는 헛된 패배가 아니었을 것이다.

에드몬도 데 아미치스는 전선에서의 경험을 묘사한 짧은 글들로 주목을 받은 뒤 에스파냐, 네덜란드, 런던, 모로코, 콘스탄티노플에 대한 기행문을 남겼다. 그중에서도 콘스탄티노플을 그린 책은 그 도시의 19세기 모습에 대한 최고의 묘사로 꼽혀 2005년에 새로운 판본이 나왔는데, 움베르토 에코가 서문을 달았다.

그렇다 할지라도 그에게 최대의 명성을 안겨준 책은 1886년 이탈리아의 개학날에 맞춰 발간된 일기체 소설이다. 출간 몇 달 만에 이탈리아에서만 40쇄를 찍었고, 10여 개의 언어로 번역되었다. 제목인 『쿠오레』는 '심장' 또는 '마음'을 뜻하는데, 중국에서는 『사랑의 교육』, 일본에서는 『사랑의 학교』라는 제목으로 소개되었다. 내게도 향수를 불러일으킬 정도로 큰 감명을 줬는데, 국내에는 『쿠오레』, 『사랑의 학교』 등의 제목으로 소개되어 있다.

일기의 주인공은 엔리코 보티니라는 초등학생으로, 가족과 친구와 선생님 사이에서 일어나는 일들을 솔직하고 담백하게 기술한다. 일기 곳곳에 선생님이 들려준 이야기가 나오는데, 그 이야기들이 민족주의가 성행하던 시기답게 애국심을 자극한다. 그중 하나인 『아펜니노에서 안데스까지』는 〈엄마 찾아 삼만리〉라는 제목의 독립적인 만화영화 시리즈로 제작되기도 했다.

비토리오 데 시카 감독이 영화로 만들 만큼 이 작품은 이탈리아에서 거국적인 사랑을 받아, 저자의 명확한 사회주의적 성향에도 불구하고 정파와 종교를 불문하고 대다수 이탈리아인이 이 소설에 갈채를 보냈다. 애국에서도 좌우를 나누게 만드는 작금의 우리 현실을 되돌아보게 된다.

영화, 작가, 작품, 정치, 현대 (2016-01-27)

로마인들의 작명법 1

● 율리우스 카이사르

로마와 관련된 역사서를 읽으면 때로는 긴 이름에 당혹하는 경우가 있다. 그 이름을 짓는 방식에 어떤 원리가 있는지 학자들 사이에서 일치된 견해를 찾기는 어렵다. 그렇다 할지라도 거의 1400년에 걸쳐 지속된 그들 이름에 관한 기본적인 원리를 이해한다면 거기서도 흥미로운 역사의 편린을 음미할 수 있을 것이다.

아주 먼 옛날 유럽의 문명권에서 사람들의 이름은 하나였다. 보통 그 하나의 이름은 두 개의 어근에서 파생된 단어가 결합하여 이루어졌다. 그렇게 해야지만 무수히 많은 개인들을 구분할 수 있었기 때문이다. 한 가지 알기 쉬운 예를 들자면, 그리스의 '소크라테스'라는 이름은 '전체'를 뜻하는 '소스'와 '권력'을 뜻하는 '크라토스'가 변형되고 결합되어 만들어진 이름이었던 것이다.

이런 상황에서 로마인들은 개인의 이름과 가족 또는 씨족의 이름을 병기하는 작명법을 고안해냈다. '성'과 '이름'을 구분하는 동양권에서는 흔한 일이었지만 서양에서는 획기적인 시도였다. '노멘'은 '씨족' 또는 '대가족'의 이름이었다. 어떤 사람의 출신을 말해주는 이름이다. 그 앞에 온다고 하여 '프라이노멘'이라 불리는 것이 있다. 이것이 그 가족 내에서 개인을 구분해주는 요소이다. 우리식으로 말하자면 먼저 나오는 '프라이노멘'이 '이름'이고 '노멘'이 '성'인 셈이다. 오늘날 서양 사람들의 명칭이 동양과 달리 '이름'이 먼저 나오고 '성'이 그다음에 오는 연유가 여기에 있다고 볼 수도 있을 것이다.

그런데 로마인들은 이름에 함께 따라붙는다는 의미의 '코그노멘'을 더해 이른바 '삼명법'을 완성했다. 주로 귀족들이 사용했던 이 세번째 이름은 어떤 사람의 특징, 습관, 출신지 등을 알려주는 단서가 되니 일종의 별명이라고 할 수 있다. '가이우스 율리우스 카이사르'라는 이름은 율리우스 가문의 가이우스라는 사람이 훗날 '카이사르'라는 '코그노멘'을 얻게 되었음을 말해준다.

🔑 고대, 연구, 유래, 지도자 **(2020-01-30)**

로마인들의 작명법 2

● 소 카토

그 '카이사르'라는 이름이 역사 속의 인물을 넘어섰다. 이제 보통명사로 바뀌어 권력자, 독재자, 황제 등을 뜻하는 말이 된 것이다. 훗날 로마의 거의 모든 황제에게 '카이사르'라는 이름이 붙게 되었다. 게다가 '카이사르'라는 명칭은 독일에서 황제를 지칭하는 '카이저'가 되었고, 러시아에서는 절대적인 권력을 휘두르는 '차르'로 바뀌어 시간과 공간을 넘어서는 역사의 연속성을 보여주게 되었다.

로마인들의 세번째 이름인 '코그노멘'을 짓는 방식에는 그들이 생각한 공적이나 명예에 대한 관념도 들어 있다. 어떤 군사 지휘관이 다른 나라와의 전쟁을 이끌어 승리를 거둔 뒤 그 지역을 로마의 영토로 편입시키면 그에게 그 지역의 이름을 붙여준 것이다. 따라서 그 이름은 장군 출신에게 적용된 경우가 대부분이었다.

로마의 황제였던 게르마니쿠스는 게르만인이었다거나 그 지역 출신이기 때문에 그런 이름이 붙은 것이 아니었다. 게르마니아에서 큰 승리를 거둔 뒤 그런 이름이 붙었고, 이제는 그의 프라이노멘마저도 잊혔는데, 그는 그런 이름으로 기억되는 것이다. 푸블리우스 코르넬리우스 스키피오에게는 아프리카에 있는 카르타고의 한니발을 제압한 뒤 '아프리카누스'라는 코그노멘이 추가되었다. 게르만족의 일파가 로마에 침입하여 약탈을 자행할 때 카피톨리노 언덕에서 성공적으로 그들을 방어한 마르쿠스 만리우스에게는 '카피톨리누스'라는 명예로운 이름이 덧붙었다.

그런데 장군이 아닌 문인에게도 그런 이름이 붙었다. 바로 강직한 공화주의 웅변가이자 철학자 소 카토를 말한다. 그는 독재가가 되려던 카이사르에게 밀려 우티카로 도피한 뒤 그가 지배하는 세상에 살고 싶지 않다는 의지를 관철하기 위해 자살을 택했다. 할복 이후 의사의 치료마저 거부하고 의연하게 죽음을 맞이한 그에게 '우티켄시스'라는 코그노멘이 붙었다. 그 자살이 카이사르의 폭정에 대한 카토의 승리를 의미한다는 로마인들의 명예에 대한 관념이 반영된 것이다.

고대, 신념, 유래, 작품 **(2020-02-06)**

꼬마 돼지 베이브

● 딕 킹스미스

1995년 오스트레일리아에서는 동물을 주인공으로 한 영화가 상영되었다. 1983년에 출간된 동화 작가 딕 킹스미스의 소설 『양치기 돼지』를 원작으로 만든 〈베이브〉인데, 국내에서는 〈꼬마 돼지 베이브〉라는 제목으로 만날 수 있었다. 어린이 관객을 예상하며 손쉽게 만든 영화라고 속단할 수도 있겠으나, 준비 과정에만 7년이 걸린 이 영화는 전 세계적인 흥행몰이를 하면서 아카데미 최우수작품상 후보에 오르고, 감독 크리스 누난은 최우수감독상 후보로 지명되기까지 했다.

잡아먹히지 않기 위해서 닭처럼 이른 새벽에 사람들을 깨우는 오리가 등장하고, 동물들 사이에도 친소관계와 위계질서가 존재하는 등 이 영화에는 인간사회를 비판하는 면모가 보이기도 한다. 꼬마 돼지 베이브가 크리스마스 식탁에 오르지 않을 수 있었던 것도 어디까지나 이듬해 마을 축제에서 있을 햄 경진대회에 출품할 좋은 재료를 제공하리라는 기대 때문이었는데, 베이브는 양 도둑을 알려주는 등 자신의 효용성을 주인에게 계속 입증함으로써 양치기 돼지의 위치까지 승진할 수 있었던 것이다.

영화를 보면 돼지의 능숙한 연기에 놀랄 수밖에 없다. 대단히 훌륭하게 조련된 돼지가 그 배역을 맡았을 것이라고 추측하는 것도 무리가 아니지만, 사실 돼지는 성장 속도가 무척 빠르기 때문에 이 영화를 찍는 동안 48마리의 새끼 돼지가 교체 출연했다. 그것은 오히려 돼지의 전반적인 지능이 상당히 높다는 사실을 시사한다. 사람들의 공감을 자아내는 돼지의 연기 덕분에 영화가 나온 뒤 미국에서 돼지고기의 소비는 25퍼센트가 줄고 채식주의자의 수가 늘어났다.

이 영화가 개봉된 1995년은 때마침 '돼지의 해'였다. 동물 보호를 자처하는 단체에서 벌인 무분별한 동물 학대에 마음마저 뒤숭숭한 이 시기에 또다시 맞는 '돼지의 해' 설 연휴를 이 영화와 함께하며 동물과 공존할 필요성을 되새기는 것은 어떨까.

권리, 문학, 영화, 작품 **(2019-01-31)**

자유로운 영혼 ● 프리다 칼로

재능 많고 고집 센 여자아이가 여섯 살에 소아마비에 걸렸다. 오른쪽 다리가 더 짧고 가늘어진 그 병으로 학교에도 가지 못했다. 그런데 집안 분위기도 별로 좋지 않았다. 부모님도 자주 병치레를 했기 때문이다. 그것이 어린 프리다 칼로가 다른 모든 재능을 물리치고 의사가 되는 꿈을 갖게 된 계기였을지도 모른다.

그러나 그 꿈도 열여섯 살 때 겪은 교통사고로 무산되었다. 타고 가던 버스가 전차와 부딪힌 사고로 죽을 위기까지 맞았지만 살아남았다. 그렇지만 더이상의 교육은 포기해야 했고, 의사의 꿈도 날아갔다. 장애와 후유증은 죽을 때까지 따라다녔지만, 덕분에(?) 취미였던 예술이 직업이 되었다. 정치에도 관심을 갖게 되어 멕시코 공산당에 가입했다. 정치활동을 하면서 저명한 벽화가 디에고 리베라를 만났다.

그런데 리베라는 칼로의 표현을 빌리자면 "나를 부스러뜨린 전차보다 더 끔찍한 사고"였다. 벽화 작업을 하던 리베라는 자신을 도발적으로 바라보던 스물한 살 연하의 칼로가 자신의 아내가 될 줄은 몰랐다고 술회했지만 그 둘은 결혼했다. 그것도 세 차례나. 리베라의 심한 여성 편력 때문에 이혼을 했어도 여전히 그를 사랑했기에 재결합하곤 했던 것이다.

아이를 원했지만 장애로 불가능했다. 대신에 칼로는 예술활동에 몰입함으로써 자신의 유산을 남겼다. 메스티소 어머니와 원주민 유모를 통해 멕시코인이라는 정체성을 확인한 그는 멕시코의 전통의상을 입고 자화상을 즐겨 그렸다. 르네상스시대 유럽 화가들의 영향을 많이 받았지만, 점차 더욱더 멕시코의 전통을 찾아가며 그 신화와 문명을 그림의 소재로 삼았다. 그의 멕시코는 민중의 멕시코였다.

그는 민중집회에 참가했다가 47세의 삶을 마감했다. "이 외출이 행복하기를, 그리고 다시는 돌아오지 않기를……." 마지막날의 일기였다. 2년 뒤 리베라는 "항상 나의 눈동자로 남을 프리다"의 초상화를 그린 후에 타계했다.

미술, 여성, 열정 **(2018-02-01)**

염병하는 애국 ● 코스타 가브라스

그리스 출신 코스타 가브라스는 정치를 중시하는 영화감독답게 격변을 일으킨 현대사의 사건들을 지나치지 않는다. 그의 주요 소재의 하나는 세계를 양대 진영으로 갈라놓은 냉전체제이다. 특히 그는 자유 진영의 선봉이라는 미국이 우방을 확보한다는 명분으로 지구 도처에서 독재 체제를 수립하는 모순을 적나라하게 드러낸다. 가브라스의 장점은 그 거대 구조를 개인이나 가족의 틀 속에서 풀어내는 데 있다.

실화 소설이 원작인 영화 〈의문의 실종〉은 칠레에서 민주적으로 선출된 아옌데 대통령의 사회주의 정부를 제거하기 위해 미국의 지원 아래 자행된 1973년의 쿠데타를 배경으로 하고 있다. 언론에 종사하는 미국 청년 찰스 호먼은 칠레에 미국 고위 장교들이 많이 와 있는 것을 보고 의심을 품어 조사를 하다가 실종된다.

소식을 전해들은 아버지는 아들을 찾기 위해 칠레에 입국한다. 그는 미국이라는 국가에 대해 자부심과 존경심을 갖는 건전한 미국인 사업가다. 급진적인 견해를 갖고 있는 며느리와 대립하지만, 점차 사건의 진상에 다가가면서 며느리를 이해하게 되고, 미국 정부에 대해 환멸을 느끼게 된다. 대사관과 정보부에 도움을 청하고 미국의 정계에도 연락을 취하지만 아들을 찾을 길은 묘연한데, 결국 벽 속에서 아들의 시체가 발견된다. 관료들이 하는 이야기는 한결같다. 미국의 국익을 위해 일어난 일이었다는 것이다.

아버지 에드 호먼은 헨리 키신저를 비롯한 정부 공직자 11명을 아들 살해의 공범으로 고소했다. 아들의 시신은 정확한 부검을 불가능하게 만들기 위해 7개월이 지난 뒤에야 미국으로 호송되었다. 게다가 DNA 검사 결과 그 시신마저 아들이 아닌 것으로 밝혀졌다. 법정 소송에 필요한 자료들은 국가 기밀로 분류되었고, 결국 소송은 기각되었다. 관련 국가 기관, 군수 산업, 다국적 기업의 이익이 국익일까?

태극기의 물결이 넘쳐나는 이곳에서도 애국이 염병한다.

권력, 영화, 음모, 정치, 지도자, 풍자 **(2017-02-02)**

돈 카밀로 ● 조반니 과레스키

이념과 인간적 도리의 관계에 대해 깊이 생각해보도록 이끄는 작가가 있다. 이탈리아의 소설가 조반니 과레스키가 그인데, 이름은 생소할지라도 그가 창조한 작중 인물 돈 카밀로 신부를 떠올리면 절로 미소를 짓게 될 것이다.

과레스키는 징집되어 전선에 배치되었다가 이탈리아가 연합군과 종전 협상을 벌인 뒤 독일군의 포로가 되어 2년을 수용소에서 보냈다. 종전 후 귀국하여 풍자 주간지에서 활약하던 그의 주요 조롱 대상은 공산주의자였지만, 지지하던 정파의 인물이라고 예외는 아니었다. 루이지 에이나우디 대통령이 경호원이 아닌 큰 와인병의 호위를 받고 있는 만화를 출판했다는 이유로 그는 반년을 감옥에서 보냈다. 그 와인은 대통령 소유의 포도원에서 생산되던 것으로, 와인병에 그 상표까지 확연하게 그렸던 것이다.

그가 창작하여 주간지에 연재한 단편소설들이 훗날 여덟 권의 책으로 나왔고, 여러 차례 영화화될 정도로 널리 인기를 얻었다. 그 내용은 2차대전이 끝난 뒤 포강 유역의 '작은 세계'라고만 지칭한 마을에서 주임 신부 돈 카밀로와 공산주의자 시장인 페포네 사이에서 벌어지는 크고 작은 소동이다. 성급하고 남에게 지기 싫어한다는 점에서 그 둘은 비슷한데, 소동은 대체로 신부의 승리로 끝나지만 성당에 돌아온 뒤 그는 십자가 위의 예수님과 대화를 나눈다. 예수님은 신부에게 사람들을 더 잘 이해해야 한다고 가볍게 꾸짖을 뿐이다.

페포네는 반동은 총살해야 한다고 공언하고, 돈 카밀로는 신을 믿지 않는 공산주의자들에게 원색적인 비난을 퍼붓는다. 하지만 사람들의 복지를 우선으로 여긴다는 점에서 그 둘은 같으며 서로를 존중한다. 페포네는 당원의 의무로서 교회에 반대할 뿐, 자식들도 몰래 세례를 받게 한다. 신부도 시장 개인을 비난하지 않는다. 단지 교회에 반대하는 당의 강령만 문제삼는다.

그 둘은 이념이 달라도 인간으로 통하는데, 여기서는 거짓 이념으로 사람들을 가른다.

문학, 작가, 전쟁, 풍자, 현대 (2016-02-03)

외교관 탱탱 ● 조르주 르미(에르제)

1929년 1월 벨기에에서 새로운 만화가 연재되기 시작했다. 가톨릭계 신문 〈20세기〉의 어린이판 주간지였던 〈아동 20세기〉에서 만화가 조르주 르미에게 의뢰한 것이었다. 그것은 곧 그의 필명인 에르제의 작품 〈탱탱의 모험〉으로 알려지게 되었다. 보수 성향이 짙은 가톨릭계에서 낸 그 연재물의 첫 작품 제목은 '소비에트에 간 탱탱'이었고, 예상대로 그것은 반공 만화였다. 그 밖에도 초기 작품에서는 인종주의나 동물학대의 면모도 많이 보여 비판을 받았다. 훗날 에르제는 그러한 잘못을 "젊은 시절의 일탈"이라고 인정하면서 문제의 장면들을 다시 그리기도 했다.

어쨌든 이 만화는 곧 인기를 끌기 시작하면서 탱탱과 그의 개 밀루의 여정은 24권까지 이어졌다. 정확한 나이는 알려지지 않았지만 10대인 것만은 확실한 둥근 얼굴의 탱탱은 정직하고 예의바르고 친절하다. 기자처럼 현장의 실태를 전달하며 불의를 참지 못하는 그는 민첩하게 판단하고 행동하면서 위기에 빠진 불운한 약자를 도와 사건을 해결하고 모험을 마무리한다. 2011년 탱탱이 주인공인 영화를 만든 할리우드의 스티븐 스필

버그 감독은 물론이고 앤디 워홀, 프랑수아즈 사강, 빔 벤더스와 같은 거장들까지 탱탱에게 매료되었다. 그를 연구하는 '탱탱학'이라는 문학비평의 분야도 생겨났다. 그렇지만 그에 대한 최대의 찬사는 샤를 드골 프랑스 대통령으로부터 나왔다. 그의 문화부 장관이었던 앙드레 말로의 술회에 따르면 그는 다음과 같이 말했다는 것이다. "국제적으로 나의 유일한 라이벌은 탱탱입니다."

〈탱탱의 모험〉은 20세기를 통틀어 유럽에서 가장 인기 높은 만화로서 70여 개 언어로 소개되어 2억 부 넘게 팔렸다. 2003년 벨기에 국왕은 국가의 명예를 드높인 공로로 한 외교관에게 훈장을 수여했다. 탱탱이었다. 국외에서 국가의 명예를 실추시킨 어떤 나라의 선량들에 비하면 그에게는 훈장을 받을 외교관으로서의 자격이 충분히 넘쳐난다.

영화, 유래, 작가, 작품, 현대 **(2019-02-07)**

뉘른베르크 전범 재판

1945년 11월 20일 독일 뉘른베르크에서 연합군의 군사법정이 2차대전 전범 24명에 대한 재판을 시작했다. 이듬해 10월까지 거의 1년에 걸쳐 진행된 이 재판은 인종청소를 수행했던 나치의 군사적 · 정치적 · 경제적 지도자들을 정죄하는 것이 목적이었다.

현대 국제법의 모범을 닦았다고 일컬어지는 이 재판이 뉘른베르크에서 열린 데는 상징적 의미가 있었다. 그 도시에서 나치 도약의 발판이 된 창당대회가 열린 적이 있었기에, 그것을 청산한다는 의미에서 베를린 등 다른 도시를 물리치고 선정한 것이었다. 히틀러, 괴벨스, 힘러 등 정작 중요한 인물들은 피고가 아니었다. 다른 이유가 아니라 그들은 패배에 봉착한 1945년 봄에 이미 자살했기 때문이다.

이 재판의 피고는 괴링과 헤스 등 24명의 중요 전범뿐 아니라 나치당, 제국 내각, 친위대, 비밀경찰 등 일곱 개의 기관까지 포함되었다. 24명 피고의 죄는 경중이 가려져 12명이 사형에 처해졌고, 7명은 10년형부터 종신형까지 선고받았고, 3명은 방면되었다. 한 명은 다른 법정에서 재판을 받게 되었고, 또다른 한 명은 자살을 함으로써 판결을 회피할 수 있었다.

오늘날 이 재판을 돌이켜보는 사람들은 그 과정이 공정치 못했다고 비판을 하기도 한다. 가장 주된 비판은 종전 후 전쟁에서 승리를 거둔 측이 패배를 한 측에 대해 범죄를 저질렀다고 규정하는 것이 과연 옳은가 하는 것이다. 그렇다 할지라도 이 재판은 이후 전쟁 범죄와 인간성에 위배되는 범죄를 분류하고 법정을 구성하는 데 있어 유엔에 의해 선례로 받아들여졌고, 게다가 국제형사재판소를 설치하는 계기가 됨으로써 정당성을 입증받았다고 할 수 있다.

법리적 판단을 도외시하는 변호인단은 수준 미달이고, 헌법마저 훼손하며 특검을 거부하는 청와대는 정부기관인지 의심스럽다. 제대로 된 그들의 논리가 듣고 싶다. 하지만 있을까?

법, 전쟁, 정의, 풍자 **(2017-02-09)**

유토피아의 꿈 ● 노먼 브라운

1960년대 말, 학생 저항운동의 물결이 서구를 휩쓸던 시절 그 진영을 이론적으로 뒷받침한 선구적 사상가로 추앙받던 인물이 있었다. 그는 고전에 능통한 학자로서 해박한 고전 지식을 프로이트의 정신분석학에 접목시켜 새로운 세계관을 제시하려 한 노먼 브라운이다.

그의 저서 『죽음에 맞선 삶』은 출간되자마자 국제적으로 학계의 찬사를 받았고, 브라운은 하루아침에 유명인사가 되었다. 더구나 여러 신문과 잡지에서 그를 저항 세력인 뉴 레프트의 기수로 부각시키며 히피들이 즐겨 피우던 대마초와 성 해방에 연결시키기까지 했다. 그 결과 행동가 중에는 그를 만나러 오는 추종자들까지 생겨났다. 그러나 그들은 당시의 히피와는 달리 짧고 단정한 머리에다 마약은 결코 입에 대지도 않을뿐더러, 애견과 함께 산책하며 명상하는 세심한 그리스 고전 전문가를 만났을 뿐이다. 그 스스로도 그저 학자이자 교육자일 뿐이라는 태도를 보였다.

그럼에도 선구적 사상의 중요성은 인정받는 법이다. 프로이트는 인간의 삶에서 억압은 불가피하다고 주장했으나, 브라운은 프로이트의 이론을 더 멀리 몰고 가 억압이 없는 유토피아의 건설을 원했다. 『죽음에 맞선 삶』은 뉴 레프트의 구호를 대변했다. '정치 세계는 내재적으로 미쳐 있다는 믿음, 핵가족의 거부, 차별과 경계를 초월하려는 욕망, 모든 것을 모든 이와 함께하려는 희망, 진정성을 추구하며 승화나 업적의 윤리를 거부하는 것, 절대적인 자유와 놀이.' 그 모든 것이 이 책에 있었다. 그것이 어느 날 갑자기 그가 원치도 않던 유명세를 타게 된 이유였다.

유토피아의 꿈을 잃은 오늘날의 세계에서 우리가 노먼 브라운을 떠올려야 할 이유는 무엇일까? 거대한 사회적 변혁의 시기에 생성된 꿈은 사라진 듯 보여도 완전히 사라지지는 않기 때문이다. 오늘날에도 여성운동이나 비핵화운동이나 세계화 반대라는 이름으로 그 꿈은 다시 나타난다. 설 연휴에 그 이름을 기억한다.

변화, 신념, 작가, 작품, 철학 (2016-02-10)

슬픈 연정 ● 잠바티스타 비코

열여덟 살의 잠바티스타 비코는 우연한 기회에 서점에서 지체 높은 주교이자 법학자와 법학 교육의 방법론에 대해 대화를 나누게 되었다. 그 대화에 무척 흡족해진 주교는 자신의 동생 도메니코 로카 후작이 성주로 있던 성에서 조카들의 가정교사를 해보지 않겠느냐고 제안했다. 조카들을 가르치는 것은 물론이거니와 당시 인구 250명에 불과하던 발로타의 한적한 성에 거주하던 동생에게도 좋은 말동무가 될 수 있으리라는 기대에서였다.

비코는 고향인 나폴리의 남쪽 칠렌토 지역에 있는 그 성에서 9년을 보냈다. 그 시기는 비코가 근처 수도원에 있는 도서관까지 방문하면서 수많은 저작을 두루 섭렵하며 학자로서의 내면을 충실하게 다진 시간으로 알려져 있다. 자서전을 읽으면 그가 고전은 물론이고 당시 문화의 중심지였던 파리에서 벌어진 학문적 논란과 관련된 저작들까지도 확고한 관점을 갖고 자신의 것으로 소화해냈음을 알 수 있다.

그러나 혈기왕성한 젊은 청춘에게 학문만 존재했을까? 로카 후작에게는 3남 1녀가 있었는데 딸의 이름이 줄리아였다. 비코는 줄리아를 연모하게 되었다. 그러나 결코 드러낼 수는 없었다. 사회적 신분의 격차가 너무도 컸기 때문이다. 그가 1693년에 발표한 시의 제목 「절망한 자의 사랑」은 '절망한 자의 고통'이라고 옮겨도 무방하다. 줄리아에 대한 사랑이야말로 고통이었기 때문이다. 줄리아 역시 비코에게 비슷한 감정을 품었던 것 같지만 결국 같은 신분의 남자와 결혼하게 되었다. 비코의 연정이 더욱 슬픈 것은 후견인의 보호를 받는 열등한 존재로서 그 결혼식의 축시를 그가 써야 했기 때문이다.

이러한 사연은 비코의 자서전이나 웬만큼 상세한 전기에도 나오지 않는다. 남녀문제야 기록할 가치가 없다는 선입관이 작용해서일까? 오늘날 칠렌토는 국립공원으로 지정되었고, 발로타의 성에는 비코 박물관이 들어섰다. 그리고 비코와 줄리아의 이야기가 지역 신문에 나왔다. 비코의 슬픈 연정은 관광의 특수를 누리려는 목적으로 들먹여질 뿐이다.

유래, 작품, 철학, 학문 **(2020-02-13)**

황색 언론 ● 조지프 퓰리처

황색 언론이란 판매 부수를 늘릴 목적으로 미확인 뉴스를 전달하는 매체를 가리킨다. 따라서 이러한 언론에서는 과장이 심하고, 스캔들을 파헤치려 하며, 선정적인 헤드라인을 내건다. 미국 언론의 역사에 큰 족적을 남긴 프랭크 루터 모트는 황색 언론의 특징으로 허구의 인터뷰, 오도하는 헤드라인, 자칭 전문가들의 그릇된 지식에 의존하는 유사과학의 남용을 꼽았다.

이렇듯 황색 언론은 그릇된 언론을 가리키는 일반적인 용어로 쓰이지만, 그 역사적 기원은 1895년부터 1898년 사이에 정점에 다다른 두 거대 신문사의 경쟁에서 비롯되었다. 세인트루이스의 일간지를 장악하게 된 조지프 퓰리처는 〈뉴욕 월드〉를 인수하면서 더욱 큰 시장에 진출했다. 그는 자극적인 헤드라인에 이어지는 범죄 이야기나 게임과 퀴즈로 12면을 가득 채우고 신문 대금은 2센트로 내렸다. 같은 가격의 다른 신문이 4면을 넘지 않았던 당시 〈뉴욕 월드〉는 최고의 발매 부수를 자랑하게 되었다.

샌프란시스코에서 신문사를 경영하던 윌리엄 랜돌프 허스트는 퓰리처를 롤 모델로 삼았다. 곧 〈뉴욕 저널〉을 인수한 그는 〈뉴욕 월드〉의 방식을 극단적으로 추진하면서 신문 대금을 1센트로 내렸다. 그리하여 판매 부수가 늘자, 이에 자극받은 퓰리처도 신문 대금을 1센트로 내려 약체 경쟁자를 파산으로 몰고 가려 했다. 퓰리처가 노란 잠옷을 입은 소년이 주인공인 만화를 게재하자 허스트도 따라 하여 두 명의 '옐로 키드'가 생겼고, 그것이 황색 언론의 직접적인 어원이 되었다.

그러나 그들의 지속력은 약했다. 뉴욕이 가장 큰 시장이라 할지라도 미국은 훨씬 넓었고, 그들의 기사가 정책 결정에 큰 영향을 끼치지 못했기 때문이다. 대통령의 꿈을 갖고 있던 허스트는 황색 언론에 대한 비판 여론 때문에 그 꿈을 접어야 했다. 죄책감에 시달리던 퓰리처는 본연의 언론인으로 돌아가 〈뉴욕 월드〉를 존경받는 신문으로 되돌려놓은 뒤 세상을 떴다.

근대, 왜곡, 유래 **(2019-02-14)**

최대 다수의 최대 행복

● 제러미 벤담

영국의 철학자 제러미 벤담은 '최대 다수의 최대 행복이 옳고 그름의 척도'라는 구호로 표방되는 공리주의의 창시자로 알려져 있다. 많은 철학자들은 인간의 행복과 불행을 수치로 계산한다는 그의 생각에 일찍부터 비판을 가해왔다. 그렇지만 복지국가의 초석을 깔아놓은 급진적인 원리를 이미 18세기 말에 천명했다는 사실은 놀랍다. 그런데 벤담의 여타 주장을 들어보면 놀라움은 배가된다. 오늘날의 기준으로 보아도 앞선 생각이라고 인정하지 않을 수 없는 것들이 많기 때문이다.

자유 경제를 옹호했던 그는 정치와 교회의 분리, 표현의 자유, 여성의 평등권도 내세웠다. 여기까지는 별로 파격적일 것도 없다. 그렇지만 그는 훨씬 더 나아가 여성의 이혼할 권리를 주창했을 뿐 아니라 동성애 행위를 범죄로 보는 것에 반대했다. 노예제와 사형제를 폐지해야 할 이유에 대해 논했고, 어린이는 물론이고 누구에게라도 가해지는 체벌에 반대했다. 오늘날에는 동물의 권리까지 보호하려 했던 그의 면모가 부각되고 있다. 뛰어난 자유주의 사상가 제임스 밀과 그의 아들 존 스튜어트 밀, 공상적 사회주의의 대표자인 로버트 오언 등이 그의 제자가 되어 그의 사상을 전수했다.

1832년 임종 때 그는 자신의 시신을 해부하라는 유지를 남겼다. 그런 뒤 그 시신을 기념물처럼 보관하고 전시해달라고 당부했다. 그리하여 그의 시신은 런던대학에서 대중에게 전시되고 있다. 교육도 최대 다수에게 열려 있어야 한다는 자신의 생각을 자신의 육체에도 적용한 것인데, 육체까지 제공한 결과 그는 런던대학의 '정신적 창시자'로 추앙받고 있다.

도대체 이곳에서 보수의 중심이라고 부각되는 인물들에게서는 왜 한 가지도 고개를 끄덕일 만한 모습을 볼 수 없을까? 생각을 하며 살아가다보면 이해관계가 상반되는 사람들이라도 한 가지쯤은 견해의 일치를 볼 때가 있는데, 정말로 모를 일이다. 생각이 없는 것일까?

사상, 작품, 정치, 풍자, 학문 **(2017-02-16)**

진정한 스타 ● 커크 더글러스

커크 더글러스는 1950년대와 60년대 미국에서 흥행을 보장하는 영화배우였다. 서부 영화, 전쟁 영화, 역사 영화 등에서 강한 성격을 가진 배역으로 인기를 끌던 그는 60여 년의 연기 경력을 통해 90편이 넘는 영화에 출연했다. 1955년부터는 영화사를 설립해 영화 제작에도 나서 당시 별로 알려지지 않은 스탠리 큐브릭에게 영화 〈스파르타쿠스〉의 감독을 의뢰하기도 했다. 그런데 영화배우나 제작자를 넘어 한 인간으로서도 그는 존경을 받아 마땅하다.

공산주의에 대한 미국인들의 비정상적인 공포가 휩쓸던 매카시즘 시절에 그 광풍은 영화계를 비켜가지 않았다. 미국 하원에서는 반미국적 행동을 하는 공산주의자들을 색출한다는 명목으로 영화계의 인물들도 국회에서 증언하게 만들었다. 〈로마의 휴일〉과 같은 작품의 시나리오를 집필했던 돌턴 트럼보가 증언을 거부했고, 그 결과 블랙리스트에 올랐다. 그는 저작 활동을 계속하려면 익명을 사용해야 했다. 그런 시절에 커크 더글러스는 〈스파르타쿠스〉의 엔딩 크레디트에 돌턴 트럼보의 실명을 올렸다. 매카시즘이 약해진 시절이 되었다 하더라도 여전히 과감한 행동이었고, 그것이 계기가 되어 영화계에서 블랙리스트가 사라졌다.

더글러스는 여러 비영리 단체에 꾸준히 거액을 기부한 것으로도 유명하다. 출신 고등학교와 대학에 기부한 것을 필두로 여러 의료봉사 단체를 후원했다. 시설이 노후한 캘리포니아 지역의 많은 학교의 운동장 시설을 복구시켰으며, 노숙 여성의 재활을 돕는 단체도 만들었고, 치매 환자 재활센터에도 거액을 기부했다. 작년 12월 99세의 생일을 기념하여 1500만 달러를 기부한 것까지 포함하면 더글러스 부부가 기부한 액수는 8000만 달러에 달한다.

로마의 철학자 키케로는 공적 영역에 적극적으로 참여하면서 사적 영역에서 고결하게 사는 것이 인문정신의 목표라고 말했다. 확실히 더글러스는 인문정신의 소유자였다.

관용, 신념, 영화, 작품 **(2016-02-18)**

오 수재너 ● 스티븐 포스터

19세기 전반 미국에는 '민스트럴 쇼'라고 하는 대중 공연의 장르가 성행했다. 춤과 노래와 단막 코미디극으로 구성된 즐거운 여흥이었지만 그 내막을 알고 나면 별로 유쾌하지 않다. 이따금 흑인 공연자들도 있었지만, 대체로 무대에는 얼굴을 검게 칠한 백인들이 등장해 흑인의 역할을 했다. 그들은 흑인이 우둔하고 게으르고 무사태평이라는 내용으로 백인 청중들을 만족시키곤 했다.

스티븐 포스터의 〈오 수재너〉는 그런 공연에서 가장 널리 불린 노래다. 이 노래가 작곡된 1847년에는 아직 저작권이 확립되지 않았기 때문에 4년 사이에 21명이 이 노래에 대한 판권을 주장했다. 따라서 포스터는 이 노래로 벌어들인 금액은 아주 약소하긴 했지만, 그 사실 자체는 그 노래의 대중적인 인기를 대변한다. 이후 포스터는 악보가 팔리는 대로 인세를 챙겨 미국 최초의 전업 작곡가가 되었다.

실상 이 노래의 가사는 말이 되지 않는 난센스로 가득하다. 가사의 주인공은 무릎에 악기 밴조를 차고 앨라배마에서 왔다고 하는데 어깨가 아닌 무릎에 밴조를 걸치는 사람이 어디 있겠는가. 그가 떠나온 날에는 비가 너무 많이 와서 날씨가 메말랐고, 태양은 너무 뜨거워 얼어죽을 지경이었다는 내용을 노래하는 가수들은 때때로 그 부분에서 웃기도 한다.

그 무의미한 가사들이야 그저 웃기려는 목적에서 나온 것이라 할지라도, 펜실베이니아로 온 독일계 이주민들이 개사한 노래의 2절은 충격적이다. 거기에는 "전기 같은 분비액이 급증하여 검둥이 500명을 죽여버렸다"는 내용이 나오는 것이다. 노예 해방 이전의 농장에서 흑인들이 백인 농장주들 아래에서 평온하고 안락하게 지내던 시절을 그리워하는 내용의 노래들이 만연하던 당시로서는 충분히 있을 법한 가사였다.

그 가사는 공공연히 인종주의를 내세웠던 밴조 연주자이자 배우였던 해리 브라운에 의해 1916년에 녹음되었다. 다행히도 오늘날에는 그 가사를 들을 수 없다.

🔑 음악, 인종, 작품, 차별 (2019-02-21)

검은 얼굴의 백인

얼굴을 검게 칠한 백인들이 무대에 올라 흑인들을 조롱하며 백인 청중을 즐겁게 해준 민스트럴 쇼라는 대중 공연을 앞에서 소개한 바 있다. 본디 1830년대 미국의 동북부에서 막간극 비슷한 것으로 출발했던 이 쇼는 남북전쟁 직전에 대규모의 무대로 확장되어 오페라를 대중의 취향에 맞춘 것이라고 받아들여지기까지 했다. 1837년의 대공황 이후 관객의 감소로 공연계가 위축되었을 때 민스트럴 쇼가 공연계를 부활시켰던 것이다.

물론 이에 대한 반대의 목소리도 없지는 않았다. 노예제에 반대하는 사람들은 이러한 공연이 노예의 가정을 행복하게 묘사하는 한편 그들을 조롱하고 있다는 사실을 지적했다. 해방노예 출신으로 노예제 폐지를 위해 투쟁했던 작가 프레더릭 더글러스는 이 무대에 오르는 백인들을 격렬하게 비난했다. "그들은 백인사회의 야비한 쓰레기에 불과하다. 그들은 돈을 벌기 위해 타고난 안색을 우리에게서 훔쳤다. 그들은 백인 동료 시민들의 취향까지 타락시킨다."

노예제 찬성론자들은 다른 이유로 반대의 목소리를 높였다. 그들은 이러한 공연이 도주 노예들을 동정적으로 바라봄으로써 사회의 규범을 존중하지 않을뿐더러 남부만의 '특수한 제도'인 노예제를 비하한다고 불평했던 것이다. 그런 과정을 거쳐 20세기에 들어설 무렵 민스트럴 쇼는 인기가 시들해졌는데, 그것은 시민권 운동의 확대와 관련이 있음이 확실하다.

그런데 바로 얼마 전에 이와 관련된 자그마한 소동이 일어났다. 2018년 10월 23일 변호사 출신으로서 방송에 진출하여 큰 인기를 얻고 있는 메긴 켈리가 자신의 이름이 붙은 토크쇼에서 핼러윈에 흑인 분장을 한 연예인을 옹호하는 발언을 한 것이다. 어릴 적에 흔히 본 대수롭지 않은 일이라는 것이었다. 곧바로 비난이 쏟아졌고, 켈리는 사과의 메시지를 남겼다. 그렇지만 사흘 뒤 NBC 방송국에서는 '메긴 켈리 쇼'를 폐지했다.

권리, 인종, 저항, 정의, 차별 **(2019-02-28)**

스포츠맨답지 않은 행위

미식축구에는 '스포츠맨답지 않은 행위'라는 규칙이 있어서 거기에 저촉되는 행위를 하면 처벌이 가해진다. 미식축구의 수많은 규칙 중에서도 위반자에게 가장 엄격한 처벌을 내리는 것이 바로 이 조항이다. 처벌을 받는 대상자는 뒤늦게 상대 선수를 가격하거나 상대 선수를 조롱함으로써 스포츠맨의 품위를 떨어뜨리는 사람이다. 나는 이것이 경쟁과 승리만을 추구하는 것처럼 보이는 스포츠에 동업자 정신과 윤리 의식을 도입한 대단히 계몽적인 조치라고 생각한다.

이에 비하면 특히 미국 프로야구의 일부 규정은 아주 야만적으로 보인다. 베이스와는 제법 떨어져 있는 2루수를 향해 과격하게 슬라이딩을 하는데도 그것을 팀플레이라는 이유로 묵인한다. 선수들의 부상을 초래하고 팀 간의 폭력 사태까지 유발하는 과격한 돌진의 주인공은 이 규정과 함께 퇴출되어야 한다고 믿는다.

배구에서 도입한 비디오 판독에도 문제가 있다. 그중에서도 블로커 터치아웃에 대한 판독은 사라져야 한다. 대안이 있기 때문이다. 당사자만은 자신의 손에 공이 닿았는지 알고 있다.

그가 자인하면 된다. 결국은 제로섬 게임으로 모두가 공정하게 스포츠맨십을 지키며 승부에 몰입할 수 있다. 나는 스포츠의 장점은 떳떳하지만 자만하지 않는 승리자와 졌음에도 자랑스러운 패배자를 낳는 데 있고, 그것이 스포츠가 갖는 교육적 효능이라고 믿는다. 그런데 이 제도는 선수들이 거짓말을 하도록 만든다. 해설자들마저 이 상황에서 어떻게 내 손에 맞았다고 자인할 수 있느냐며 부추긴다. 그렇다면 최소한 판독 결과 거짓말을 한 것이 드러난 선수에게는 처벌이 주어져야 하지 않겠는가?

올림픽 추월 경기 팀이 뭇매를 맞는 것은 스포츠맨십을 저버리고 패거리 이익에 편승하여 떳떳하지 못한 패배자가 되었다는 사실 때문이다.

🔑 **스포츠, 정의, 현대** **(2018-02-22)**

밤의 열기 속으로

● 시드니 푸아티에

해방 노예로 바하마에서 경작한 토마토를 마이애미로 들여가 팔던 부부가 팔삭둥이를 낳았다. 생존 가망이 없다 했지만 석 달에 걸친 부모의 지극정성으로 아기는 살아나 미국 시민이 되었다. 그렇게 자란 아이는 접시를 닦으며 연기 수업을 받았고, 한국전쟁에 참전한 뒤 시드니 푸아티에라는 이름을 점차 알렸다. 스스로도 주변에서도 '푸아티에'라고 부르나 우리에게는 '포이티어'로 잘못 알려진 배우다. 1967년의 세 영화 〈언제나 마음은 태양〉, 〈밤의 열기 속으로〉, 〈초대받지 않은 손님〉은 인종차별이라는 미묘한 문제를 다루면서도 널리 공감을 얻어 흥행에 큰 성공을 거뒀다.

특히 〈밤의 열기 속으로〉는 후속편이 둘이나 이어질 정도로 큰 반향을 일으켰다. 필라델피아의 흑인 경관 버질 팁스가 흑백 차별이 심한 미시시피주의 작은 도시에서 벌어진 살인 사건의 해결에 휘말렸다. 흑인을 '아이'라고 부르는 그곳의 백인들에게 그가 내뱉는 "내 이름은 미스터 팁스야!"라는 말은 미국 영화의 역사에서 명대사로 꼽히며, 후속편의 제목이 되기도 했다. 빰을 때리는 백인 농장주의 빰을 똑같이 때려 갚는 장면은 당시로서는 파격적이었으며, 푸아티에가 백인우월주의자들의 표적이 된 이유이기도 하다. 그리하여 남부가 아닌 북부의 농장에서 영화를 찍었지만, 목화 농장의 장면을 찍기 위해 어쩔 수 없이 남부에서 촬영을 할 때 그가 머리맡에 권총을 두고 잤다는 것은 잘 알려진 일화다.

1964년 흑인 최초로 오스카 남우주연상을 받았던 그가 2002년 오스카 공로상을 받았다. 그 수상 연설은 감동적이다. 그는 따라야 할 어떤 길도, 어떤 관례도 없던 시절에 어렵게 영화를 만들어 영화산업과 미국, 그리고 더 나아가 전 세계인에게 혜택을 준 영화 관계자들을 치하했다. 그런 뒤 자신은 박해와 괄시를 무릅쓰고 영화계에 종사해온 흑인 선배들의 어깨 위에 올라앉았던 것뿐이라며 그들에게 공을 돌렸다.

영화, 인종, 작품, 차별 **(2016-02-24)**

총기 사용의 자유(?)

● **찰턴 헤스턴**

찰턴 헤스턴은 60여 년을 영화계에 종사하면서 선이 굵은 연기로 100여 편의 작품을 남겼다. 우리에게는 연휴 때마다 방송되던 〈십계〉의 모세 역과 아카데미 남우주연상을 안겨준 〈벤허〉를 통해 주로 역사 영화에 출연한 배우로서의 이미지가 강하다. 그렇지만 그는 〈지상 최대의 쇼〉와 같은 오락 영화, 인디애나 존스 시리즈의 첫번째 작품인 〈레이더스〉의 모태가 된 〈잉카의 비밀〉 같은 모험 영화, 〈악의 손길〉과 같은 필름 누아르, 〈빅 컨트리〉와 같은 서부 영화는 물론이고 〈혹성 탈출〉과 같은 공상과학 영화에 이르기까지 다양한 장르를 섭렵했다.

영화계의 경력만큼 다채로운 것이 그의 정치적 성향이었다. 그는 1960년대에 진보적인 민주당을 지지하며 인권운동을 활발하게 펼쳤다. 인권법의 제정을 위해 1963년 워싱턴에서 말론 브란도, 해리 벨라폰테, 시드니 푸아티에 등과 함께 행진 시위를 벌였던 것은 많은 사람들이 기억하는 '사건'이었다. 당시 헤스턴은 총기 규제를 찬성하는 정도를 넘어 홍보에 나설 정도였다.

그러던 그가 50대에 들어서면서 보수로 돌아서며 공화당 지지자로 바뀌었다. 민주당의 대통령 후보들을 저버리고 리처드 닉슨을 도왔으며, 로널드 레이건의 보수적인 정책을 강력하게 옹호했다. 정치적 성향의 변화야 그 스스로 결정할 문제이니 왈가왈부하고 싶지 않다. 그렇지만 70대에 들어선 그는 지나치게 나아갔다. 미국 총기협회의 회장을 다섯 번이나 맡으면서 총기 규제의 철폐를 부르짖었던 것이다. 그의 영향력에 힘입어 미국 중산층의 많은 사람들이 총기 사용의 자유를 지지하는 쪽으로 돌아섰다.

1999년 4월 콜로라도주의 콜럼바인 고등학교에서 총기 난사 사건이 일어나 13명이 사망했다. 마이클 무어가 그 참사를 다큐멘터리로 제작하며 헤스턴을 인터뷰했다. 헤스턴은 변변한 대답도 하지 못하다가 마침내 카메라에 등을 돌리고 방에서 나가버렸다.

변화, 영화, 작품, 정치, 폭력 **(2018-03-01)**

위대한 영혼의 여인(들)

● 시몬 베유

시몬 베유는 이론과 실천을 아우른 프랑스 여성이다. 어려서부터 고대 그리스어와 산스크리트까지 익힌 그는 파리의 고등사범학교에서 정규 교육을 마친 뒤 교사가 되었다. 그러나 돌도 지나기 전에 앓았던 충수염의 여파로 평생 병마에 시달린 그는 건강 때문에 꾸준히 가르치지 못했다. 그런 악조건에서도 그는 자신의 신념에 따라 다양한 행동에 나섰다.

10대 청춘 시절부터 노동계급의 주장에 동조해 시위 행렬에 참여하며 노동자들의 권리를 옹호했고 노동조합운동을 위한 글을 썼다. 노동자들의 고충을 직접 체험하고자 교사 휴직계를 내고 르노 자동차사에 취업하기도 했다. 누구보다도 먼저 자본주의의 착취자들이 평범한 사람들에게 가장 큰 억압이 될 것임을, 그리고 히틀러의 파시스트 세력은 그보다도 더 큰 위협으로 등장하게 될 것임을 예견했다.

평화주의자라고 공언했음에도 에스파냐에서 내전이 벌어지자 공화주의의 명분에 동참하여 참전했다. 에스파냐에 도착한 뒤 그는 반파시스트군의 사령관에게 포로로 잡혀 있던 통일노동자당의 지도자를 구출하는 작전에 잠입시켜달라고 요청했다. 그러나 사령관은 몸도 굼뜨고 시력도 좋지 않으며 에스파냐어도 능숙하게 구사하지 못하는 그가 헛되이 희생될 것을 우려해서 거절했다. 그는 희생될 권리도 자신에게 있다며 간청했지만, 결국 그에게는 다른 임무가 주어졌다.

미국으로 이주한 뒤에도 프랑스 레지스탕스를 위한 비밀 첩자의 역할을 맡겨달라고 요청했던 그의 생애와 철학에 대해 오늘날 많은 학문 분야에서 연구하고 있다. 지난 20여 년 동안 그에 대한 2500편이 넘는 연구 성과물이 쏟아진 것이다. 알베르 카뮈는 그녀를 가리켜 "우리 시대에 유일하게 위대한 영혼을 소유한 사람"이라고 말했다.

3월 8일 '세계 여성의 날'을 맞이하여 시몬 베유를 언급하는 데는 필리버스터에 진력한 여성 국회의원들에게 경의를 표하려는 특별한 이유가 있다.

노동, 신념, 여성, 저항, 전쟁 **(2016-03-02)**

저주받은 아이 ● 아돌프 삭스

19세기 초 디낭이라는 벨기에의 작은 마을에서 사내아이가 태어났다. 이 아이는 어릴 적부터 마가 끼었는지 죽을 뻔한 고비를 수도 없이 넘겼다. 3층 건물에서 돌바닥으로 거꾸로 떨어져 몸을 가누지 못한 적도 있었다. 황산 섞인 물을 한 대접 마신 적도 있고, 바늘을 삼킨 적도 있었다. 화약이 폭발하여 심한 화상을 입기도 했다. 달아오른 쇠 프라이팬 위로 넘어져 옆구리를 심하게 데기도 했다. 니스 칠한 물건이 있는 방에서 잠을 자다가 중독되어 질식사할 뻔하기도 했다. 느닷없이 날아온 돌에 머리를 맞기도 했다. 강에 빠져 간신히 익사를 면하기도 했다. 오죽하면 어머니조차 "이 아이는 저주받은 아이야, 살지 못할 거야"라며 포기했을까. 이웃에서는 그를 작은 유령이라고 불렀다.

그런데 이 아이가 살아남았을 뿐 아니라 사람들의 귀에 귀한 즐거움을 선사했다. 악기를 제작하며 호른의 디자인까지 새롭게 선보인 부모님에게서 재능을 물려받은 이 아이는 어린 나이에 이미 새로운 악기를 만들려는 꿈을 실천에 옮겼다. 15세에 새로 고안한 플루트와 클라리넷을 악기 경연대회에 출품했던 그는 그 악기들의 연주에도 솜씨를 보여 브뤼셀 왕립 음악학교의 연주자가 되었다.

음악학교를 떠난 뒤에도 그는 계속하여 새로운 악기를 제작하려고 시도했다. 트럼펫과 호른을 결합한 것 같은 악기, 트럼펫과 트롬본을 합성한 것 같은 악기들을 만들었다. 그 악기들은 각각 색스혼, 색소트롬바라고 불리는데, 색스혼은 지금도 연주하는 관현악단이 있다. 그렇지만 그가 만든 가장 유명한 악기는 색소폰이다. 금관악기와 목관악기를 결합하여 가장 강력한 목관악기의 소리이자 동시에 가장 섬세한 금관악기의 소리를 빚어내 금관과 목관 사이의 공백을 메운 것이다.

색소폰은 물론이고 그가 만든 악기들은 그 저주받은 아이의 이름 아돌프 삭스를 기리고 있다. 오늘날에도 국제 색소폰 경연대회가 매년 디낭에서 열린다.

🗝 근대, 유래, 음악 **(2017-03-02)**

빙상 전쟁

● 체코슬로바키아 아이스하키팀

1968년 1월 개혁파 알렉산데르 둡체크가 체코슬로바키아 공산당 서기장으로서 실권을 잡았다. 그는 민주화를 추진하면서 시민들에게 더 큰 권리를 찾아주려 했다. 그리하여 '프라하의 봄'이 찾아온 것이다. 그러나 그 봄은 여름을 넘기지 못했다. 위성국이라고 여기던 지역에서 일어난 민주화운동이 달가울 리 없는 소련이 바르샤바 동맹의 가입국까지 동원하여 탱크를 몰고 진압에 나섰기 때문이다. 루마니아와 알바니아는 참가를 거부했다. 그런데도 무고한 시민 137명이 희생되었다.

1969년 3월 스웨덴의 수도 스톡홀름에서 아이스하키 세계선수권대회가 열렸다. 우승 후보는 소련이었다. 소련은 1963년부터 9년 연속 금메달을 따며 무적의 행진을 계속했다. 체코슬로바키아는 소련의 침공에 항의하면서 주최하기로 예정된 세계선수권대회를 반납했고, 그 결과 스웨덴에서 열리게 된 대회였다. 국제적인 이목이 쏠리고 팽팽한 긴장감으로 터질 것 같던 그 대회는 더블리그로 열렸다. 팀들끼리 두 번씩 맞붙은 것이었다.

체코슬로바키아는 질 수가 없었다. 모든 선수가 사력을 다한

두 경기에서 소련을 2:0과 4:3으로 격파했다. 소련으로서는 5년을 이어온 무패의 기록이 깨지는 순간이었다. 그렇지만 체코슬로바키아는 동메달에 만족해야 했다. 스웨덴에 두 게임을 모두 내줬기 때문이다. 체코슬로바키아 선수들에게는 메달의 색깔이 문제되지 않았다. 오로지 빙판에서나마 침략자들을 무찌르는 것만이 중요했다.

국가 전역에 축하의 물결이 일었다. 프라하에서는 여전히 점령중이던 소련군에 대한 시위가 벌어지기도 했다. 그 시위는 체코슬로바키아의 군경에 의해 제지되어 큰 소요로 이어지지는 않았지만, 그에 대한 책임을 지고 둡체크는 서기장에서 물러나야 했다. 이후 체코슬로바키아 국민들은 소련과의 아이스하키 경기를 저항하듯 관전했다.

스포츠, 저항, 정치 **(2019-03-07)**

여성의 날 이전의 여성의 날 • 테레사 멜키엘

과거 우크라이나 땅에서 미국으로 이주한 어느 유대인 가족의 일곱 딸 중에 테레사가 있었다. 나이 열일곱의 이 소녀는 뉴욕의 외투 공장에서 노동자로 일하다가 노동조합에 가입했다. 사회주의에 대한 신념을 굳혀가던 그는 사회주의만이 여성을 해방시킬 수 있으며 여성의 전격적인 참여 없이는 사회주의도 성공을 거둘 수 없다는 확신에서 사회당에 가입했다.

확실히 사회당은 성평등이라는 대의명분을 고수하는 듯 보였다. 그러나 그것은 이론에 그쳤다. 실제로 사회당은 여성 노동자들에게 도움을 주지도 않았고, 그들의 관심사에도 냉담했다. 이렇게 테레사 멜키엘은 사회당 내부의 적들과도 싸워야 했다. 그의 무기는 말과 글이었다. 연설과 논문으로 여성 노동자들을 일깨우며 결속을 도모했다. "일하는 여성들은 한편으로는 가장 큰 적인 자본가계급과 싸워야 합니다. 한편 그들은 동료 형제들에게 도움을 받으려 하지만 그들은 오히려 여성의 투쟁을 낙담시킬 뿐입니다."

결국 여성은 여성 스스로를 지켜야 했다. 그는 사회당 내부에 여성의 분파를 만들었고, 여성들로 이루어진 진보 단체를 조직하며 여성들의 참여를 권유했다. 1910년에는 『블라우스 공장 파업자의 일기』라는 소설까지 썼다. 미국 태생의 여성 노동자가 이민 노동자들과 알력을 일으키지만, 결국은 그들 사이의 연대와 참정권 획득의 필요성을 절감해간다는 내용이다. 이듬해에 맨해튼의 블라우스 공장에서 큰 화재가 일어나면서 이 책이 각광을 받았다.

그는 미국 사회당 내부의 백인 우월주의도 신랄하게 공격하며 집회장 입장을 거절당한 흑인들 앞에서 찬비를 맞으며 절규에 가까운 연설을 토했다. "신이시여, 이런 부류의 사회주의자들로부터 우리를 구해주소서!"

1909년 2월 28일, 그는 '여성의 날'을 제정했다. 이것이 매년 3월 8일에 기념하는 '세계 여성의 날'의 전신이다.

노동, 문학, 여성, 유래 (2018-03-08)

장미의 이름 ● 움베르토 에코

한 시대를 풍미한 작가이자 학자인 움베르토 에코가 별세했다. 소설가로, 문학비평가로, 철학자로, 언어학자로 큰 족적을 남긴 그였는데, 세계적 명성의 출발점에는『장미의 이름』이라는 소설이 있다. 신비한 제목의 이 소설에서는 서양 중세사에 대한 해박한 지식과 기호학의 이론이 결합된다. 마치 작가의 모든 경력이 이 작품에 집약된 것 같다.

열렬한 독자로서 제목의 연원이 궁금했다.『로미오와 줄리엣』에서 가문의 이름 때문에 사랑의 시련을 겪는 줄리엣이 한탄한다. "이름이란 무엇일까? 장미라 부르는 것은 다른 이름으로 불러도 향기로울 텐데." 이 대사가 그 제목의 한 출처는 아닐까 알아봤다. 그러나『장미의 이름』은 10개 정도의 후보군에서 저자가 출판사와 합의해 고른 제목임을 알게 되었을 뿐이다. 어쨌든 먼 나라의 일개 서생에게 지적 궁금증을 자아낼 만큼 이 소설은 전 세계에 큰 충격을 던졌다.

이 책은 이미 오래전에 사라졌다거나 애초에 존재하지 않았다고 알려진 아리스토텔레스의『시학』제2부를 둘러싼 이야기다. 그것은 희극, 즉 웃음에 대한 책으로서 아리스토텔레스는 웃음을 "교육적 가치가 있는, 선을 지향하는 힘"임을 인정한다. 중세의 지식인 계층인 수도자들은 그 책을 읽고 싶은 욕망에 사로잡힌다.

도서관장 요르게는 책장에 독을 묻혀 그 책을 보려 한 수도자들을 살해한다. 요르게는 경망스런 웃음은 악마에게서 오는 것이고 그것은 수도자의 참된 신앙에 방해가 될 뿐이라는 수도원의 규칙에만 충실하다. 그는 신학의 한 규범으로 숭상받게 된 아리스토텔레스가 웃음을 긍정하는 책을 썼다는 사실 자체가 못마땅하다. 진상 조사에 나선 주인공 윌리엄에 의해 그 내막이 드러나자, 요르게는 독이 묻은 그 책장을 씹어 삼킨다. 실랑이 중에 불이 붙어 기독교 세계에서 가장 훌륭한 도서관이 수도원과 함께 재로 변한다.

독선에 사로잡힌 요르게에게서 권력의 민낯을 본다.

문학, 유래, 작가, 종교, 현대 **(2016-03-09)**

숱한 곤경 속에서도

해리엇 터브먼

여성으로 흑인 노예였다면 아마도 인간으로서 가장 비참한 운명을 타고났다 해도 과언이 아닐 것이다. 노예제를 인정하던 당시의 미국 메릴랜드주에서 태어난 해리엇 터브먼은 그에 더해 노예시절 받았던 채찍질을 비롯한 폭력의 후유증으로 심한 정신적 · 육체적 고통을 겪어야 했다. 그렇지만 그는 가혹한 운명에 결코 굴복하지 않았다. 오히려 비슷한 처지의 다른 사람들을 돕는 데 헌신했다.

터브먼은 1849년 자유를 찾아 필라델피아로 도주했다. 그러나 그는 자유를 만끽할 틈이 없었다. 떠나온 곳에 남은 가족들 생각 때문이었다. 그는 다시 돌아가 가족과 친척뿐 아니라 다른 흑인들까지 자유의 땅으로 도피시켰다. 그 어려운 임무에서 한 명도 낙오되지 않았다. 도주한 노예가 체포되면 자유주에서도 무조건 이전 주인에게 반환해야 한다는 악명 높은 1850년의 '도망노예법'이 통과된 뒤에도 멈추지 않고 더 많은 흑인의 도주와 정착을 도왔다.

남북전쟁이 발발한 뒤에는 북군에서 활동했다. 요리사와 간호사로 북군을 돕다가 후에는 척후병과 첩자로서 더 직접적으로 공훈을 쌓았다. 더 나아가 그는 전쟁에서 군대를 이끈 최초의 여성이 되어 '컴비강 습격' 사건을 지휘해 750명이 넘는 흑인을 구출했다. 전쟁 이후 은퇴한 그는 늙은 부모를 봉양하는 한편 기력이 있을 때까지 여성 참정권운동에 힘을 보탰다. 그는 말년을 흑인 양로원에서 보냈는데, 그 시설도 그의 도움으로 건립된 것이었다. 그를 이끈 힘 가운데 하나는 독실한 기독교 신앙이었다. 개인적 곤경을 넘어서 인류애를 실천할 힘을 주는 신앙이라면 바람직하지만, 증오와 반목을 조장하는 이곳 대형 교회의 행태란…….

2016년 미국의 재무장관은 미국의 20달러 지폐에 해리엇 터브먼의 초상을 넣기로 결정했다. 미국의 제7대 대통령 앤드루 잭슨 대신에 이 흑인 운동가가 선정된 것이다. 그 지폐는 2020년부터 통용될 예정이다. (하지만 2017년에 트럼프 행정부에서 그 계획을 취소했고, 2021년에 바이든 행정부에서 그것을 부활시키려 하고 있다—지은이)

권리, 신념, 여성, 인종 **(2017-03-09)**

평화의 수호자 ● 파도바의 마르실리오

1320년대 초반 이탈리아반도에는 전운이 감돌았다. 훗날 신성로마제국의 황제가 된 바이에른의 루트비히와 교황 요한12세의 권력투쟁이 시작되었기 때문이다. 교황과 동맹인 나폴리왕국과 프랑스가 밀라노를 위협하자 그곳에 거점을 둔 신성로마제국에서 군대를 파견해 방어하려 했다. 교황은 루트비히를 파문에 처하고 황제의 자리를 포기하라고 종용했지만 루트비히는 새로운 도발로 응수했을 뿐이다.

전쟁은 총칼로만 치른 것이 아니었다. 펜과 잉크가 더 강력한 무기였다. 당시 파도바의 마르실리오는 『평화의 수호자』라는 저서를 통해 신성로마제국이 내세운 명분을 옹호했다. 펜이 칼보다 우월하다는 것은 전쟁이 끝난 뒤에도 그 저서가 제정분리와 민주주의의 원칙은 물론이고 인권을 지키기 위한 교본의 하나로 받들어지고 있다는 사실로 입증된다.

파도바대학의 의학도였던 마르실리오는 성서의 권위를 폭넓게 차용하면서 신성로마제국이 교황청의 지배를 받아야 한다는 주장의 허구성을 드러냈다. 그는 예수가 세속의 권력을 가진 적도 없고, 교회가 그런 권력을 행사해야 한다고 주장한 적도 없다고 논파한다. 교황에게 주어진 특권이라는 것도 찬탈해간 것에 불과하니 공허하다는 것이었다. 오히려 교회는 세속적인 문제는 물론이고 영적인 문제에서도 국가를 따라야 한다는 것이었다. 왜냐하면 신자는 국민의 일부일 뿐이고 세속의 지도자는 국민 전체를 대변하기 때문이다.

확실히 마르실리오의 이론은 근대국가의 특징 중 하나인 제정 분리의 원칙을 천명한 것이었고, 그것은 개신교의 종교개혁 운동에 큰 도움이 되었다. 그는 국민은 남에게 해를 끼치지 않는 한 스스로 선택한 삶을 영위할 수 있다는 원칙의 선구자로 꼽히기도 한다. 그는 충족적인 삶을 향한 인간의 자연적 욕망을 실현하는 것이 정부의 목적이 되어야 한다고 주장함으로써 민주주의의 선구가 되기도 했다. 이 모든 것들을 누가 허사로 돌리려 하는가.

작품, 정치, 종교, 중세 (2020-03-12)

기억의 경계선 ● 빈야민 빌코미르스키

임지현은 국제적인 활동을 가장 적극적으로 펼치는 국내 서양 사학자라고 공언할 수 있다. 그의 최신작 『기억 전쟁』의 서두에는 홀로코스트 생존자의 수기로 출판되어 세계 각국에서 큰 관심을 받았던 저작의 진위를 둘러싼 흥미로운 공방이 소개되어 있다.

스위스에서 클라리넷 연주자로 살던 빈야민 빌코미르스키는 1995년 『어린 시절의 편린들, 1939~1948』이라는 회상록을 펴냈다. 1939년생 유대인 소년이 강제수용소 두 곳에서 생존한 기억을 더듬은 자서전이다. 균열된 기억을 상황에 압도당한 어린이의 단순한 목소리로 전달한 이 책은 곧 각별한 관심 속에 구미 여러 나라의 홀로코스트 관련 문학상을 휩쓸었다.

저자가 텔레비전의 토크쇼에 출연할 만큼 지명도가 높아지면서 오히려 이 책의 신빙성에 대한 의구심이 커졌다. 태어난 해부터 수용소의 일을 그토록 생생하게 기억할 수 있겠는가 하는 합당한 의문이 제기된 것이다. 빌코미르스키는 라트비아에서 태어나 강제수용소에 끌려갔다가 벗어난 뒤 폴란드의 고아원을 거쳐 마침내 스위스에 정착했다고 술회했다. 그러나 스위스의 언론인 다니엘 간츠프리트가 파헤친 바에 따르면, 그는 스위스에서 브루노 그로장이라는 이름으로 태어난 기독교도였다는 것이다.

논쟁이 시작되었다. 빌코미르스키의 수기를 극찬하던 평론가들은 실없는 사람이 되지 않기 위해 계속하여 그를 옹호했다. 그러나 의혹은 증폭되었고, 결국 역사가 슈테판 매흘러가 출판사의 의뢰를 받고 면밀한 연구를 통해 수기가 가짜였다는 결론을 내렸다. 최종적으로 취리히 검찰청에서는 DNA 검사를 통해 빌코미르스키와 그로장이 동일 인물임을 확인했다.

왜? 간츠프리트는 빌코미르스키를 '냉혹하고 계산적인 사기꾼'이라고 비난했다. 그러나 검찰을 비롯한 다른 이들은 그의 범죄 혐의를 부인하면서 위탁 가정에서 노예와 비슷하게 성장했던 경험이 기억을 흔들었을 가능성을 제기했다.

작가, 작품, 전쟁, 종교 **(2019-03-14)**

토끼풀과 아일랜드

성 패트릭

열여섯 살의 어느 영국 소년이 해적에게 납치되어 먼 곳으로 끌려갔다. 그곳에서 양치기를 하며 보낸 6년의 노예생활은 분통이 터질 만한 일이었지만, 그는 오히려 그 기간에 젊은 날의 죄와 무지를 고백하며 기독교 신앙을 가지게 되었다. 어느 날 그는 고향으로 돌아가게 되리라는 신의 목소리를 들었고, 여러모로 기이한 신의 가호를 받아 고향의 가족에게 돌아갈 수 있었다.

그랬던 그가 또다시 신비로운 경험을 통해 지난날 노예생활을 했던 아일랜드로 돌아가게 되었다. 아일랜드에서 왔다는 어느 성인이 환각 속에 나타나 "거룩한 신의 하인이여, 돌아와 우리와 함께 걷게 되기를 청한다"는 것이었다. 그렇게 성 패트릭은 아일랜드로 돌아갔을 뿐 아니라 그곳의 수호성인이 되었다. 그것은 왕과 재판관은 물론이고 부유한 여인들이 보낸 선물도 돌려보내며 고결하게 행동한 결과였다.

아일랜드와 얽힌 수많은 전설에도 성 패트릭이 관련되어 있다. 아일랜드의 국화는 토끼풀이며, 그것이 아일랜드 국가대표팀이 주로 초록색 유니폼을 입는 이유이다. 그것은 성 패트릭이 세 잎의 토끼풀로 삼위일체의 교리를 신도들에게 설명한 데에서 유래한다. 아일랜드에 뱀이 없는 것도 40일간의 단식기도 기간에 그를 공격하던 뱀들을 그가 바다로 모조리 쫓아냈기 때문이라고 전해진다.

그의 기일이라고 알려진 3월 17일을 오늘날 '성 패트릭 축일'로 기념하고 있다. 아일랜드와, 아일랜드인이 많이 이주한 지역이나 가톨릭이 국교인 나라들뿐 아니라 세계 도처에서 그를 기리며 초록빛이 넘쳐나게 한다. 그러나 많은 사람들이 그 날을 비판하기도 한다. 성 패트릭의 행적을 기리고 아일랜드의 문화유산에 경의를 표한다는 본래의 취지를 벗어나 상업화에 물들며 보란듯이 술에 취해 무분별하게 행동해도 모두 허용되는 날로 받아들여지고 있기 때문이라는 것이다.

무엇이든 본래의 참된 취지를 벗어나면 오염되게 마련이다.

고대, 유래, 종교 **(2018-03-15)**

알파고와 인간 소외

이세돌

알파고와 이세돌의 대국을 흥미롭게 지켜봤다. 굳이 전문기사의 찬탄 어린 해설을 듣지 않더라도, 기존 상식이나 고정관념을 깬 수들이 터져나오는 것을 보며 경악했다. 인간 최고수가 바둑의 신과 수담을 나누면 치수가 어떻게 될까 하는 오래된 질문에 대한 답을 보고 있는 듯한 심정을 갖게 된 것도 당연한 일이다.

그런데 생각해보니 이와 비슷한 일들은 인간의 역사에 항시 있었다. 그에 대한 인간의 소회도 유달랐기에 사람들은 여러 가지 형식으로 그것을 표현해왔다. 괴테의 시에서 착상하여 뒤카가 교향시로 만들었고, 월트 디즈니의 만화 영화 〈판타지아〉를 통해 널리 알려진 〈마법사의 제자〉는 자신이 걸어놓은 마법을 풀지 못해 곤경에 처한다. 메리 셸리의 소설에서 프랑켄슈타인 박사가 만든 인조인간은 박사의 의도를 벗어나 악행을 저지른다.

인간의 산물이 인간의 한계를 넘어서는 현상은 문학인들의 상상 속에만 있지 않았다. 인간이 역사를 만든다고 하지만 역사가 인간의 의도대로 흘러갈까? 그렇지 않기에 마키아벨리부터 헤겔에 이르기까지 많은 사상가들이 인간의 의지와 역사의 방향의 관계에 대해 고심했다. 인간이 경제의 개념을 만들었지만, 오히려 인간은 경제의 지배를 받는다. 더 구체적이고 현실적으로 말하자면, 아파트를 직접 지은 노동자는 그 아파트를 소유하지 못한다. 이것을 마르크스는 '소외'라는 개념으로 설명했지만, 사실 인간 소외는 특히 오늘날 사회의 도처에서 빈번하게 일어나고 있다.

승점을 기록하긴 했지만 결국 이세돌이 알파고에 패했다는 사실 때문에 마음 아파하는 분들이 많다. 그러나 결국은 알파고도 인간 집단 지성의 산물임을 받아들인다면? 소외의 개념에 대한 고민과 그것을 극복하려는 노력도 인간 발전의 한 동력이었음을 다소나마 인정한다면, 알파고의 승리가 열어놓은 미답의 세계에 대한 탐색이 바둑은 물론이고 삶 자체를 풍요롭게 하지 않을까 기대한다.

과학, 영화, 작품, 철학, 현대 **(2016-03-17)**

민중의 역사가, 이이화

8년 전 '민중의 역사가'라는 제목으로 프랑스의 역사가 쥘 미슐레를 소개한 바 있다. 여러 가지 상황이 또다시 비슷한 제목으로 그에 대해 글을 쓰도록 만든다. 19세기를 대표하는 프랑스의 역사가 한 명을 꼽으라면 프랑스인 대다수가 주저 없이 미슐레를 거명할 것이다. 그는 『프랑스사』, 『프랑스 혁명사』, 『로마사』와 같은 방대한 저작을 남겼을 뿐 아니라 잠바티스타 비코의 『새로운 학문』을 번역하여 그를 널리 알렸다. 스스로가 '비코의 번역자'라고 서명을 할 정도로 그는 비코에게서 큰 영향을 받았다.

나는 학위논문에서 미슐레의 비코 번역과 관련된 문제를 다뤘다. 나의 논지는 "인간은 자신이 만든 것을 알 수 있다"는 비코의 방법론적 원리를 미슐레가 왜곡하여 민중 사학의 구호로 만들었지만, 그런 방식으로 당시의 시대정신에 부합하게 해석함으로써 비코가 더 널리 알려질 수 있게 만들었다는 것이다. 비코를 널리 알리는 데 미슐레가 크게 기여한 것은 확실하지만 그가 알린 비코는 왜곡된 비코였다는 나의 생각은 확고했다.

그러나 더 깊이 파고들수록 틀린 것은 미슐레가 아니라 바로 나였다는 것이 명확해졌다. 비코가 그 방법론을 확립한 것은 그것을 통해 어떤 역사적 실체에 대해 논파하고자 하는 것이 있었기 때문이고, 그것이 바로 민중 사학이었음을 미슐레는 정확하게 간파했던 것이다. 바로 그런 이유에서 미슐레는 헌신과 희생의 능력이 고귀한 보통 사람들의 역사를 다룬 『민중』을 집필했던 것이다.

그러니 이 글은 나 자신의 잘못에 대한 부끄러운 고백이지만, 그것은 그 동인의 작은 일부일 뿐이다. 교회와 정부의 권위에 당당히 맞선 미슐레는 민중의 사랑을 받았고, 그에 대한 전기 하나의 결론은 단지 그가 따뜻한 인간이었다는 것이다. 성금을 보내 그의 묘비를 세운 프랑스 민중과 흡사한 심정으로 이이화 선생의 영전에 변변치 못한 글 한 편을 올린다.

신념, 연구, 작가, 현대 **(2020-03-19)**

어떤 과거 청산 ● 크반트 가문

1943년 베를린 교외의 쇠네바이데에는 나치 강제수용소에 수용된 사람들의 노동력을 부릴 공장이 세워졌다. 오늘날 그곳은 '나치 강제노동자료센터'가 되어 쓰라린 과거를 더듬는 사회적 기억의 장소가 되었다. 그러한 용도 자체의 전환은 놀라운 일이다. 더 놀라운 것은 2004년 베를린시 의회의 제안으로 소박한 기억의 터가 된 그곳이 2015년에 증축되어 청소년의 회합 장소로 거듭난 일인데, 이는 바람직한 과거 청산의 한 예를 보여준다.

1959년 독일의 자동차사 BMW는 파산의 위기에 몰렸다. 이미 200여 개의 회사를 소유하고 있던 크반트 그룹의 총수 헤르베르트는 금융인들의 조언을 물리치고 재산 손실의 위험을 무릅쓰며 그 회사에 투자하여 운명을 바꾸어놓았다. 그는 고급스러운 수제차와 대량 생산되는 차를 원하는 사람 모두를 만족시킬 브랜드를 개발하여 회사를 살리고 스스로도 대주주가 되어 갑부의 반열에 올랐다.

2007년 독일의 공영방송에서 〈크반트가의 침묵〉이라는 다큐멘터리가 방송되었다. 크반트 가문이 나치와 손잡고 노동자들을 착취하여 막대한 재산을 모았음을 널리 알린 것이었다. 실제로 헤르베르트의 아버지 귄터는 1차대전 때부터 독일의 군부와 결탁하여 부를 쌓았으며, 나치 치하에서는 강제수용소 수용자들의 노동력을 동원하여 배터리 제조 회사를 경영했었다.

크반트 가문의 젊은 상속인들은 의연하게 대처했다. 그들은 성명을 내고, 자기 가문의 나치 치하 행적에 대한 객관적인 연구를 지원하겠다고 밝혔다. 그 연구를 담당했던 역사가 요아힘 숄티제크는 2011년 1200페이지에 이르는 보고서를 통해 "크반트 가문은 나치의 범죄와 떼려야 뗄 수 없는 관계"였다는 결론에 도달했다. 크반트 가문은 거금을 기부하여 '강제노동자료센터'가 현재의 모습을 갖출 수 있게 도왔다. 그 센터 인근의 강 건너편에 선대의 배터리 공장이 있었다.

염화, 작품, 전쟁, 정의 (2019-03-21)

미소 수녀 ● 자닌 데커스

걸스카우트 활동을 하던 한 소녀가 저녁의 야외 행사를 위해 처음으로 기타를 구입했다. 이후 교육을 받고 교사가 되었다. 그렇지만 어려서부터의 꿈은 수녀가 되는 것이었다. 결국 자닌 데커스는 스물여섯의 비교적 늦은 나이에 도미니크 수도회의 수녀가 되었다. 그는 수녀원에서도 노래를 만들어 불렀다. 동료 수녀들은 물론이고 신자들까지도 많이 좋아했다. 고참 수녀들이 음반을 내도록 권유했다. 수녀원 방문객들에게 팔기 위해서였다.

그런데 브뤼셀의 필립스 레코드사에서 녹음한 그 노래가 국제적으로 대성공을 거두었다. 1964년 한 해에만 200만 장 남짓 팔려나가면서 이 수녀는 저명인사가 되어 '미소 수녀'라는 별명으로 불리게 되었다. 미국에서는 그 이름보다는 '노래하는 수녀'로 더 잘 알려져 있다. 그의 삶에 느슨하게 바탕을 둔 영화가 그 제목으로 나왔기 때문이다. 그 노래 〈도미니크〉는 미국에서 인기순위 1위에 오른 유일한 벨기에 노래로 남아 있다.

그렇다면 그런 성공과 함께 대중적 인기를 얻은 그는 더 자주 미소를 짓게 되었을까? 결코 그렇지 못했다. 경제 관념이 부족해서 그랬던 것인지 레코드 판매로 거둔 수입은 대부분 레코드사와 제작자가 가져갔고, 나머지의 이익금조차 수녀원의 몫이 되었다. 그런데 더 큰 문제는 심리적인 것이었다. 〈에드 설리번 쇼〉에 모습을 보일 정도로 널리 알려지게 된 '미소 수녀'는 언제나 미소를 지어야 했다. 원장 수녀는 그가 침울한 분위기에 젖는 것을 허용하지 않았고, 그가 만든 곡에서조차 슬픈 가사는 삭제하는 검열을 자행했다.

신앙심을 저버린 적이 없었지만 그는 수녀원을 떠나야 했다. 떠난 뒤에도 하루에 몇 차례 기도를 하며 정결한 삶을 유지했다. 레코드사에서 원해 다시 취입했지만 '미소 수녀'라는 이름을 사용하지 못하게 된 그를 사람들은 알아보지 못했다. "그의 영혼이 구름 속을 나는 것을 보았다." 그의 묘비명이다.

여성, 음악, 종교 **(2018-03-22)**

용감한 소녀들 ● 아일리 위르겐손과 아게다 파벨

발트 3국 중 국토가 가장 작은 에스토니아는 과거 덴마크, 스웨덴, 독일, 러시아 등 주변 강국에 점령당하거나 지배를 받으며 약소국의 서러움을 겪었다. 그렇지만 자국의 역사와 문화에 대한 자긍심은 독립 의지로 이어져 강대국에 맞선 저항의 원동력이 되었다. 오늘날 에스토니아의 국민소득, 인권 지표, 교육 수준이 유럽에서 가장 높은 것도 이러한 배경과 무관하지 않다.

1차대전 후 에스토니아는 러시아로부터 독립을 쟁취했다. 그렇지만 러시아를 물려받은 소련이 1944년 에스토니아를 재점령했다. 그뒤 소련은 에스토니아인들이 자랑스럽게 건립한 독립 기념물들을 체계적으로 파괴했다. 독립을 위해 전몰한 87명의 공적을 기려 페르누시에 세워진 기념비도 폭파했고 수도 탈린에 있는 국립묘지도 훼손했다.

소련은 에스토니아인들의 기억 말살을 위해 독립 기념물을 파괴하는 데 그치지 않고 자국의 승리를 축하하는 기념탑까지 세웠다. 그 탑 꼭대기에는 붉은 별이 걸려 있었다. 어느 날 밤, 두 소녀 아일리 위르겐손과 아게다 파벨은 탈린시에 세워진 소련의 전승 기념탑을 폭파했다. 아일리는 "언제까지 우리가 이 약탈자들을 찬양하는 붉은 별을 봐야 한다는 말인가!"라고 한탄하며 거사에 나선 것이다. 기사화되지 않았지만 탈린 시민들은 모두 알고 있었다. 다른 도시에서도 비슷한 일이 이어졌다.

열네 살의 아일리와 한 살 위의 아게다는 결국 체포되어 심문을 받은 뒤 우랄산맥에 있는 강제수용소의 석탄 광산에서 8년 동안 노역을 해야 했다. 위르겐손은 그곳에서 동향의 다른 수감자와 결혼했으나 남편이 핀란드의 첩자라는 혐의를 받아 복역 이후에도 귀국하지 못하다가 1970년에야 고국 땅을 밟을 수 있었다. 24년 만의 귀향이었다.

그 둘은 1988년 독립 유공자로 대통령 훈장을 받았다. 에스토니아에서 그 훈장을 받은 여성은 그 둘뿐이다. 아일리는 소련이 몰락한 뒤 정계에서 활약한다.

여성, 저항, 전쟁, 현대 **(2016-03-23)**

한 여성의 노력 ● 케이트 셰퍼드

여성 참정권을 최초로 인정한 나라는 어디일까? 그것은 민주주의의 확립에 결정적 역할을 한 시민 혁명들을 주도했던 영국이나 미국이나 프랑스가 아니며, 평등을 가치로 내세우는 사회주의 국가들도 아니다. 그 나라는 국제 정치의 중심에서 한참 벗어나 있는 뉴질랜드인데, 한 여성의 집요한 노력이 이끌어낸 결과였다.

영국에서 태어난 케이트 맬컴은 훌륭한 교육을 받으며 자라났다. 아버지가 죽고 몇 년 뒤 어머니는 자식들을 이끌고 뉴질랜드의 크라이스트처치로 이주했다. 그곳에서 결혼해 케이트 셰퍼드가 된 그는 아들 한 명을 낳은 주부였다. 그러다가 '여성 기독교인 금주 연합'과 관련을 맺게 되면서 더 큰 활동을 시작했다. 금주운동에 대해서는 주로 여성들이 지지한다는 사실을 알아챈 그는 점차 여성 참정권운동에 관심을 보이며 두각을 나타냈다.

사실 여성 참정권 획득은 당시로서는 비현실적인 목표일 수도 있었다. 그러나 뛰어난 연설가로서 조직활동에서도 능력을 보인 그는 "인종이건, 계급이건, 종교건, 성별이건 분리하는 것은 비인간적이며 극복되어야 한다"는 주장을 내세우며 자신의 명분에 대한 지지를 쌓아갔다. 1888년 그는 「뉴질랜드 여성들이 투표해야 할 이유」라는 팸플릿을 통해 그 필요성을 논증했다. 1891년 그가 초안을 작성하여 의회에 제출한, 여성의 참정권을 청원하는 법안은 결국 3년이 지난 1893년에 통과되었다. 이 법안에 대한 가장 큰 반대 세력은 주조업체에 종사하는 사람들이었다. 셰퍼드는 선거인 등록을 독려했고 당시 선거에서 여성 유권자의 3분의 2가 투표했다.

뉴질랜드에서 이렇게 여성 참정권 획득을 성사시킨 뒤에도 셰퍼드는 영국과 미국의 참정권운동가들과 교류하며 그들을 도왔고, 거동이 불편할 정도로 쇠약해진 뒤에도 계속 글을 써 여성의 권리 확장에 헌신했다. 뉴질랜드의 10달러 지폐에서 그를 만날 수 있다.

권리, 법, 여성, 유래, 저항 **(2017-03-23)**

뒤늦은 추도 ● 헤이든 화이트

1972년 로스앤젤레스 캘리포니아대학 사학과 교수가 그 시의 경찰서장을 고소했다. 사복 경찰들이 학생처럼 위장하여 강의실과 학생 단체의 동향을 사찰하고 있다는 이유에서였다. 1975년 대법원에서는 하급 법원의 판결을 뒤집고 이러한 사찰이 언론과 집회의 자유를 심각하게 훼손할 수 있다고 결정했다. 이후 캘리포니아주에서는 대학에서의 사찰이 금지되었다.

그렇게 사회참여에 적극적이었던 사학과 교수가 바로 헤이든 화이트다. 그런 태도는 연구활동에도 반영되었다. 그는 「역사의 부담」이라는 논문을 통해 역사학계의 현실을 비판하면서 역사가는 과거와 현재의 외형만 번드레한 연결성을 찾을 것이 아니라 단절성을 가르칠 수 있는 역사를 추구해야 한다고 촉구했다. "왜냐하면 단절과 분열과 혼돈이 우리의 운명이기 때문이다."

그런 그의 태도와 역량이 결집되어 1973년에 출간된 저작이 『메타역사: 19세기 유럽의 역사적 상상력』이다. 한국에서는 구미보다 약간 뒤늦게 1990년대 후반부터 문화사 열풍이 불었는데, 그것의 이론적 배경을 이루는 한 축이 '언어적 전환'이었고

『메타역사』는 역사학에 언어적 전환을 몰고 온 기념비와도 같은 업적이었다.

단적으로 말해 그의 주장은 역사 서술에 필연적으로 내재하는 문학적인 요인을 인정하라는 것이었다. 과거의 사실은 과학적으로 검증 가능하지만 그것이 곧 역사 서술은 아니다. 역사란 역사가의 '이야기'로서, 이야기는 역사적 자료 속에서 발견되는 것이 아니라 역사가에 의해 만들어진다. 역사가는 자신의 이야기의 구성과 전개를 통해 역사에 윤리적이고 정치적인 의미를 부가한다. 역사를 문학으로 만들려는 것이 아니냐는 많은 동업자들의 비판에도 불구하고, 역사에 내재하는 문학성을 인정할 경우 역사학이 더욱 비판적인 학문이 되리라는 그의 견해에는 변함이 없었다.

작년 3월 그가 타계했다는 소식을 근자에야 접하게 되었다. 뒤늦게나마 추도의 옷깃을 여민다.

🔑 **신념, 연구, 작품, 학문, 현대** **(2019-03-28)**

분홍색 셔츠의 날

● 제이드리언 코타

세상에는 이상한 기념일이 많은데, 분홍색 셔츠를 입고 주변 사람들에게도 같은 색의 셔츠를 권하는 날까지 있다. 예사로 들으면 실소를 자아낼 일이라 하겠지만, 이날이 생긴 까닭을 알게 된다면 여기에 얽힌 많은 사람들의 우정과 용기 있는 행동에 박수를 보내게 될 것이다.

2007년 캐나다 노바스코샤주의 작은 마을에 있는 학교에서 중학교 3학년 남학생 제이드리언 코타가 분홍색 셔츠를 입고 등교했다는 이유로 다른 학생들에게 괴롭힘을 당했다. 이른바 '왕따'를 당한 것이다. 이에 분개한 동급생 데이비드 셰퍼드와 트래비스 프라이스가 나섰다. 그렇다고 동급생을 괴롭힌 학생들에게 직접적으로 맞선 것은 아니었다. 그들은 분홍색 셔츠 50장을 사서 친구들에게 나눠줬다.

이 일을 알게 되자 어른들도 가만히 있지 않았다. 먼저 노바스코샤의 주지사 로드니 맥도널드가 9월의 둘째 목요일을 '교실 폭력에 맞서 일어서는 날'로 지정했다. 2008년에는 브리티시컬럼비아의 주지사 고든 캠벨도 나서서 2월 27일을 그 지역의 '교실 폭력에 맞서는 날'로 선포했다.

2009년 2월 25일에는 남녀 학생들이 분홍색 셔츠를 입고 "학교 폭력은 여기서 끝내자"고 외쳤다. 그래서 이날을 '분홍색 셔츠의 날'이라 부르기도 한다. 지역에 따라서는 파란색 셔츠를 입는 곳도 있다. 이렇게 지역에서 출발한 이날이 국제적인 기념일이 되었다. 2012년에는 이 취지에 공감한 국제연합이 5월 4일을 '교실 폭력에 맞서는 날'로 공식적으로 지정했던 것이다.

지금은 캐나다는 물론이고 영국, 미국, 프랑스, 오스트레일리아, 레바논과 같은 나라에서 이날 분홍색 셔츠를 입고 교실 폭력이나 왕따에 맞서는 캠페인을 벌인다. 미국에서는 학생들 네 명 중 한 명꼴로 왕따를 당한다는 통계가 있는데, 그보다 상황이 더 심각할 것 같은 우리로서는 이처럼 아름다운 문화를 서둘러 받아들여야 하지 않을까.

관용, 정의, 차별, 폭력 (2017-03-30)

인문정신 1 ● 키케로

서양에서 인문정신을 가리키는 말들의 어원은 라틴어 '후마니타스'로 거슬러올라간다. 그것은 로마의 철학자 키케로가 만든 말이다. 로마 문명이 그리스 문명에서 자양분을 공급받았듯이 정신의 기본적인 개념도 그리스로 거슬러올라간다. 그것은 '인간을 인간답게 만드는 것에 대한 사랑'을 뜻하는 '필란트로피아'와 '지식' 또는 '교육'이라는 의미를 갖는 '파이데이아'에 기원을 둔다. 거기에 시대마다 여러 인물들이 특정한 의미를 덧붙이며 오늘날 우리가 알고 있는 '인문정신'이라는 행동 규범에 겹겹의 의미가 쌓이게 되었다. 그러니 이 단어의 역사를 파악하는 일이야말로 그 뜻을 가장 정확하게 파악하는 첩경일 것이다.

직접민주주의가 펼쳐지던 고대 세계에서 웅변술은 정치가들의 중요 덕목이었다. 키케로는 이상적인 웅변가의 요건으로 인문정신을 꼽았다. 키케로에게 인문정신이란 공적 영역에 적극적으로 참여하면서도 점잖고 충실한 사적 삶을 영위하는 덕성이었다. 그를 위해서는 고전 지식을 갖춰 젊어서나 늙어서나, 순풍을 맞든 역경에 처하든 품위를 지켜야 했다. 그것은 고

결한 삶이다. 고결하게, 즉 정신적으로 우월하게 산다는 것은 사회적 약자를 배려할 수 있을 때 가능했다.

그것은 약자에 대한 개인적 차원의 배려뿐 아니라 약소민족에 대한 배려도 포함했다. 키케로는 로마의 속주였던 "아프리카나 에스파냐나 갈리아 사람들 같은 거친 야만족을 지배하도록 운명의 여신이 명했다면 그들의 평안과 욕구와 안전에 관심을 갖는 것이 당신의 인문정신"이라고 말한 바 있다. 키케로보다 한 세기 뒤에 소 플리니우스도 인문정신이란 "열등 민족의 애정을 얻는 능력"이라고 정의내렸던 것이다.

이렇게 본다면 오늘날 유럽에서 난민을 받아들이며 그들에게 전향적인 태도를 보이는 나라들이야말로 시간과 공간의 한계를 뛰어넘어 그 옛날 고전 고대에 만들어진 인문정신을 계승하는 후계자들이라고 말할 수 있을 것이다.

🔑 고대, 관용, 철학 **(2016-03-31)**

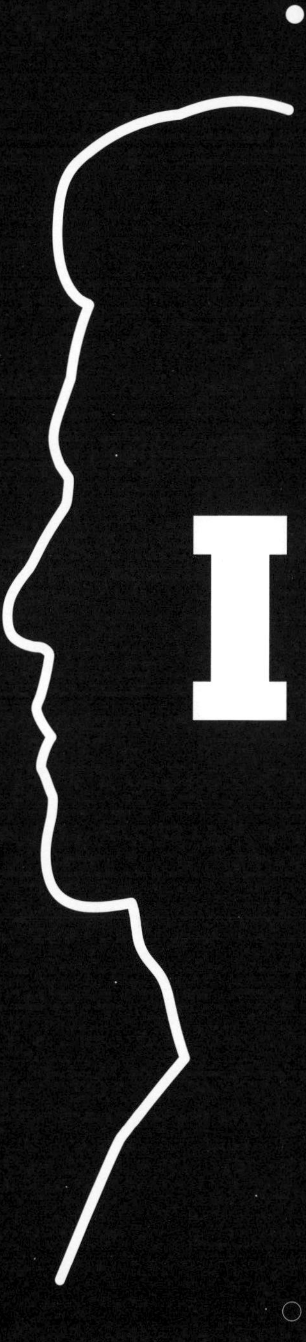

II

인문정신 2 ● 헤르더

기독교 세계관이 지배한 서양 중세에는 인간의 중요성을 강조하는 정신이 자리잡기 힘들었다. 그러다 르네상스시대에 사정이 변했다. 르네상스라는 말 자체가 고대의 부활을 뜻하듯, 인문정신도 이 시대에 부활했다. 이 시대의 학자들을 우마니스티라고 부르는데, 그 의미는 '인문정신을 소유한 사람'이다. 그 대표적 인물인 프란체스코 페트라르카가 키케로의 편지를 발굴한 것이 이탈리아 르네상스의 출발이라고도 말한다. 페트라르카는 키케로를 본받아 인문학 연마의 필요성을 강조했다. 인문학은 젊음을 유지시켜주고 노년을 즐겁게 해주며, 번영을 키워주고 역경에는 위안과 도피처를 준다는 것이다.

계몽주의시대에 대한 연구의 권위자인 피터 게이는 당시의 인문정신을 잘 요약한다. 그것은 학문의 형식이 아니라 사고의 유형이다. 그것은 인간 스스로 도덕적 세계를 통제하는 교양인이 되어야 한다고 단언한다. 인문정신을 실천하는 사람은 자신의 가치에 대해 자신감을 갖고 있고 타인에게는 공손하며 정치적 역할에는 적극적이다. 그는 단순한 낙관주의보다는 용감한 회의주의를 갖고 삶에 맞선다. 즉, 삶이 불확실하다면 자기기

만적인 낙관보다는 엄격한 비관을 고수하는 편이 더 낫다는 것이다. 한편으로는 타인을 도와야 한다. 그것이 진정 인간다워지는 길이다. 더구나 인문정신을 받아들이는 사람은 이성의 소리에 귀기울이며 미적 감수성도 계발해야 한다.

18세기 말부터 독일은 개별성의 존중이라는 또다른 중요한 가치를 인문정신에 덧붙였다. 이에 크게 기여한 인물이 낭만주의의 선구자인 헤르더이다. 그에게 인문정신이란 모든 인간과 인간사를 공정하게 대하고 처리하는 것이다. 자신의 국가와 민족을 사랑해야 하는 이유는 그것이 자신의 것이기 때문이지만, 자신의 개별성에 대한 사랑은 타인의 개별성에 대한 존중으로 이어져야 한다. 그것이 인종주의에 빠지지 않고 자신의 전통을 지키는 방법이다. 오늘날 우리에게 가장 필요한 정신이다.

관용, 사상, 종교, 중세 **(2016-04-06)**

슬픈 공주 ● 크리스티나 벨조이오소

인류애를 실천하면서 조국의 통일을 위해 힘쓴 애국자였고, 뛰어난 지식인이자 동시에 파리의 살롱을 주도했던 사회인으로서 열정과 미모를 겸비한 밀라노 출신 크리스티나 벨조이오소 공주에 대해서는 이미 10년 전에 '잊힌 공주'라는 제목으로 소개한 바 있다. 그를 지금 다시 소환하는 것은 단지 세월의 하릴없는 흐름 속에 그가 잊힌 것이 아니라 완고한 남성중심주의에 의해 망각당했다는 사실을 환기시키기 위해서다.

그의 살롱에는 저명한 정치가, 시인, 소설가, 음악가, 화가들이 출몰했다. 모두가 그를 연모했다. 그들끼리 이야기를 나눌 때도 대상은 공주였다. 그들은 앞다퉈 그에게 편지하며 구애했다. 반면에 공주는 티에르, 미네 같은 역사가들과만 우정을 나누며 다른 사람들에게는 냉정했다. 그렇게 외면당한 구애자들은 그가 불감증에 걸린 성격파탄자라고 비난하기 시작했다. 훗날 마르크스마저 미슐레보다는 벨조이오소의 펜을 통해 읽으라고 라살에게 권했던 비코의 『새로운 학문』 번역은 물론이고 네 권에 달하는 그의 저서 『가톨릭 교리의 역사』까지도 친한 역사가들이 대신 써준 것으로 치부되었다.

그럼에도 존경하던 이탈리아 독립의 영웅 카부르의 노선을 따라 꿋꿋하게 행동하던 그에게 돌아온 카부르의 반응이 치명적인 독화살이 되었다. 병의 치료를 위해 수입하려던 희귀한 약초를 카부르가 압류하고 있었다. 공주에 대한 악소문은 카부르에게도 알려져 있었다. 약초를 돌려달라고 요청한 공주가 마약에 다시 취하려 한다고 생각했던 카부르는 악담을 퍼부으며 "그 독약을 돌려주되 가장 무거운 벌금을 부과하라"고 부관에게 서면으로 지시했다. 그 편지가 카부르의 전기에 실려 널리 읽히게 되었다.

한 세기도 더 지나서 미국의 한 학생이 공주에 대해 학위 논문을 쓰려고 결심했다. 그러자 저명한 역사가였던 지도교수에게서 돌아온 즉각적인 반응은 "아, 그 창녀 약쟁이!"라는 것이었다. 몽매함은 이렇게 끈질기다.

여성, 왜곡, 작품, 차별 **(2020-04-02)**

나무에 오른 나비

줄리아 힐

아버지는 순회 목사여서 캠핑카에 가족을 태우고 돌아다녔다. 둘째딸 줄리아 힐은 일곱 살 때 신기한 경험을 했다. 하이킹을 하던 그에게 나비가 날아와 손가락에 앉더니 끝날 때까지 친구가 되어준 것이다. 그때부터 '나비'가 별명이 되었고 나비를 뜻하는 버터플라이는 그의 이름에 따라다녔다. 술에 취한 친구 대신 운전을 해주다가 다른 음주운전자의 차량에 받혀 운전대가 두개골에 박힌 사고는 그의 일생에 전환점이 되었다. 수술 뒤 1년 넘게 재활 치료를 받았던 그는 성공적인 경력을 위해서만 살아온 자신의 삶이 헛되다는 것을 깨달았던 것이다. "머리에 박힌 운전대는 나의 삶을 다른 방향으로 몰고 갔다."

1997년 12월 10일, 그는 환경단체에서 '루나'라고 이름 붙인 1000년을 넘게 산 세쿼이아나무에 올라갔다. 그리고 내려오지 않았다. 738일 동안. 태평양목재회사에서 세쿼이아나무숲을 벌목하려는 것을 막기 위해서였다. 50미터가 넘는 높이의 그 나무에 올라가 우리식으로 말하면 정확하게 한 평 크기의 단을 만들고 거기에서 기거했다. 찬비와 태풍 같은 자연만이 위험이 아니었다. 헬리콥터를 동원한 위협, 목재회사 직원들의 열흘

동안의 포위, 벌목꾼들의 협박도 그가 겪은 시련이었다.

그러나 결국 그가 이겼다. 태평양목재회사에서는 루나를 포함한 그 숲의 나무들을 모두 보존하기로 결정했다. 그렇게 해서 나비는 땅 위에 내려앉았다. 환경단체에서는 적립된 기금 5만 달러를 목재회사에 보상금으로 제공했다. 목재회사는 그 금액을 그 지역의 훔볼트주립대에 기부하여 숲의 생태환경을 보존하기 위한 연구에 도움이 되도록 했다. 훗날 무뢰한들이 전기톱으로 루나에게 큰 상처를 입혔다. 밑동의 절반가량이 잘린 것이었다. 그러나 구조대원들이 발견하고 치료하여 루나는 지금도 건강을 유지하고 있다.

취리히공대의 생태학자 자부리 가줄의 저서 『숲』은 이 사건에서 시작하여 숲의 전반적인 중요성을 설파하고 있다. 식목일을 맞이하여 일독을 권한다.

신념, 작품, 저항, 현대 **(2019-04-04)**

냉전과 4·3 ●

2차대전은 끝났어도 세계는 여전히 전쟁중이었다. 과거 동맹을 맺었던 미국과 소련이 각기 자본주의와 사회주의의 종주국이 되어 서로를 견제하며 냉전에 돌입했던 것이다. 특히 미국은 '자유세계'를 수호하는 선봉장을 자처했다. 그런데 그 과정에서 '자유'는 '반공'과 거의 동의어가 되었고, 인권은 철저하게 무시되었다. 미국은 소련 세력의 확산을 막기 위해서라면 어떤 대가도 기꺼이 치르려 했다.

살라자르 독재 치하의 포르투갈도 북대서양조약기구에 가입시켰고, 프랑코의 파시스트 스페인과도 동맹을 맺었다. 니카라과의 소모사 정권을 비롯한 중남미의 독재정권도 비호했다. 인권을 옹호한다는 케네디 정권에서조차 과테말라, 에콰도르, 온두라스 등지에서 미국의 비호 아래 쿠데타가 일어났다. 아시아에서도 비밀경찰에 의해 유지되는 이란의 팔레비 정권과 필리핀, 인도네시아의 군사정권이 미국의 우방이 되었다.

냉전체제를 고착시키려는 시도가 가장 추악한 모습을 드러낸 곳은 남아프리카였다. 그곳의 풍부한 천연자원에 탐을 내던 서구 강대국의 지원도 있었지만, 자신의 진영 속에 남아프리카를 계속 묶어두려는 미국이 인종차별정책을 고수하려던 남아프리카 정부를 지원했던 것이다. 원주민의 통행을 제한하는 악법에 항의하던 시민 69명에게 총격을 가해 살해한 샤프빌 학살로 저항이 거세어졌어도 동맹은 굳건했다.

그러나 냉전이 '가장 추악한' 모습을 보인 곳이 남아프리카인 줄로 나는 잘못 알고 있었다. 그곳이 아니었다. 제주도였다. 미군정은 경찰력을 동원한 진압에서 군대를 동원한 토벌로 방향을 바꾸어 좌익을 척결한다는 명목으로 무고한 민간인을 학살했다. 공식적인 사망자만 1만 4000명이 넘는데, 피해자들에게 가해진 국가의 폭력은 끈질기게 이어졌다. 4 · 3을 입에 담는 것마저 금기가 되었던 것이다.

철저한 진상규명의 바탕 위에서 가해자들에게 책임을 물어야 한다. 그 대상이 미국이라도 말이다.

사상, 전쟁, 정의, 폭력 (2018-04-05)

그 많던 의사들은 어디로 갔을까 • 윌리엄 하비

윌리엄 하비는 해부학과 생리학에 혁혁한 공을 세운 의사였다. 그는 혈액이 심장에서 두뇌와 신체로 전달되는 순환의 과정을 세밀하고 완전하게 묘사한 최초의 인물로서 의학의 발전에 크게 기여했다. 그는 케임브리지대학에서 의학을 배웠지만 거기에 머무르지 않고 프랑스와 독일을 거쳐 이탈리아까지 가서 의학으로 유명한 파도바대학에서 수학했다. 거기에서 해부학의 권위자로 '발생학의 아버지'라 불리는 파브리키우스에게 배웠다.

하비는 스승에게서 의학의 지식은 직접적인 실험과 관찰을 통해 얻어야 한다는 것을 배웠다. 하비는 스스로 인체를 해부하여 연구하며 이론을 세웠다. 많은 동물을 생체해부 실험의 대상으로 삼기도 했다. 실험과 관찰에 근거한 연구는 기존의 학설에 대한 비판으로 이어졌고, 그러다보니 스승에게 배운 방법으로 스승마저 비판하게 되었다. 어쨌든 이러한 방식은 근대과학에서 설정한 연구 방법과 일치하는 것이었다.

하비는 점차 히포크라테스 이래 서양 의학의 정설로 추앙받던 갈레노스의 학설마저 넘어서게 되었다. 하비의 저서 『동물의 심장과 혈액의 운동에 관한 해부학적 연구』는 의학계의 과학혁명을 이끌었다는 평가까지 받는다. 이렇게 명성을 떨치던 그는 영국 국왕 제임스 1세와 찰스 1세의 주치의가 되어 부와 권세를 누리게 되었다. 그것은 그의 재능과 노력의 결과일 뿐으로, 그는 계속해서 연구와 진료를 병행했다.

그의 합리적 태도는 의학이 아닌 다른 문제에도 엄격하게 적용되었다. 비이성적인 마녀사냥이 난무하던 1634년에 영국 랭커셔주에서 네 명의 여성이 마녀 혐의를 받았다. 그에게 이 사건에 대한 조사가 의뢰되었는데, 이 여성들은 하비의 보고서 덕분에 방면될 수 있었다.

국정 농단의 핵심에서 엉터리 보고서로 마녀사냥을 자행했던 그 의사들은 어디로 갔을까? 엄청난 혜택과 이권을 누리면서 권력자에게 봉사했던 그 의료인들은 무얼 하고 있을까? 갑자기 궁금해진다.

왜곡, 의학, 정의, 풍자, 학문 **(2017-04-06)**

미국이 놓치는 것

허망하게 노회찬이 떠난 뒤 그의 특강 내용을 떠올리며 마지막 길을 배웅했었다. 그의 가르침은 코로나바이러스가 세계 전역을 절망으로 몰아넣고 있는 지금 특히 더 유효하다. 게다가 그것은 참상의 절정인 미국에서 더욱더 절실해 보인다.

그것은 정부가 의료나 교육이나 공공안전의 문제를 민간 기관에 맡기면 안 된다는 것으로, 국민 모두의 건강과 안전과 행복 추구에 관한 문제를 사설 기관에 맡겨 그 비용을 감당할 수 있는 소수만 혜택을 누리게 해서는 안 된다는 것이다. 사회가 있기 이전에 자연이 있었고, 인간은 그 자연 속에서 태어난다. 따라서 사회에서 규정한 권리보다 먼저 존재하는 그 자연권을 나라마다 천부의 권리라는 이름으로 헌법을 통해 보장한다.

미국이 재앙의 진원지가 된 것은 미국의 독립선언문에서도 천명하고 있는 그 권리를 미국의 현행 의료체계가 도외시한 데에 큰 책임이 있는 것 같다. 미국의 의료비는 상상을 초월할 정도로 높다. 비싼 만큼 그 비용을 감당할 수 있는 사람들은 최고의 의료 혜택을 받고 있을까? 바이러스는 미국의 병원들마다 기본적인 의료기구조차 부족하여 대통령과 주지사들이 의료기구 확보를 위해 언쟁을 벌이는 상황을 만천하에 드러냈다.

미국의 뉴스채널은 이 재앙에 대한 소식으로 시작하고 끝난다. 패턴은 일정하다. 먼저 악화일로로 치닫고 있는 상황을 수시로 전한 뒤 여러 분야 전문가라는 사람들의 분석이 뒤따른다. 다음으로 의료 현장에서 분투하는 이들의 처참한 상황이 보도된다. 의료진의 고투와 그들에 대한 응원의 목소리가 마지막을 장식한다. 희망을 잃지 말자는 취지가 확실하다.

그러나 차별적인 의료체계에 대한 본질적인 문제제기는 찾기 힘들다. 의료비가 그렇게 높은데도 이렇게 붕괴되었다면 의료행정은 병원과 보험회사의 이익만을 위한 것이 아니었던가? 의료민영화가 절대로 도입되어서는 안 된다는 것을 웅변하는 생생한 현장을 우리는 목격하고 있다.

권리, 법, 차별, 풍자, 현대 **(2020-04-09)**

인터넷의 수호성인

세비야의 이시도로

게르만족의 일파인 서고트족이 이베리아반도에 있던 카르타고의 식민지를 점령했다. 그뒤 그 지역은 로마제국의 속주가 되었는데도 그 이름은 카르타제나라고 하여 옛 역사를 보존했다. 그곳을 지배하던 총독의 급선무는 그 게르만족과 화합을 이루어 그들을 로마제국에 충성하는 신민으로 만드는 일이었다. 그러기 위해서는 그들이 믿던 아리우스파의 기독교를 버리고 로마가톨릭으로 개종시켜야 했다.

총독의 맏아들로 주교의 자리에 오른 세비야의 레안드로가 이베리아 최초의 문법학교를 세운 것도 그런 정치적 목적과 무관하지 않다. 그 학교에는 스무 살도 넘게 어린 동생인 이시도로도 다녔다. 형은 아둔하기만 한 동생을 엄하게 대했다. 전설에 따르면 꾸중을 들은 이시도로가 낙담하여 우물가에 앉아 있는데, 물방울이 떨어져 바위에 홈이 파인 것을 보았다고 한다. 스스로 깨달았다고도 하고 어느 아낙네가 깨우쳐줬다고도 하는데, 연약한 물방울도 오랜 세월에 걸쳐 바위에 샘을 만들 수 있다는 진리에 대오각성한 그가 학업에 정진하게 되었다는 것이다.

형이 사망한 뒤 주교직을 이어받은 이시도로는 대주교의 자리에까지 올랐다. 그는 서고트족의 문화와 로마의 문화를 동화시킨다는 당면 과제도 충실하게 수행했지만, 훗날 사람들이 그를 기억하는 것은 학문적 업적 때문이다. 암흑시대라 일컬어지는 중세에 살았음에도 그는 "고대 세계 최후의 학자"라고 불리며, 중세의 대학에서 아리스토텔레스가 발견된 시점보다 600년 이상 앞서 소개되기도 했다.

그의 최대의 업적은 20권에 달하는 『어원』이라는 저작인데, 자신의 시대에 알려져 있던 모든 지식을 그 어원으로 추적하여 밝히고 있다. 최초의 백과사전이라 할 만한 이 저작은 르네상스시대에도 최소한 열 개 이상의 판본이 인쇄되었으니, 그만큼 그 영향력은 지속적이었다. 그는 오늘날 지식의 원천으로 꼽히는 인터넷의 수호성인이 되었다.

기일 4월 4일이 그의 축일이다.

고대, 유래, 작품, 종교 **(2018-04-12)**

4월 16일의 기도와 단식

레지널드 다이어

1919년 4월 13일 인도 펀자브주의 암리차르시에 있는 잘리안왈라 바그 공원에 사람들이 모였다. 펀자브 지역에서 수확에 감사하는 축제가 이날 열리며, 이날은 또 이 지역의 설날, 즉 한 해가 시작하는 날이기도 하다. 계엄령이 발효중인지도 모르는 채 축제를 즐기려고 시골에서 온 사람들이 많았다.

벽으로 둘러싸인 공원은 출입구가 다섯 군데였다. 계엄령을 빌미로 영국 육군 대령 레지널드 다이어가 해산하라는 경고도 없이 가장 큰 대문을 폐쇄하고는 발사 명령을 내렸다. 총탄은 사람들이 몰리던 출입구로 집중되었다. 탄약이 거의 소진될 10분 동안의 발사로 379명이 사망하고 1200명이 부상을 당했다는 것이 영국 정부의 발표였으나, 다른 소식통은 사망자의 수가 1000이 넘는다고 했다. 인도 전체가 영국의 이 같은 만행에 경악했다.

반역의 혐의로 그날 오전에 집무가 중지되었던 다이어가 왜 이토록 극악한 행위를 일삼았지는 알 수 없지만, 처음부터 수사가 미진했다. 게다가 다이어에게 보고를 받은 식민지 당국은 그의 행위가 정당하다고 옹호했다. 영국의 보수주의자들은 다이어가 인도에서 영국의 지배를 지켜낸 영웅이라고 칭송했다. 언론이 통제된 탓에 영국 국민은 12월에 이르러서야 이 사건의 전말을 알게 되었다. 인도 전역에도 이 소식이 알려져 1920년부터 영국에 대한 비협조운동이 퍼져나갔다.

인도의 유서 깊은 명문가 출신인 시성 타고르는 영국 왕실 작위를 받았었는데, 한 달 남짓 뒤에야 이 소식을 듣고 작위를 반환했다. 마하트마 간디는 그 희생자들을 추모하기 위해 기도와 단식으로 하루를 보내자고 제안했다. 4월 16일이었다.

끝까지 희생자들이 폭도였다고 주장했던 다이어는 1927년에 사망했다. 그의 폭거를 승인했던 상관 오드와이어는 20여 년이 지난 1940년 인도 청년에 의해 암살되었다.

저항, 정의, 폭력, 현대 **(2016-04-13)**

반문화의 기수 ● 스티브 매퀸

일반적으로 반문화란 기존의 권위에 저항하는 운동을 가리킨다. 1960년대 미국의 반문화는 국내외의 여러 상황과 맞물리며 특별한 파장을 낳았다. 그것의 두 축은 미국 내의 인종차별과 성차별의 철폐를 목적으로 한 시민권운동과 베트남전쟁 참전 반대운동이었다. 그것은 인습을 벗어난 생활방식을 추구하는 경향과 어우러지며 실험 정신의 산실이 되기도 한 반면, 환각제를 복용하더라도 개인 심리의 안정을 추구하는 다소 퇴폐적인 히피 문화를 배태하기도 했다.

이런 시대적인 반문화를 영화계에서 구현한 인물이 스티브 매퀸이었다. 첫돌도 지나기 전 가족을 버린 아버지, 알코올 중독자 어머니, 구타를 일삼은 계부들은 어린 스티브에게 반항의 심리를 심어놓기에 충분했다. 갱단과 어울리며 범죄 행각을 벌이던 그는 교도소나 소년원 같은 시설을 들락거렸다. 그가 정신을 차린 것은 해병대 시절이었다. 처음에는 탈영도 마다하지 않던 문제 사병이었지만 규율을 지키며 스스로를 가다듬겠다고 마음먹은 뒤부터 다른 사람이 되었다. 빙판에 빠진 탱크에서 동료들을 구출한 공로를 인정받아 트루먼 대통령을 경호하는 일까지 수행한 뒤 그는 전역했다.

연극 무대나 텔레비전과 영화에서 단역을 전전하던 그에게 기회는 프랭크 시나트라로부터 왔다. 매퀸을 좋게 본 시나트라가 그의 영화에서 클로즈업 장면을 여러 차례 선보인 뒤로 매퀸은 호평을 받았고, 그다음부터는 일사천리였다. 〈황야의 7인〉, 〈대탈주〉, 〈빠삐용〉, 〈타워링〉 등 출연하는 영화마다 대성공을 거두었다. 스피드광이었던 그는 스턴트 연기에도 대역을 쓰지 않은 것으로 유명하다. 1970년대 중반에는 영화에 4년 넘게 출연하지 않았는데도 최고의 출연료를 유지할 정도로 그는 대중의 사랑을 받았다.

열정, 영화, 저항, 현대 **(2020-04-16)**

언론에 관심이 많던 젊은이 미치 앨봄은 밤에는 피아노를 연주하고 낮에는 아이들을 돌보는 일까지 해가며 학비를 조달했다. 디트로이트에서 스포츠 기자로 조금씩 이름을 알리던 그는 책 한 권으로 미국을 넘어 세계적인 유명인사가 되었다. 루게릭병을 앓던 은사 모리 슈워츠를 매주 화요일마다 방문했던 그는 병원비 조달에 도움이 될 방법을 찾다가 삶과 죽음에 관해서 은사와 나눈 대화를 책으로 펴낼 생각을 하게 되었다. 여러 출판사에서 거절당했지만 결국 출판된 『모리와 함께한 화요일』은 은사의 병원비 문제를 해결하는 정도에 그치지 않았다. 45개 언어로 번역된 그 책은 1400만 부 이상 팔려나갔다.

그뒤 『천국에서 만난 다섯 사람』 같은 소설로까지 영역을 확대한 그는 펴내는 책마다 화제를 불러일으켰다. 그러던 그가 2005년 오보 논란에 휩싸였다. 디트로이트의 한 신문을 위해 쓴 스포츠 기사가 문제였다. 한번은 미시간주립대학을 졸업한 뒤 미국 프로농구(NBA)에 입단한 농구선수 두 명이 모교를 응원하기 위해 경기를 관람하겠다는 전갈을 해왔던 것이다. 경기는 토요일이고 신문은 월요일에 나가는데 기사 마감은 금요일이었다. 그 졸업생들의 말을 믿은 그는 그들이 경기를 관전했다는 내용의 기사를 썼다. 그러나 그들은 마지막 순간에 계획을 바꿀 수밖에 없었다.

앨봄은 경기를 관전했지만, 그들이 경기장에 없었다는 사실을 확인하지 못했다. 신문이 나간 뒤 오보로 밝혀졌다. 내사가 시작되면서 앨봄의 이전 칼럼들까지 살펴보게 되었고, 그 결과 출처를 밝히지 않은 사례가 간혹 있었지만 오보는 없었던 것으로 드러났다. 그런데도 신문사에서는 그의 칼럼을 실은 데스크 네 명에게 정직 처분을 내렸다. 별것도 아닌 일이었는데 말이다.

많은 인명이 걸린 중대한 사건에 대해 상상하기도 어려운 오보를 내고도 아무런 조처 없이 넘어가는 일이 어느 곳의 언론에서 가능할까. 거짓 뉴스나 만들어내지 말라고 빌어야 할까. 4월이면 답답하고 먹먹해진다.

왜곡, 작가, 작품 **(2019-04-18)**

탈출의 마술사 ● 에리히 바이스(해리 후디니)

헝가리의 한 랍비가 임신한 아내와 다섯 아들과 함께 미국으로 이민을 떠났다. 그중 넷째아들 에리히 바이스는 어릴 적부터 운동 신경이 뛰어나고 근력이 좋아 크로스컨트리 선수가 되었고, 아홉 살 때 이미 외줄타기 공연을 하면서 '공중의 제왕'이라는 별명으로 불러달라고 할 만큼 재능을 과시했다. 결국 그는 전문적인 마술사를 직업으로 택했다. 그러면서 이름도 해리 후디니로 바꿨다. 전설적인 프랑스의 마술사 우댕의 이름을 본뜬 것이다.

훗날 10년에 걸쳐 미국 마술사협회 회장을 맡으며 협회의 위상을 드높였을 뿐 아니라 마술사들의 직업적 기준을 확립한 그였지만, 처음부터 명성이 보장된 것은 아니었다. 마술사들의 전통적인 눈속임인 카드 기술을 선보였지만 별로 주목받지 못하던 그에게 전기가 찾아왔다. 수갑이 채워진 상태에서 벗어나는 묘기를 눈여겨본 매니저가 거기에 주력하라고 조언한 것이었다. 얼마 지나지 않아 그는 미국 최고의 무대에 올랐을 뿐 아니라 유럽 순회공연에도 나섰다.

탐정 소설에도 자주 등장하는 런던의 경시청인 스코틀랜드

야드의 경관들이 보는 앞에서 수갑을 풀어 그들을 당황하게 한 사건은 유럽 공연의 장기 계약으로 이어졌다. 수입도 파격적으로 늘었다. 독일, 프랑스, 러시아 등 공연하는 국가마다 경찰에 도전하여 수갑을 채우게 하고는 곧 자유로운 몸이 됨으로써 그에게는 '수갑 푸는 후디니'라는 칭호가 따라다녔다. 물론 경찰은 맨몸의 그에게 열쇠가 없는 것을 확인한 뒤 그 과정을 진행했다. 그는 탈출의 방식도 여러 영역으로 확대했다. 그를 유명하게 만든 묘기 중에는 발목에 족쇄를 채운 채 물탱크 속에 거꾸로 갇힌 상태에서 탈출하는 것이 있다.

그때 그 아이들에게 이런 능력이라도 있었더라면……. 부질없는 생각에 불과하지만 종잡을 수 없는 마음은 시리기만 하다. 부디 사실만이라도 엄정하게 확인되고 책임의 소재가 분명하게 가려지기를.

열정, 유래, 풍자 (2018-04-19)

어느 영국인 부부가 이탈리아를 여행하고 있었다. 17세기 후반부터 특히 북부 유럽의 귀족들 사이에서 열풍이 불었던 이른바 '그랜드투어'의 일환이었다. 그사이에 딸 둘을 낳을 정도로 긴 여정이었는데, 방문지가 무척 마음에 들었던지 출산지의 이름을 딸들에게 붙여주었다. 그 둘째딸이 플로렌스 나이팅게일이다. 르네상스의 본고장이라 할 수 있는 피렌체의 영국식 이름이 '플로렌스'인 것이다.

우아하고 매력적인 여성으로 자란 나이팅게일에게는 구애자들이 따랐고, 특히 정치가이자 시인이었던 한 사람과는 9년 동안이나 교제했지만 결국 청혼을 거절했다. 어릴 적부터 자신의 소명이라고 여긴 간호사 직분을 결혼이 방해할 것이라는 믿음 때문이었다. 그는 집안의 반대까지 무릅쓰고 간호학의 이론과 실제를 익히면서 간호사가 되었다.

그는 특히 크림전쟁에서 봉사 정신과 탁월한 능력을 선보여 간호사라는 직종 자체를 명예롭게 만들었다. 실로 그것은 빅토리아시대의 문화적 상징이 되었다. 밤마다 등불을 들고 부상병의 병상을 순회하는 그에게는 '등불을 든 여인'이라는 별명이 붙었다. 영웅을 만들려는 대중의 열광에 맞춰 언론에서 그의 역할을 과장했다는 비판도 있긴 하다.

그러나 비판자들조차 나이팅게일의 행적을 예찬한다. 그는 세계 최초로 간호학교를 세웠다. 보건의 혜택이 사회 모든 계층에게 돌아가게 하려는 노력, 일터에서 여성들에게 더 좋은 노동 환경을 만들려는 시도, 여성에게만 가혹했던 매춘법을 폐지시키려는 활동 등을 인정하여 이제 간호사가 되려는 사람들은 '나이팅게일 선서'를 해야 한다. 국제적으로 뛰어난 업적을 남긴 간호사에게는 '나이팅게일 메달'이 수여되며, 그의 생일을 기념하여 '국제 간호사의 날'이 제정되었다.

청문회에서 증언했던, 그리고 그것을 감시했던 그 육군 간호장교들도 '나이팅게일 선서'를 했을까. 궁금한 일들이 부쩍 많아지는 나날이다.

신념, 여성, 유래, 의학, 전쟁, 풍자 (2017-04-20)

노래하는 혁명 •

2차대전이 끝난 뒤 발트 3국은 군사적 점령을 통해 소련에 확고하게 병합되었다. 하지만 1980년대 중반부터 고르바초프에 의해 개혁 · 개방 정책이 펼쳐지자 그토록 강력했던 지배에 균열이 생기기 시작했다. 경제 활성화를 통해 생산성을 향상시키려던 그 정책은 사회주의 체제의 계획 경제가 실패했음을 방증하면서 한편으로 정치적 자유에 가해지던 제약을 철회해야 한다는 명제로 귀결되었다.

그러나 빼앗긴 들에도 봄이 올까? 아프가니스탄전쟁과 체르노빌 원전 사고로 위기를 느끼던 모스크바에서는 발트 3국에 대한 지배권을 강화하면서 그곳에 인간과 환경에 해를 끼칠 수 있는 광산을 개발하려는 계획 등을 세웠다. 해외로 망명한 동포를 통해서, 인접한 핀란드의 방송을 통해서 서방 세계의 문물에 익숙했던 그들은 소련의 지배에 반발하며 시위를 벌였다. 정치인, 종교단체, 환경론자는 물론이고 일반 시민들까지 대규모로 시위에 동참하여 독립을 요구했다.

그들의 시위 방식은 특이했다. 그들은 노래를 부르기 시작했다. 소련 치하에서 엄격하게 금지되었던 자국의 민요나 찬송가를 불렀고, 록그룹이 장단을 맞췄다. 1988년 11월 에스토니아 수도 탈린의 음악제에는 30만 명이 모여 노래를 불렀다. 인구의 4분의 1 이상이 자발적으로 모여든 것이다. 4년이 넘도록 이 '노래하는 혁명'이 이어졌고, 시위와 독립을 막으려는 소련군의 탱크 앞에서도 그들은 인간 방패가 되어 방송국을 보호하며 흩어지지 않았다. 결국 에스토니아는 유혈 없이 독립을 얻었다.

라트비아와 리투아니아에서도 비슷한 일이 벌어졌다. 라트비아에서는 리가 강가에 수력발전소를 세우려는 소련의 계획이 경관과 환경을 파괴한다고 하여 환경단체가 시위를 주도했지만, 독립의 기폭제는 역시 음악제였다. 리투아니아에서는 소련의 진압군에 의해 14명의 평화 시위자들이 사망하고 수백 명이 부상을 당했지만, 탱크 앞에서 결연히 노래를 부르던 그들은 조국의 독립을 쟁취했다.

🗝 권력, 신념, 저항 **(2016-04-21)**

'여성' 판사의 명언

● 루스 베이더 긴즈버그

루스 베이더 긴즈버그는 2010년에 미국 현역 최고령의 판사가 되어, 지금도 여든일곱으로 역대 네번째로 나이가 많은 대법원 판사로 재직중이다. 여러 차례의 항암 치료와 수술을 겪으면서도 법정을 떠나지 않으며 지킨 기록이기에 더욱 의미가 크다. 건강과 나이를 고려한 주변의 은퇴 권유를 물리치고 있는 것은 차별을 견디며 법복을 입은 뒤 그 차별을 철폐하려는 의지가 강하기 때문일 것이다.

20세기 후반에도 미국에서 여성에게 법조계 문은 좀처럼 열리지 않았다. 500명 정원의 하버드 법대에 입학한 9명의 여자 신입생들을 저녁식사에 초대한 학장은 '왜 하버드 법대에 들어와서 남학생들의 자리를 빼앗았는가?'라는 환영사를 늘어놓았다. 뉴욕에 직장을 잡은 남편을 따라 컬럼비아 법대로 전학하여 수석으로 졸업했음에도 직업을 구하기 힘들었다. 그의 능력을 높게 평가한 은사가 그를 고용하지 않으면 다시는 졸업생들을 보내지 않겠다며 협박에 가까운 공언을 함으로써 그는 간신히 법조계에 입문할 수 있었다.

이후 법학 교수로 재직하며 남성에 비해 적은 보수를 감수하면서도 학술활동을 통해 여성의 법적 권리를 향상시키기 위한 노력을 게을리하지 않았다. 변호사로 활동하기 시작하면서는 구체적이고 개별적인 여러 차례의 성차별 소송에서 승소했다. 여성의 입학을 허용하지 않는 군사학교의 문호를 개방하게 한 소송도 이끌었다. 마약 소지 여부를 조사한다는 이유로 열세 살 소녀의 속옷을 벗기는 것을 허용한 재판부에 대해서 "그들은 열세 살의 소녀가 되어본 적이 없다"며 그런 결정을 비난했다.

그런 모든 공적을 인정받아 긴즈버그는 1993년 대법관에 임명되었다. 어떤 강연에서 그는 다음과 같은 명언을 남겼다. "9명 정원의 대법관 중 몇 명이 여성이 되어야 하느냐는 질문을 많이 받습니다. 제 대답은 언제나 9명입니다." 이곳에 적용되어야 할 것 같다.

관용, 법, 신념, 여성, 정의 (2020-04-23)

내 나이가 어때서

● 제니 조지프

얼마 전 작고한 영국 시인 제니 조지프의 「경고」는 아주 특이하게 사랑을 받는 시가 되었다. 그 시는 시인의 나이 스물여덟이었던 1960년에 발표된 뒤 수십 년이 지나도록 별 관심을 받지 못했다. 그러다가 린든 존슨 미국 대통령의 부인 레이디 버드를 비롯해 많은 사람들의 눈에 띄면서 급기야 1996년 영국 공영방송의 설문조사에서 대중이 가장 좋아하는 2차대전 이후의 시로 선정되었던 것이다. 결혼식과 장례식처럼 상반되는 의례에서 그 시가 빈번하게 낭송된 이유는 그 시의 메시지에 있었다.

"늙은 여인이 되면 나는 자주색 옷을 입고/ 어울리지 않는 빨간 모자를 쓸 것이오./ 연금은 브랜디와 여름 장갑과 비단 샌들에 써버리고/ 버터 살 돈은 없다고 할 것이오." 늙는다는 것은 한사코 대항해야 할 과정이라는 시인의 주장에 특히 여성들이 열광했던 것이다. 다른 영국 시인 위스턴 오든은 "시는 아무 일도 일어나게 하지 못한다"고 말했지만 이 시는 그렇지 않았다. 조지프 스스로가 의아해할 정도의 성공을 거두며 낭송회에 불려나갈 때마다 자전적인 시냐는 질문을 많이 받았지만, 시에 쓴 일들을 하지는 않을 것이라고 대답했다.

그렇지만 시의 내용을 행동에 옮긴 사람들이 있었다. 1997년 가을, 미국 화가 수 앨런 쿠퍼는 여행중에 중고품 매장에서 낡은 빨간 모자를 샀다. 친한 친구의 쉰다섯번째 생일이 다가오자 그는 시「경고」를 떠올리며 친구에게 즐겁게 늙으라는 생각을 전해주고 싶었다. 그 빨간 모자를 선물하자 친구뿐 아니라 주변의 여인들까지 감명을 받았다. 함께 빨간 모자를 쓰고 즐겁게 우정을 지키며 삶의 꿈을 이루자는 운동이 시작되었던 것이다.

쿠퍼는 다른 친구들에게도 빨간 모자를 선물했다. 그리고 마침내 1998년 4월 25일, 자주색 옷을 입고 빨간 모자를 쓴 여성들이 모여 티파티 모임을 가졌다. 그리하여 '빨간 모자 모임'이 만들어진 것이다. 지금은 7만 명이 넘는 회원을 자랑한다.

🗝 관용, 문학, 유래, 작가 **(2019-04-25)**

짐 크로우의 이상한 경력

● 밴 우드워드

남북전쟁이 끝나고 노예가 해방되었다고 해서 흑백 차별이 철폐된 것은 아니었다. 역설적으로 그것은 합법적인 차별의 길을 열어놓았다. 즉, "분리되지만 평등하다"는 대법원의 판례를 근거로 삼아 미국 남부의 여러 주에서는 공공건물은 물론이고 기차와 버스 같은 대중교통의 이용에서 차별을 두었다. 이 법에 의해서 사회적·경제적·교육적 차별이 제도적으로 합리화된 것이다.

이런 법들을 일컬어 '짐 크로우 법'이라 하는데, 거기에도 차별의 역사가 배어 있다. 백인 연기자들이 얼굴에 검댕 칠을 하고 흑인을 비하하는 노래를 불렀는데, 그 노래 주인공의 이름이 짐 크로우였던 것이다.

밴 우드워드는 남부 출신의 역사가였다. 그는 미국 헌법을 경제적으로 해석하며 겉으로 잘 드러나지는 않는 경제적 동기가 역사의 중요한 동인이라고 해석한 찰스 비어드의 노선을 따랐다. 우드워드도 비어드와 마찬가지로 진보적 성향의 역사가로서 흑백 차별의 근거가 된 '짐 크로우 법'을 연구했다. 그 결과 탄생한 저작 『짐 크로우의 이상한 경력』은 학자로서뿐 아니라 행동가로서의 그의 명성을 드높였다.

우드워드의 논지에 따르면 남북전쟁이 끝나고 재건의 시기에 곧바로 '짐 크로우 법'이 시행된 것도 아니었고, 불가피한 것도 아니었다. 적절한 기회를 놓친 채 남부의 백인들이 인종주의를 동원하는 과정에서 "합법적으로 처방되고 엄격하게 시행된" 짐 크로우 법이 등장하게 되었다는 것이다. 마틴 루터 킹 목사는 유명한 몽고메리의 시위에서 이 책을 가리켜 "인권운동의 역사적 성서"라고 치켜세웠다. 그 연설을 듣는 청중 속에 우드워드도 있었다.

그런데 말년에 그의 성향이 우익으로 바뀌었다. 다문화주의나 여권운동처럼 새롭게 출현했던 도도한 흐름에 적응하지 못한 데도 이유가 있겠지만, 좌파의 비난도 견디지 못했기 때문이다.

인종, 저항, 정의, 차별 (2018-04-26)

원주민의 비애 ● 제임스 쿡

아메리카 대륙에 유럽인들이 이주한 뒤 원주민들이 겪은 참화에 대해서는 상당히 많이 알려져 있지만, 오스트레일리아에서 벌어진 그와 비슷한 비극은 상대적으로 덜 알려져 있다. 오스트레일리아를 처음 목격한 인물은 네덜란드의 탐험가였다. 하지만 그가 처음 목격한 서해안은 불모지여서 네덜란드는 별다른 조치를 취하지 않았다. 제임스 쿡이 동해안을 탐사하고 난 뒤 영국이 오스트레일리아를 점령했다. 감옥에 넘쳐나는 죄수들을 보내 식민지를 개척하던 영국은 미국이 독립한 뒤 죄수들을 보낼 새로운 돌파구를 찾았다.

영국의 함대가 이곳에 캠프를 세우고 깃발을 처음 꽂은 1788년 1월 26일은 지금도 오스트레일리아의 건국 기념일로 지켜지고 있다. 금광이 발견되고 점차 더 많은 이주민들이 몰려오면서 식민지 개척이 이루어졌다. 그러나 섬이라 할지라도 대륙으로 분류되는 그 광활한 땅을 제대로 착취하기에는 인력이 부족했다.

5만 년 전부터 이곳에 거주해온 원주민들이 그 수요를 채웠다. 저항하던 원주민들에게는 때로 영국 왕실까지 묵인한 무차별 충격이 가해졌으나, 그에 대한 기록조차 제대로 남아 있지 않다. 생존을 위해 그들은 백인들에게 협력해야 했다. 그러나 아메리카 대륙의 경우와 마찬가지로 그들은 값싼 노동력에 불과했다. 거대한 목장을 조성해 이득을 취하던 목장 소유주들은 급료를 현금이 아닌 술, 담배, 밀가루와 같은 현물로 지급했다. 술과 담배는 지금도 심각하게 위태로운 원주민들의 건강을 악화하는 주범이다.

오스트레일리아 북서부의 필바라 지역에서 원주민 목장 노동자들이 파업에 나섰다. 3년 이상 지속되어 오스트레일리아의 역사에서 최장 기간의 파업으로 기록되는 이 사태가 종료된 뒤에도 많은 원주민들이 목장으로 복귀하지 않았다. 이 파업은 오스트레일리아 원주민의 인권과 문화유산 보존을 위한 투쟁의 전환점으로 간주되고 있다.

그들은 1946년 5월 1일에 파업을 시작했다.

권리, 노동, 저항, 차별, 현대 **(2017-04-27)**

콜팩스 학살 •

미국의 남북전쟁이 북군의 승리로 끝나 링컨 대통령이 노예해방령을 선포했다. 그렇지만 노예제를 옹호하던 미국 남부에서 흑인에 대한 박해는 줄지 않았다. 그 극명한 사례가 1873년 4월 부활절 일요일에 남부의 루이지애나주 콜팩스에서 일어난 학살이다.

요즘에는 미국에서 민주당이 진보를, 공화당이 보수를 표방한다. 그러나 19세기에 민주당은 남부 농장 소유주들의 권익을 옹호하며, 노예제 폐지를 주장하는 북부의 공화당에 맞섰다. 그런 상황에서 1872년에 루이지애나 주지사 선거가 치러졌다. 전쟁에서는 북부가 승리를 거뒀지만 남부에서는 '백인 연맹'과 같은 무장 집단이 흑인 투표자들에게 위협을 가하고 폭력을 행사하는 일들이 빈번하게 일어났다. 그런 까닭에 선거관리위원회에서 루이지애나 주지사 당선자 선언을 번복하는 일이 일어났다.

그 부활절 일요일에 장총과 소형 대포로 무장한 백인 민주당원들이 공화당원들을 습격했다. 이렇게 보면 이 사건은 과열된 정당 정치가 빚어낸 과도한 폭력의 한 사례라고 볼 수 있을지 모른다. 그러나 문제는 백인 공화당 당직자들은 공격을 받지 않았다는 데 있다. 반면에 해방 노예들은 투항을 했음에도 살해되었고, 그날 밤 도주했다가 붙잡힌 흑인 50여 명이 더 희생되었다. 100명이 훨씬 넘을 흑인 희생자 숫자가 정확하게 확인되지도 않았다. 시체를 강에 버리거나 암매장한 경우가 많았기 때문이다. 확실히 정당의 강령보다는 피부의 색깔이 문제였다.

흑인이 투표를 하거나 공직에 오르거나 배심원으로 선정될 경우 그들을 보호하기 위해 미국 의회에서 발의하여 통과시킨 법안들조차 무의미했다. 당시 미국 대법원에서는 개인이 아닌 주 정부가 그런 행위를 할 경우에만 책임을 물을 수 있다는 판결을 내렸기 때문이다. 결과적으로 그 백인 범법자들을 기소조차 할 수 없었다. 지금도 콜팩스에는 (양민) '학살'이 아닌 (흑인) '폭동'의 장소였다는 팻말이 서 있다.

권리, 법, 인종, 정의, 차별 (2016-04-28)

숨은 고수와 은사의 흔적

● H. P. 애덤스

지난날 부분적으로 읽었던 책을 최근에 다시 읽었다. 『비코의 생애와 저술』이라는 평범한 제목인데 1935년 영국에서 출간되었다. H. P. 애덤스라는 저자의 이름도 생소하여 검색을 해봐도 정보가 없다. 비코의 주저와 자서전의 영어 번역본이 출간되어 영어권에서 비코에 대한 연구가 활발해지기 시작한 것이 1940년대 중후반의 일인데, 그보다 훨씬 앞서 발간된 책이라서 별다른 기대를 갖지는 않았다. 그런데 이 책이 보물일 줄이야.

이탈리아어 원전에 통달한 것은 물론이고 주변적 자료까지도 두루 섭렵했고, 별로 길지 않은 분량인데도 비코의 삶과 사상을 유려한 필치로 유럽 철학의 체계 속에 안착시켰다. 비코가 『새로운 학문』에서 언급하고 있는 플라톤이 본디의 플라톤이 아니라 피치노나 파트리치와 같은 르네상스시대의 신플라톤주의 철학자들이 해석한 플라톤에 바탕을 둔 것이라는 논박할 수 없는 논거를 접한 순간에는 무림 도처에 숨은 고수들이 전해주는 검법에 감탄을 금할 길이 없었다.

오래전에 절판된 탓에 도서관 소장본을 빌려 복사한 뒤 제본을 해두었는데, 그 소장본 말미의 가장자리 여백에 그 책을 이미 읽은 선인이 연필로 남겨놓은 메모가 눈에 띈다. 처음에는 그냥 지나쳤지만 뭔가 심상치 않아 다시 자세히 살펴보니 꿈에도 잊지 못하는 은사의 필적과 흡사하다. 아직도 간직하고 있는 유학시절의 기말 보고서에 남은 은사의 논평 필적과 대조해보니 그가 남긴 메모임이 확실하다. 그 부분의 내용도 학위논문 작성에 즈음해서 은사가 선문답처럼 건넸던 권유와 일치한다.

치매에 걸려 병상에서 삶을 마감하신 그분에 대한 그리움이 밀려든다. 동시에 이 책에 대한 신뢰도 더욱 커진다. "결국 우리가 문학작품 속에서 사랑하는 것은 사람의 삶의 흔적"이라는 에리히 아우어바흐의 명언을 떠올리지 않더라도 그 흔적이 곧 역사이기도 하다는 깨달음을 얻는다.

신념, 연구, 작가, 작품 **(2020-04-30)**

아버지를 넘어선 딸 1

메리 킹슬리

조지 킹슬리는 19세기 영국의 의사이자 여행가였다. 형 찰스와 동생 헨리가 모두 소설가일 만큼 문재를 타고난 집안 출신이기에 조지도 여행에서 모은 정보를 기록으로 남기곤 했다. 북미 여행을 할 때는 커스터 장군한테서 인디언 섬멸 작전에 동행하자는 제의를 받았다. 커스터의 악명은 이미 알고 있어서 내심 경악했지만, 나쁜 날씨 때문에 원정이 취소되었다는 전갈을 받고는 안도의 한숨을 쉬기도 했다.

그에게는 메리라는 딸이 있었다. 시대가 시대인지라 남동생처럼 정규 교육을 받지는 못했지만, 아버지 서재의 책을 읽고 아버지의 여행담을 들으면서 정신세계를 넓혔다. 기독교도로 자라났지만 어릴 적부터 아프리카에 간 선교사들을 비판적으로 바라보았다. 아프리카인들에게 실질적인 도움도 주지 못하면서 그들의 문화를 훼손한다는 것이 그 이유였다. 병든 어머니의 뒤를 이어 몇 달 사이에 아버지마저 세상을 떠나자, 그는 유산을 자금 삼아 그동안 꿈꿔오던 아프리카 여행에 나섰다. 아버지가 수집하기 시작한 아프리카 문화에 대한 자료집을 완성하는 것이 그 목적이었다.

당시에는 아프리카에 발을 디딘 미혼 백인 여성이 거의 없었다. 선교사나 관료나 탐험가의 아내들만이 그곳을 방문했기에 그가 항상 받는 질문은 "남편은 어디 있느냐?"는 것이었다. 그는 아프리카인들에게 의술을 가르치며 위험한 지역을 홀로 돌아다녔다. 넉 달 만에 귀국하자 후원자들이 생겼고, 유수의 출판사에서는 여행담을 책으로 내자고 제의해왔다. 스스로 하는 일에 대한 자신감도 커졌고 더 큰 재정적 지원에도 힘입어 1년 뒤 다시 아프리카로 향했다.

그는 줄곧 연구하기를 바라오던 식인 풍습은 물론이고 그들 전래의 종교의식에 대해 알게 되었다. 가장 놀라운 것은 쌍둥이 살해라는 아프리카인들의 관행이었다. 쌍둥이 중 한 명은 악마가 어머니를 범한 결실인데, 누가 인간이고 누가 악마의 자손인지 구분할 수 없으니 모두 죽여야 한다는 것이었다. 때로는 악마를 유혹했다는 이유로 그 어머니도 살해했다.

근대, 여성, 열정, 의학 **(2019-05-02)**

아버지를 넘어선 딸 2

● 메리 킹슬리

메리 킹슬리는 스코틀랜드 출신 여성 선교사인 메리 슬레서와 함께 아프리카 여행지에서 어느 갓 태어난 쌍둥이와 산모를 구해냈다. 그뒤 카누를 타고 그 지역의 강을 탐사하면서 아직 유럽에 알려지지 않은 어종의 표본을 만들기도 했다. 그리하여 세 가지 물고기 종의 이름이 그에게서 비롯되었다. 처음 만난 인종과 어울리고 그들의 영역을 탐험하면서 해발 4000미터가 넘는 카메룬의 산에 어떤 유럽인도 가본 적 없는 경로로 오르기도 했다.

또다시 귀국하자 이번에는 언론이 더 요란스럽게 맞이했다. 그러나 그는 언론의 표현 방식에 불만이 많았다. 그에게 '신여성'이라는 이름을 붙인 것이었다. 당시 그것은 세를 펼치기 시작하던 여성 참정권운동가들을 지칭하는 말이었다. 오늘날의 페미니스트가 들으면 경악할 일이겠지만 그에게는 참정권운동이 사소한 문제였고, 더 큰 문제가 해결될 때까지 참정권이 없는 여성은 기다려야 한다는 것이었다. 자신의 업적에 더 큰 관심이 쏠리기를 바라는 마음에서 그런 태도를 취했으리라고 보는 견해도 있다.

영국의 국교인 성공회와 빚은 마찰도 작지 않았다. 선교사들이 아프리카인들을 개종시킨다고 하면서 그들의 종교를 타락시키면 안 된다는 것이었다. 영국인들이 혐오하던 일부다처제에 대해서도 그것이 삶의 필요에서 나온 관행이었다고 옹호했다. 아내 한 명을 빼고는 모두 버린 뒤 개종하라는 이야기는 다른 아내들과 자식들을 심각한 경제적 · 사회적 곤경에 빠뜨리는 처사라는 것이었다. 확실히 메리 킹슬리는 문화상대주의의 선구자였다.

그는 『서아프리카 여행』과 『서아프리카 연구』라는 두 저작으로 대중적인 인기도 얻고 학문의 세계에도 큰 자취를 남겼다. 생생한 문체로도 정평이 난 그 책들을 쓴 가장 큰 이유는 "부친 조지 킹슬리가 돌아가시면서 완성하지 못한 위대한 책을 마무리하고 싶은 욕망"에 있었다. 그러나 사실 아버지의 유고는 서로 연결되지 않는 파편에 불과했다. 반면에 딸의 저작은 레비스트로스의 『슬픈 열대』의 선구가 되었다고 인정받는다.

권리, 여성, 연구, 작품, 정치 **(2019-05-09)**

개구쟁이 데니스

● **행크 케첨**

이런 우연의 일치가 가능할까? 거의 70년 전에 서로 내용이 전혀 다른 만화가 같은 날 같은 제목으로 영국과 미국에서 탄생했다. 우리에게는 『개구쟁이 데니스』라고 알려져 있는 '위협적인 데니스'가 1951년 3월 12일 미국에서 출간되었는데, 그날 영국에서도 똑같은 제목의 만화가 선을 보였던 것이다. 원제로 읽으면 '데니스 더 메니스'라 하여 각운을 맞추려는 시도가 보편적으로 있을 수 있음을 감안한다고 하더라도 생년월일까지 똑같은 데에 이르면 우연이라는 말로밖에는 설명이 되지 않는다.

영국 만화도 텔레비전 시리즈물로 만들어질 정도로 인기를 끌고 있다. 그렇지만 텔레비전을 넘어 영화로도 만들어지고 비디오게임으로까지 출시된 미국 만화의 위세에 눌렸는지, 아니면 단지 혼란을 피하기 위해서였는지, 이후 제목을 '데니스와 이를 가는 개'로 바꾸었다. 말썽을 일으키는 주인공의 애완견을 제목에 포함시킨 것이다.

양국 만화 모두 주인공이 기상천외한 행동으로 천진난만한 부모의 속을 태운다는 점에서는 같은데, 아무래도 더 친숙한 미국 개구쟁이에게 초점을 맞춰야겠다. 네 살배기 아들을 둔 미국 만화의 원작자 행크 케첨은 한사코 낮잠을 자지 않고 말썽을 부리는 아들 데니스를 소재로 하는 만화를 착상했다. 제목을 놓고 고민을 하던 차에 아들의 말썽에 지친 아내 앨리스가 "당신의 아들은 위협 그 자체"라고 말하는 것을 듣고 힌트를 얻어 그것이 제목으로 굳어졌다. 만화 속에서도 부모의 이름이 헨리와 앨리스이니 이 만화는 가족사에 바탕을 두고 있는 것이 확실하다.

데니스는 사람들을 골탕 먹이려고 말썽을 피우는 것이 아니다. 그저 천성적으로 온갖 사물에 대한 호기심이 강하고 나름대로 사람들에게 도움을 주기 위해 어떤 일을 시작하지만 그것이 소동으로 귀결되는 것일 뿐이다. 부모들에게는 지긋지긋해하면서도 결국은 귀여워하지 않을 수 없는, 어린이날에 다시 만나고 싶은 캐릭터이다.

영화, 유래, 작가, 작품, 현대 (2018-05-03)

의로운 죽음 ● 키프리아노스 대주교

1821년부터 그리스 독립전쟁이 벌어졌다. 1453년 오스만 투르크에 콘스탄티노플이 함락된 이후 그리스 도처에서 독립을 쟁취하려는 움직임이 일었으나 모두 실패로 돌아갔다. 그러나 이제 민족주의와 자유주의의 새바람이 불기 시작했다. 영국, 프랑스, 러시아 등의 유럽 열강도 지원했다. 마침내 그리스는 '친우회'라는 비밀조직의 주도로 독립을 이루어 1829년에 그리스 왕국이 수립되었다.

에게해 주변의 그리스인들은 환호했으나 키프로스섬에서는 사정이 달랐다. 역사에서는 때로 인간적 동기보다 지정학적 조건이 더 중요하다. 키프로스가 그러했다. 키프리아노스는 키프로스 정교의 대주교로서 그가 세운 그 섬 최초의 중등학교는 아직도 수도 니코시아의 대주교좌 성당 앞에 서 있다. 그에게 그리스 '친우회' 소속의 입실란티스가 찾아가 함께 무장 항쟁에 나서자고 권했다.

대주교는 선뜻 대답하지 못했다. 명분에는 동의했지만 그리스 본토와 멀리 떨어진 이 섬은 투르크제국과 훨씬 가까웠고, 병력도 미미한데다 전투 경험도 없었다. 참전은 섬 전체의 참화로 귀결될 공산이 컸다. 마침내 그가 내린 결정은 신중하고 실용적인 것이었다. 돈과 물자는 지원하지만 병력을 제공할 수는 없다는 것이었다.

그렇지만 1821년 3월 실제로 전쟁이 발발하자 많은 청년들이 참전하기 위해 키프로스를 떠났다. 이 지역을 통치하던 투르크의 고위 관리 메메트는 격노했다. 그는 병력을 보강하여 키프로스인들의 무기를 압수하고 중요 인사들을 체포했다. 키프리아노스에게는 추방령이 내려졌다. 그러나 사태가 악화되는데도 그는 섬을 떠나지 않았다.

1821년 7월 9일 메메트는 니코시아의 대문을 걸어 잠그고 470명의 중요 시민들을 교수형이나 참수형에 처했다. 키프리아노스 대주교는 키프로스왕궁 건너편에 있는 나무에서 공개적으로 교수형에 처해졌다. 다른 도시를 관할하던 세 명의 주교도 같은 길을 갔다.

권력, 신념, 저항, 전쟁, 종교 **(2016-05-04)**

아버지의 철인 삼종 경기

릭 밴 빅

남매를 둔 부부에게 셋째아이가 생겼다. 이윽고 태어난 딸은 건강에 모종의 이상이 있는 듯했는데, 검진 결과 뇌성마비라는 판정을 받았다. 건강한 자식을 바라는 여느 부모들처럼 이들도 충격을 받고 실망에서 헤어나지 못했다. 셋째딸이 여덟 살이 될 때까지도 혹시나 건강이 찾아오지 않을까 하며 기적을 바라다가 또다시 좌절에 빠지는 악순환의 연속이었다. 그러다가 아버지가 마음을 바꾸었다. 하루에 두 갑씩 피우던 담배를 끊고 철인 삼종 경기에 나서기로 한 것이다.

이렇게 미국 미시간주에 사는 릭 밴 빅은 딸 매디에게 바람을 쏘여주었다. 매디가 여덟 살 때부터 열세 살 때까지 5년 사이에 70여 차례의 철인 삼종 경기는 물론이고 마라톤이나 그 밖의 야외 운동경기에도 참가했다. 헤엄을 치면서는 매디를 태운 카약을 끌었고, 자전거를 타거나 마라톤을 하면서는 카트에 태워 밀거나 끌었다. 걷지도 말하지도 보지도 못하는 딸을 카약에서 카트로 옮길 때가 가장 어려웠단다. 들고 옮겨야 하는데 아이의 척추가 연약해 각별히 조심해야 했기 때문이다.

35킬로그램 남짓의 몸무게에 정신연령은 세 살에 머물러 있는 딸과 함께 그 어려운 일에 나선 것은 단지 그 딸 매디가 바깥 바람을 쐴 때마다 행복해한다는 것을 알게 되었기 때문이다. 아버지는 말한다. "딸이 건강한 아이였으면 하고 바라기만 했다면 우리가 지금처럼 책임감 있는 좋은 부모가 될 수 있었을까요?" 그런 정신적 건강에 더해 빅은 육체적 건강까지 덤으로 얻었다. 거기에 그치지 않았다. "딸은 나의 심장이고 나는 딸의 다리"라고 말하는 빅은 딸에 대한 사랑을 같은 처지의 다른 사람들에 대한 사랑으로 연결시켜 자선기금을 확대해나가고 있다.

뇌성마비는 아직도 제대로 된 치료법이 없어 가족이나 간호사와 자원봉사자가 환자의 자활을 도와야 하는 병이다. 의학이 발달해 이 부녀의 또다른 상봉이 이루어지기를 기대할 뿐이다.

스포츠, 신념, 의학 (2017-05-04)

진실의 침몰 ● 브루스 이스메이

언론의 농간과 영화산업의 이해관계에 따라 만들어진 충직한 선장과 사악한 선주라는 구도 속에서 타이타닉의 침몰과 함께 몰락했던 선주 브루스 이스메이에 대해서는 언젠가 '뒤바뀐 운명'이라는 제목의 글로 그 내막을 간략하게 밝힌 바 있다. 하지만 그의 억울한 사연에는 훨씬 더 많은 것이 얽혀 있어서 다시 그를 소환한다.

모든 것의 출발은 언론 족벌 랜돌프 허스트가 소유하고 있던 수많은 신문에서 그를 비난하자 다른 신문들이 그 뒤를 따른 것이었다. 그에게는 "타이타닉의 비겁자"라거나 "잔혹한 이스메이"라는 칭호가 붙었다. 브루스라는 이름을 잔혹하다는 의미의 '브루트'로 표현한 것이었다. 시카고의 어느 젊은 기자는 스미스 선장과 이스메이 선주를 대비시키는 시로 기사를 마무리했다. "죽음의 유령 같은 얼굴을 한 밤바다를 지키는 것이 선원의 임무라면/ 군중과 함께 줄행랑치는 것이 선주의 고귀한 권리."

영화가 거기에 가세했다. 나치의 선전용 영화 〈타이타닉〉이 포문을 열었다. 돈만 밝히는 유대인을 부각시키며 아리안족의 우수성을 알리려는 것이었다. 그뒤 어느 텔레비전 미니시리즈에서는 그를 인종주의자로 폄훼했고, 세계적으로 엄청나게 인기몰이를 한 제임스 캐머런의 영화가 관 뚜껑에 못을 박았다. 편파적인 언론과 그릇된 목적을 가진 영화가 브루스 이스메이처럼 재산과 명성을 겸비한 사람까지도 얼마나 처참하게 파멸시킬 수 있는지를 보여주는 사례이다.

이스메이는 재판과 청문회를 통해 무죄임이 판명되었으나 현실세계에서는 그렇게 살지 못했다. 침몰 사건에 대해 한마디도 언급하지 않고 죄인처럼 지내던 그는 당뇨를 앓다가 다리 절단 수술을 받은 뒤 실명과 실어의 상태에서 사망했다. 가족과 후손들 역시 아무 말도 하지 않았다. 그러다가 타이타닉 침몰 100주기인 2012년부터 큰딸의 아들과 손자가 이스메이의 명예를 되찾으려 노력하고 있다. 쉽지 않은 일이겠지만 진실이 밝혀지기를 기대한다.

영화, 왜곡, 음모, 정의 (2020-05-07)

타인의 삶 ● 플로리안 도너스마르크

막심 고리키는 레닌이 가장 좋아하는 음악이 베토벤의 〈열정 소나타〉라는 것을 알게 되었던 대화를 회상한다. 레닌은 그런 음악을 들으면 더러운 골방 속에서 아름다운 선율을 창조한 사람들을 칭찬해주고 싶은 마음이 들지만, 실제로는 민중을 무자비하게 대해야 하니 다스리는 일은 지독히도 어렵다고 말했단다. 플로리안 도너스마르크가 대본을 쓰고 감독한 영화 〈타인의 삶〉은 그와 유사한 착상에서 시작되었다. 암울한 방안에서 타인의 삶을 비밀리에 감시하는 자의 이어폰에서 나오는 소리가 심금을 울리는 음악이라면…….

그렇게 해서 영화 〈타인의 삶〉은 2006년 빛을 보았고 각본도 주어캄프 출판사에서 발간되었다. 연인 관계인 극작가와 여배우의 삶을 감시하던 비밀경찰이 점차 그들의 삶에 동화되어 간다. 감시를 지시한 고위직 인사가 여배우에게 품은 탐욕이 거기에 개입되어 있음을 알게 되면서 비밀경찰은 그들을 돕는다. 냉혈의 비밀경찰 내부에 인간애가 싹트게 된 배경에는 시와 음악도 큰 요인으로 작용했다. 결국 그는 한직으로 쫓겨나게 되는데, 동독이 붕괴된 뒤 극작가는 이전의 기밀문서를 살펴보면서 한 비밀요원의 도움을 받았음을 깨닫는다. 그는 신작 소설을 그 비밀요원에게 헌정한다.

나오자마자 독일 영화상을 휩쓸었고 2006년 아카데미 최우수 외국어영화상을 받은 이 영화를 본 사람들은 동독이 붕괴되고 16년 뒤에 만들어졌고, 당시 서른네 살에 불과했던 감독이 만든 이 영화의 감옥 내부 소품이 사실적으로 정확했다는 데 놀랐다. 그렇지만 정작 그 감옥은 촬영장이 되지 못했다. 지금은 박물관으로 바뀐 그곳의 관장이 전직 비밀경찰을 미화하는 영화에 장소를 내줄 수 없다고 반대했기 때문이다. 그런 논란에도 불구하고 이 영화는 큰 성공을 거두었다. 영화의 취지에 공감한 배우들이 평소 출연료의 20퍼센트 정도만 받으며 연기에 몰두했던 것도 성공의 중요한 요인이 되었으니, 고맙게 봐야 할 영화다.

O┳ 문학, 영화, 용기, 음악 **(2018-05-10)**

시민 케인 ● 오손 웰스

보통 오손 웰스는 미국의 영화배우이자 감독으로 알려져 있다. 그렇지만 그를 영화배우나 감독으로 한정시키기는 어렵다. 본격적으로 활동하기 시작한 1930년대부터 그는 당시 가장 대중적인 매체였던 연극과 영화나 라디오 모두에서 활약하는 정도를 넘어 혁신을 일으켰기 때문이다. 셰익스피어의 희곡 「줄리어스 시저」를 브로드웨이식으로 번안한 「시저」는 무솔리니의 파시즘과 히틀러의 나치즘을 연상시키며 원작에 새로운 힘을 불어넣었다. 또한 흑인 캐스트만으로 「맥베스」를 무대에 올리기도 했다.

라디오에서는 〈우주전쟁〉이 그에게 세계적인 명성을 가져다주었다. H. G. 웰스의 공상과학 소설을 라디오에 맞게 각색하여 그가 연출하고 성우의 역할까지 맡았던 이 프로그램이 방송될 때면 청취자들은 외계인이 실제로 침략하는 것 같은 두려움에 사로잡혀 공황 상태에 빠졌다고 한다.

그렇다 할지라도 그의 최대 업적은 영화 〈시민 케인〉이다. 그것은 그가 만든 첫 영화였음에도 불구하고 미국영화연구소에서 선정한 100대 영화에서 1위를 차지했다. 게다가 영화계인사들이나 팬들을 포함한 각종 여론조사에서 줄곧 부동의 1위를 고수해온 작품이다. 이 영화는 찰스 포스터 케인의 일대기를 다룬다. 그는 사회적 봉사를 염두에 둔 이상주의자로 경력을 시작하지만, 곧 냉혹한 권력 추구자로 변모한다. 그 '시민 케인'은 당시 신문계의 거물 윌리엄 랜돌프 허스트를 모델로 삼은 것으로 알려져 있다.

허스트는 이 영화가 자신을 소재로 삼고 있다는 것을 알게 된 뒤 그 상영을 중단시키려고 애썼다. 그가 소유한 언론 매체에서는 이 영화에 대한 언급을 일절 하지 않았고, 비평가들을 동원하여 흑색선전을 하는가 하면 소송을 걸기까지 했다. 그러한 방해에도 불구하고 당시로서는 혁신적 기법을 사용한 이 영화는 결국 상영되었다. 그런데 오늘날 우리의 주변에는 너무나 많은 케인들이, 즉 허스트들이 있다.

문학, 영화, 왜곡, 풍자 **(2016-05-12)**

증오 범죄

아머드 아버리

'증오 범죄'란 특정 집단에 속한 사람들을 비하하면서 차별하는 범죄다. 그 구분은 성별, 인종, 장애, 언어, 종교, 외모, 성적 취향 등 다양한 기준에 의해 이루어진다. 이 용어는 1980년대부터 통용되었지만, 그 사례는 실로 인류의 역사만큼이나 오래되었다. 한때의 피해자가 세월이 지나면서 가해자가 되기도 하는데, 이런 범죄를 경계해야 하는 이유는 이것이 정치가들의 선동에 쉬이 악용될 소지가 많다는 데 있다.

네로 같은 로마의 황제들은 기독교도들을 박해하여 많은 사람들이 처형되거나 사자의 밥이 되었다. 그러나 기독교가 제국의 공식 종교가 된 이후에는 무슬림 같은 이교도들에 대한 박해가 종교의 이름으로 행해졌다. 16세기 유럽인들이 이른바 '신대륙'으로 세력을 확장할 때에는 토착 원주민들이 편견의 대상이 되어 식민제국 건설에 명분을 더했고, 노예제도 아래 미국 흑인들도 같은 운명을 겪었다. 나치의 유대인 학살은 그 가장 현저한 사례일 뿐이다.

증오 범죄는 보통 '증오 연설'과 맥을 같이한다. 증오 연설의 특징 중 하나는 어떤 개인을 명시하는 것이 아니라 통칭으로 언급하며 집단 전체를 매도하는 것이다. 십자군전쟁을 주도한 교황 우르바누스는 유럽 내부의 문제점을 해결할 방안으로 이슬람이라는 공동의 적에게 눈을 돌렸다. 그 "사악한 인종"으로부터 땅을 탈취하면 토지 부족의 문제가 해소될 뿐 아니라 천국에도 도달하게 되리라는 선동이었다. 이것이 멀리 동떨어진 역사 속의 일일까? 개인의 잘못을 그가 속한 지역이나 단체의 이름으로 매도하는 일은 이곳에서도 얼마나 흔한가?

르완다 국제형사재판소의 박선기 재판관은 증오 연설을 금지시켰더니 아프리카에서 증오 범죄가 현저하게 감소했다는 사례를 제시한다. 그런데 미국의 대통령은 증오 범죄를 부추기며 자신에게 반대하는 주들을 해방시키라고 지지자들을 선동했다. 조깅을 하던 흑인 아머드 아버리는 이런 와중에 살해되었다.

왜곡, 인종, 지도자, 차별 **(2020-05-14)**

큐의 잊힌 여왕 ● 매리언 노스

런던 근교의 큐 왕립식물원은 세계에서 규모가 가장 크고 보유 식물의 종도 가장 다양하여 명성이 높다. 그곳에는 미술관도 함께 있다. 식물원 옆 미술관이 문을 연 것은 평생 식물 그림을 그린 화가가 자신의 작품을 기증하고 식물원에서 그것을 받아들여 전시 공간을 마련해준 덕분이었다.

그 화가가 매리언 노스다. 유명한 성악가 샬럿 헬렌 돌비에게 레슨을 받으며 성악가를 꿈꿨던 노스는 성량이 줄어들자 그 길을 포기하고 꽃을 그리는 일에 전념했다. 국회의원을 지낸 아버지는 여행을 좋아해 딸들을 데리고 다녔다. 어머니의 사망 이후 여행 빈도가 높아졌다. 여동생이 결혼하고 아버지가 낙선한 뒤에는 부녀의 여행이 일상이 되었다. 스위스와 시리아와 이집트 등 19세기에 여성으로서는 상상하기도 어려운 외국 여행이 그렇게 이루어졌다.

알프스 여행에서 병을 얻은 아버지를 모시고 고향으로 돌아왔지만 아버지는 불귀의 객이 되었다. 슬픔을 달래기 위해 그림에 더욱 몰두했다. 그것을 넘어 먼 나라의 식물들을 그리겠다는 어릴 적부터의 꿈을 실행에 옮겼다. 시칠리아, 캐나다, 미국, 자메이카를 여행했고, 브라질에서는 밀림 속에 오두막을 짓고 1년 동안 기거했다. 카나리아제도에 있는 섬에서 몇 달을 보낸 뒤 세계일주를 시도했다. 그렇게 일본, 보르네오, 자바, 실론, 인도를 돌아다녔다. 물론 그림을 그리며.

귀국 후 전시회를 열었고, 그것이 큐 왕립식물원에 그의 상설 전시장이 열린 계기가 되었다. 관객 중에 찰스 다윈이 있었다. 다윈은 노스에게 오스트레일리아 여행을 제안했고, 노스는 거기에 더해 뉴질랜드까지 여행하며 유럽에 소개되지 않은 관목을 다윈에게 선물했다. 사진이 보편화되기 이전에 그가 그린 세밀하고 정확한 그림은 생물학적으로도 큰 가치가 있어, 식물의 여러 종뿐 아니라 식물군을 가리키는 속 하나에도 그의 이름이 붙었다.

영국의 공영방송에서는 그가 잊힐까봐 〈큐의 잊힌 여왕〉이라는 다큐멘터리를 제작했다.

미술, 여성, 영화 **(2019-05-16)**

에릭 사티의 스승(?)

프랑스 사람들은 대략 1885년부터 1차대전 발발 시점까지를 '좋은 시절'이라 부른다. 평화와 번영 속에서 여유로운 생활이 무르익은 시기였지만, 한편으로는 사치를 과시하고 이완된 도덕감 속에서 위선과 방종에 탐닉하던 시기이기도 했다. 그런 분위기 속에서 아방가르드, 즉 전위 예술이 탄생했는데, 에릭 사티는 음악에서 그 운동을 주도했다.

이 시기를 '향연의 해'라고 부르며 상세한 관련 연구서를 집필한 문화비평가 로저 샤툭에 따르면 사티는 두 명의 전혀 다른 작곡자였다. 초창기의 그는 절친 클로드 드뷔시가 성공의 길에 들어서는 것을 지켜보았고, 첫 제자 모리스 라벨이 자신의 길을 개척해나가는 것을 도왔으며, 그 자신은 정상에서 벗어났다고 여겨지는 정도의 곡들을 작곡했다. 그러다가 갑자기 잠적하여 망각 속에 사라진 것 같았다.

그러던 그가 12년 뒤에 48세의 나이로 돌아왔다. 그가 재발견되며 갑자기 선구자로 치켜세워졌고, 드뷔시와 라벨에 의해 새로운 활력을 얻었다. 작곡도 다시 시작했다. 그러나 지난날 널리 인정받았던 형식에 안주하기를 거부하며 전적으로 새로운 영역의 문을 열었다. 출판업자들도 그의 곡들을 곧바로 수긍하지 못해 창작한 지 몇 년이 지난 다음에야 작곡집이 발간되곤 했다. 그러나 그 스스로는 자신의 예술에 대해 평온한 마음으로 확신하고 있었으며, 작곡을 통해 그 예술에 대한 헌신을 입증했던 것이다.

그렇지만 학생시절 그에 대한 스승들의 평가는 박했다. 파리 음악원에서 피아노를 공부하던 그에 대해 에밀 드콩브는 "학교에서 가장 게으른 학생"이라고 불렀으며, 조르주 마티아스는 그의 피아노 연주에 대해 "무의미하게 장황하고 가치가 없다"고 혹평했다. 그럼에도 사티는 자신의 재능이 연주보다는 작곡에 있다고 마티아스가 칭찬했다고 강변했다. 스승들의 확인되지 않은 격려조차 학생의 재능을 불러일으킨다. 5월 17일은 사티의 생일이었다.

유래, 음악, 현대 **(2018-05-17)**

미키마우스

전 세계적으로 어린이는 물론이고 어른들까지 널리 좋아하는 만화영화의 주인공 미키마우스도 이제 아흔 살이 되어간다. 그동안 조연을 맡은 친구들인 미니마우스, 도날드덕, 구피, 플루토 등도 유명세를 얻어 독자적인 캐릭터로 성공을 거두었다. 그리도 오랜 세월을 겪어온 만큼 미키마우스는 외모뿐 아니라 내면까지 변해왔다.

미키마우스는 1928년 5월에 〈비행광〉이라는 무성영화로 첫선을 보였다. 뉴욕에서 파리까지 미국의 조종사 찰스 린드버그가 무착륙 단독 비행에 성공하여 구미를 환호하게 만들었던 시절에 그 영웅처럼 비행기를 타고 싶어하는 미키마우스를 그린 이 첫 실험은 인기를 못 끌어 배급사를 구하지도 못했다. 그러나 곧 더빙이 이루어지며 같은 해에 나온 〈증기선 윌리〉가 큰 성공을 거두어 공식적으로는 이 작품이 미키마우스의 데뷔작으로 알려져 있다. 〈비행광〉은 훗날 유성영화로 다시 만들어졌다.

처음에는 주로 단편 영화에 출연했지만 점차 장편 영화에도 모습을 드러내며 아카데미 만화영화상에도 10차례 지명되어 한 차례 수상했고, '할리우드 명예의 거리'에도 만화영화 배우 최초로 자신의 이름을 단 별을 새겨넣게 되었다. 영화배우로 출발했지만 거기에 그치지 않고 신문의 단편 만평이나 만화잡지에도 등장하면서 영역을 넓혀나갔다. 신문의 만평은 45년 동안이나 지속되었다.

그렇게 성공을 거듭해나가면서 미키마우스는 내면의 세계도 가꾸어나갔다. 처음에 그는 사악한 꾀를 품고 말썽을 피우는 악역을 맡았었다. 그렇지만 오랜 시간에 걸쳐 성격이 점차 바뀌었다. 물론 실수를 거듭하긴 하지만, 〈판타지아〉에서 그가 분한 마법사의 제자가 그러하듯, 그것은 선의의 모험심에서 비롯된 것이었다. 또한 그의 행동은 배워야 할 교훈을 담고 있기도 하다. 미키마우스 같은 만화영화의 캐릭터조차 나이가 드니 좋게 변하는데, 사람도 나이가 들수록 호전되지는 못할망정 추태는 부리지 말기를.

열정, 영화, 유래, 작품, 풍자, 현대 **(2016-05-18)**

동의의 역사가 ● 리처드 호프스태터

리처드 호프스태터는 20세기 미국을 대표하는 역사가의 한 사람이다. 그는 젊었을 적 좌측의 시각으로 역사를 바라봤지만 나이가 들면서 점차 우측으로 선회했다. 그렇다고 그것을 '변절'과 같은 용어로 해석할 수는 없다. 오히려 더 폭넓게 통합적으로 세상을 보는 눈을 갖게 되었다고 해야 한다. 그의 영향을 받은 제자들이 좌우 진영에 골고루 분포되어 있기 때문이다.

호프스태터는 『미국정치사상사』라는 책이 출간되면서 이름을 알렸다. 그는 19세기 말 미국 자본주의의 냉혹한 약육강식 행태를 비판하면서 사회진화론이 합리화의 명분을 주었다고 비판했다. 다양한 학문에서 얻은 통찰을 명쾌한 문체에 녹여낸 덕분에 그 책은 대중적으로 큰 성공을 거뒀다.

그는 급진적 사회학자 라이트 밀스와 친구 사이기도 해서 사회학과 심리학 저서를 탐독했다. 막스 베버, 카를 만하임, 지그문트 프로이트나 프랑크푸르트학파의 영향을 받은 흔적은 그가 즐겨 사용하는 '비이성적 공포'나 '신분 불안감' 같은 용어에서 쉽게 읽힌다. 실상 그는 인접 학문 분야 사이의 협력을 강조하며 실천에 옮긴 것이라고 할 수도 있다.

그것은 정치 성향의 변화와도 연결된다. 그는 역사가 찰스 비어드와 결별했다. 비어드는 미국 헌법의 겉에 드러나는 정치적 이념보다는 이면의 경제적 동기를 찾아야 한다고 주장했다. 즉, 계급 간의 투쟁이 역사 변화의 요인이라는 것이다. 호프스태터는 흑백논리의 양극성을 비판하며 '동의의 역사가'로 자리매김하게 된다. "사회란 어느 정도의 동의가 배후에 흐르지 않는다면 존속할 수 없다. 어느 사회에도 전면적인 동의가 없듯 심각한 갈등 역시 존재한다. 모든 것은 비율의 문제일 뿐이다."

그의 저서 『미국의 반지성주의』가 번역 출간되었다. 매카시즘의 여파가 아직 생생하던 시절, 거기에 초점을 맞춰 쓴 책이다. 오늘날 미국의 상황에도 들어맞지만 우리 사회에도 타산지석이 될 것이다.

변화, 사상, 작품, 정치 **(2017-05-18)**

그르바비차 ● 야스밀라 주바니치

1991년에 시작된 그 전쟁은 21세기에 들어서야 끝나며 평화조약을 통해 유고슬라비아의 해체라는 결말을 보았다. 새로 탄생한 8개 국가가 국제적으로 완전하게 인정되며 전쟁이 종식되었다고 해서 인종과 종교의 문제가 복잡다단하게 뒤얽힌 그 지역에서 벌어진 전쟁의 참상이 가려질 수는 없다.

2차대전 이후 유럽에서 벌어진 전쟁 중에서 가장 치명적이었다고 평가되는 이 전쟁은 인간성을 침해한 전쟁 범죄가 빈발했다는 사실로도 악명이 높다. 인종 청소와 집단 강간이라는 범죄는 그 자체로도 극악하지만, 그 둘이 결합되어 이루어진 패악은 언어로 형용할 수 있는 한계를 넘어선다.

전쟁이 끝나고 10년도 지나기 전에 사라예보의 한 지역인 그르바비차에서는 신원 미상의 매장된 시체가 대거 발견되어 이를 확인하려는 유족의 발길이 이어졌다. 그보다 더 악랄한 사실은 그곳의 수용소에서 집단 강간이 이루어졌다는 것이다. 단지 성욕을 채우기 위한 강간이 아니었다. 보스니아 여인들을 임신하고 출산할 때까지 감금하고 강간하여 그 후손을 세르비아인으로 만들려는 계획 아래 이루어진 새로운 종류의 인종 청소였다.

그 인근에서 자란 영화감독 야스밀라 주바니치는 〈그르바비차〉라는 영화를 통해 그렇듯 상처를 받았음에도 살아가야만 하는 그 여성들의 운명을 그렸다. 지우고 싶지만 여전히 오늘을 붙잡고 있는 그 끔찍한 기억을 집단 강간을 당한 여성과 그 결과로 태어난 딸 사이의 갈등을 통해 불러내고 있는 것이다. 주바니치는 그 주동자들이 여전히 활보하고 있다는 사실에 분개하며 그 범죄를 고발한다. 또한 그럼에도 삶은 이어져야 한다는 희망을 내려놓지 않는다.

이 영화는 보스니아, 오스트리아, 크로아티아, 독일의 영화사들이 공동으로 제작했다. 이 영화가 전달하려는 메시지에 대한 국제적 공감대가 형성되어 있었음을 말해준다. 이 영화는 2006년 베를린 국제영화제에서 황금곰상을 수상했다.

영화, 인종, 전쟁, 폭력 **(2020-05-21)**

그 목사에게는 세 살 터울의 두 딸이 있었다. 아버지는 두 딸에게 허약한 체질을 물려주었다. 그렇지만 맏딸은 강한 성격도 이어받았다. 아버지가 교회를 자주 옮긴 것은 건강뿐 아니라, 민감한 문제에 대해 회중과 맞서는 성격 때문이었다. 돌과 욕설이 함께 날아들면 교회를 옮기지 않을 수 없었다. 맏딸은 여섯 살 때 국회의원을 만난 자리에서 "내 동생이 예쁘다고 말한 건 아버지 표를 받으려던 거였죠?"라고 말해 주위를 놀라게 했다.

어릴 적부터 척추와 신경계 질환에 불면증으로 고생하던 딸에게 의사는 야외 공기가 좋다며 여행을 권했다. 그래서 승마와 조정을 배웠다. 교육은 아버지와 책을 통해서 받았다. 열여섯 살에 이미 자유무역과 보호무역을 비교하는 논문을 썼던 그에게 의사는 항해를 권했다. 미국 여행의 결과가 책으로 나온 뒤 거의 20년이 지나서 다시 미국을 방문했다. 특히 로키산맥의 공기가 몸에 좋다고 하여 콜로라도를 찾았던 것이다. 여자들은 다리를 모으고 말 잔등에 옆으로 앉아 타던 시절에 그는 바지를 입고 앞을 보며 말을 타고 800마일을 달렸다.

'로키산맥의 짐'이라고 알려져 있던 악당 제임스 뉴전트와 사랑에 빠지기도 했다. 애꾸눈의 무법자였지만 시를 좋아했던 뉴전트에 대해 "어느 여자라도 사랑에 빠지겠지만 제정신을 가진 여자라면 누구라도 결혼하지 않을 사람"이라고 묘사했다. 그렇지만 여전히 아둔했던 그 시대에 그는 바지를 입고 말을 탄 것을 보도한 신문에 화를 냈고, 뉴전트에 대한 자신의 묘사도 책이 출간되기 직전에 삭제했다.

국내에서는 『조선과 그 이웃 나라들』의 저자로 알려진 이사벨라 버드 비숍은 사실 그보다 훨씬 더 큰 여자였다. 아시아에서만도 일본, 중국, 베트남, 싱가포르, 말레이 등지를 여행하며 기록을 남겼던 것이다. 캐릴 처칠이라는 영국의 극작가는 「탑걸」이라는 희곡에 이사벨라를 등장시켜 대화를 나누게 한다. 자신의 목적을 이루려다 끔찍한 고통을 겪어야 했던 여성들이 탑걸이었다.

문학, 여성, 유래, 작가, 작품 **(2019-05-23)**

히틀러: 독재의 연구

앨런 불록

예술가와 문필가로도 성가를 높였던 영국의 정치가 윈스턴 처칠은 훗날 네 권으로 간행된 『영어 사용 국민의 역사』의 초고를 집필할 무렵 옥스퍼드대학을 갓 졸업한 연구 조교 앨런 불록의 도움을 받았다. 2차대전 이후 교수가 된 불록은 학교의 행정에도 크게 기여하여 옥스퍼드의 장학 기금을 크게 확충하며 부총장으로 재직했다. 그렇다 할지라도 오늘날 많은 사람들은 그를 역사가로 기억한다.

1952년에 간행된 그의 저서 『히틀러: 독재의 연구』는 히틀러에 대한 최초의 포괄적인 전기다. 뉘른베르크 전범 재판의 기록에 근거하여 집필한 이 책은 이후 오랫동안 히틀러 연구의 이정표가 되었다. 그의 논지란 히틀러는 기회주의적으로 권력을 추구하던 정치인으로서 아무런 원칙도 신념도 없는 사기꾼에 불과한 인물이었다는 것이다. 이러한 그의 관점이 학계를 지배했다 하더라도 이에 대한 반론이 없었던 것은 아니다. 명망 높은 역사가 휴 트레버로퍼가 그의 논지를 정면으로 반박하면서 히틀러에게는 아무리 반동적이었다 할지라도 신념이 있었다고 주장했던 것이다.

2004년 불록이 타계한 뒤 영국의 일간지 〈가디언〉에서는 "히틀러가 막후의 음모를 통해 권력을 얻었다는 불록의 명제는 세월의 검증을 버텨냈다"는 내용의 기사를 게재했다. 고인에게 호의적으로 쓰는 것이 동서고금의 인지상정이라 할지라도 "전쟁이 끝난 지 얼마 지나지 않아 쓴 저작이 새로운 해석과 증거의 홍수 속에서 거의 40년 동안이나 버텨왔다는 것"은 놀라운 일이라는 근자의 평가는 정당하다고 볼 수 있다.

그렇지만 불록 자신은 논쟁의 과정에서 더 성장했다. 이후의 저서에서 히틀러에게는 최소한 『나의 투쟁』에 보이는 이념이 존재했음을 인정했고, 개인의 힘보다는 사회적 동인이 역사를 움직이는 더 큰 요소라는 것을 받아들였던 것이다. 이런 불록에게 영국의 왕실에서는 기사의 칭호를 넘어 작위를 수여했다.

사상, 연구, 작품, 현대 **(2018-05-24)**

개혁의 의지 ● 안드레이 사하로프

1955년 11월에 소련은 메가톤급의 수소폭탄 실험을 단행했다. 그 핵무기에는 '사하로프의 세번째 생각'이라는 별명이 붙었다. 그 폭탄을 설계한 핵물리학자가 안드레이 사하로프였다. 미소 양 대국이 핵무기 개발로 상대적 우위를 점하려 했던 냉전시대에 그는 '사회주의 노동 영웅'의 훈장을 세 차례나 받은 소련의 국가적 영웅이었다.

부와 명예를 원했다면 그는 모든 것을 가질 수 있었을 것이다. 그러나 그가 택했던 것은 인권운동이었다. 1950년대 말부터 자신의 작업이 갖는 도덕적 · 정치적 함의를 서서히 깨닫게 된 그는 핵무기 확산에 반대하는 운동의 길을 갔다. 소련 과학 아카데미 회원이었던 그는 소비에트 체제가 지원하는 인물을 가리켜 "참된 과학자들의 파면과 체포와 죽음에 대해 책임이 있는 자"라고 공개적으로 비판했는가 하면 미국과 소련이 대륙 간 탄도 미사일 개발을 금지하는 조약에 서명하라고 촉구하는 등 소련 정부의 심기를 건드리기 시작했다.

소련 정부로서는 난감했다. '노동 영웅'을 체포할 수도 없거니와, 소련의 핵무기 상황을 가장 잘 아는 과학자를 추방하는 것은 더욱 안 될 노릇이었다. 그들은 사하로프에 대한 정보를 수집하며 그를 감시했다. 그럼에도 인권운동을 향한 그의 행보에는 거침이 없었다. 그는 모스크바에서 대표적인 반체제 인물이 되었다. 200명이 넘는 양심수의 석방을 위해 탄원서를 쓰거나 민주화의 필요성을 환기시키는 내용의 글을 지속적으로 발표했다. 소련에 인권위원회를 창립하여 국제기관과 손잡고 활동하기도 했다.

결국 소련 정부는 탄압에 나섰다. 가택 연금을 시키고 서훈을 취소하며 모든 명성을 박탈했다. 단식투쟁으로 외로운 싸움을 벌일 수밖에 없었던 그에게 희소식이 날아들었다. 새로 정권을 잡은 고르바초프가 사면령을 내리면서 개혁의 의지를 보여주었던 것이다. 개혁의 의지는 단호해야 한다.

변화, 사상, 신념, 연구, 저항 **(2017-05-25)**

알퐁스 도데

『별』을 읽으면서는 어느 낭만적인 밤에 산록에서 펼쳐지는 지순한 만남의 이야기가 미천한 목동과 고귀한 아가씨 사이의 신분을 뛰어넘는 사랑으로 귀결되지 않을까 일말의 기대를 갖지 않을 수 없었습니다. 『마지막 수업』에서 칠판에 쓴 '프랑스 만세'라는 판서는 프랑스 국민의 애국심뿐 아니라 독일의 군국주의에 대한 프랑스 공화국의 자부심을 보여주는 구호처럼 받아들였습니다. 알퐁스 도데, 그렇게 당신은 내 기억 속에 낭만주의자로, 공화주의자로 깊이 각인되어 있었습니다.

그런데 현실 속의 당신은 그렇지 않더군요. 당신은 군주제를 지지하면서 프랑스 공화국에 격렬하게 반대했더군요. 게다가 반유대주의자였습니다. 당신 고향의 국회의원으로 선출된 유대인을 조롱하려고 소설까지 썼으니 말입니다. 아, 부인하지 마세요. 반유대주의자로 유명한 음악가 바그너와 주고받은 편지들도 남아 있으니까요. 당신을 뽑아주지 않은 프랑스 학술원을 공격하기 위해 쓴 작품도 그다지 고상하지는 못합니다.

게다가 문학적 성공을 위해 그다지 관련도 없는 프로방스 지역과의 연고를 강조하기도 했더군요. 『풍차 방앗간 편지』가 성공을 거둔 다음부터겠죠? 『별』의 무대가 된 뤼브롱도 프로방스 지역이더군요. 결혼을 하기 위해 자신의 뿌리가 프로방스에 있다고 미래의 아내에게 거짓말까지 했으니 이걸 어쩐답니까.

그래도 여기까지는 이해할 수 있을 것 같습니다만…… 열두 살 이른 나이에 동정을 잃었고, 친구들의 애인들과 밀통을 하면서 결혼생활을 유지한들 무슨 소용이 있겠어요? 결국 평생을 성병에 시달렸으면서 말이에요. 어떤 것이 당신의 진정한 모습인가요? 아가씨가 기대어 잠든 목동? 마지막 수업을 한 아멜 선생님? 아닌 것 같습니다.

인간됨을 알고 나서도 당신 작품을 좋아해야 할지 갈등이 생깁니다만, 당신과는 먼 이 땅에도 당신 같은 부류가 넘쳐나니 맘놓고 비판하지도 못하겠습니다.

🔑 문학, 왜곡, 풍자, 현대 (2016-05-26)

정치인과 투사 ● 에밀리아노 사파타

포르피리오 디아스는 1876년 쿠데타로 멕시코 대통령이 된 뒤 대지주들과 결탁해 농민들을 핍박했고, 대다수 농민은 빚에 몰려 노예의 처지로 떨어졌다. 문제는 디아스가 관료들을 동원해 '토지 개혁'을 명목으로 토지의 대지주 편중을 심화시키려 한다는 사실에 있었다.

에밀리아노 사파타가 문제를 해결하려고 나섰다. 어릴 적부터 고향 모렐로스 농민들의 고통에 공감하며 빼앗긴 토지와 권리를 되찾는 일에 헌신하여 신망을 얻은 젊은이였다. 그는 구두로나마 진정한 토지 개혁을 약속했던 마데로를 도와 디아스를 물리치고 대통령이 되도록 만들었다. 그러나 대통령이 된 뒤 마데로는 약속을 저버린 채 오히려 대농장 소유주를 지사에 임명해 농민들의 적이 되었다.

다시 정치권력과 반목하게 된 사파타는 산악지대로 도피해 세력을 키우며 무장 항쟁에 나섰다. 시종일관 그의 목적은 토지를 농민들에게 돌려주는 것이었다. 반면에 추격해오는 마데로의 군대는 농지를 불태우고 주민들을 징집한 탓에 반감을 샀다. 결국 마데로는 패배하여 권력 다툼 속에 수하의 장군에게 처형당했다.

이후 멕시코의 정계는 정략과 이해관계에 따라 숱한 이합집산이 이루어졌다. 다만 대다수 정치인들이 사파타에게 호의적이지 않았다는 점만은 일치했다. 사파타 역시 그들에게 실망하여 모렐로스로 돌아가 농지 개혁을 통해 공동체를 재건하는 데 전념했다. 그곳 농민들은 잠시 평화와 번영을 구가했으나 정부에서는 또다시 군대를 파견해 공격해왔고, 사파타는 게릴라전으로 맞섰다.

결국 그는 계략에 걸려들어 사살되었다. 그러나 그의 부하 장군들은 모렐로스에서 농민들의 절대적인 지지를 받으며 그가 시작한 농지 분배정책을 완수했다. 그리고 그의 이름은 영원히 남았다. 오늘날 멕시코에서는 농지 개혁을 통해 혁명을 이루려는 사람들을 '사파티스타'라고 부른다. 그의 이름이 보통명사가 된 것이다.

권력, 유래, 저항, 정치 **(2015-05-27)**

민중 ● 쥘 미슐레

프랑스에서 가장 위대한 역사가로 손꼽히는 쥘 미슐레의 저작 『민중』은 1846년 발간된 첫날에 파리에서만 1000부 넘게 팔렸다. 그렇게 곧바로 성공을 거둔 이유는 명백했다. 이 책은 역사책이자 동시에 사회학 책이라고 말할 수 있기 때문이다. 미슐레는 역사가로서의 통찰에 더해 자신의 노동자로서의 경험은 물론이고 수많은 계층 출신의 사람들과 나눈 대화를 바탕으로 이 책을 지었던 것이다.

프랑스의 제2공화정을 수립한 1848년 '2월 혁명'의 전야에 미슐레는 프랑스 사회 내에 고질적으로 만연해 있던 갈등을 인식하며 그것이 초래하는 사회적 분열과 증오가 조국 프랑스를 가리가리 찢어놓고 있는 것을 목도했다. 그는 이 책에서 서로 대립하는 집단들이 조국애를 통해 단결할 수 있다는 새로운 믿음을 제시하려 했다. 단결의 주체는 민중이 되어야 했다. 따라서 이 책은 본질적으로 민중적 민족주의의 표현이라는 역사학자 유진 웨버의 평결은 적절하다.

미슐레 스스로 이 책은 역사가로서의 연구라기보다는 자신의 경험의 산물이라고 밝혔다. 친구와 이웃들을 관찰하고 그들과 나눈 무수한 대화의 결실이 여기에 집약되어 있는 것이다. 그것은 생산 수단의 소유를 기준으로 계급을 나누는 마르크스의 이론과 무관하다. 그는 산업화가 진행되는 과정에서 압박을 받으며 작은 땅이라도 소유하고자 하는 소규모 자작농의 절실한 소망까지도 반영한다. 따라서 한편으로는 산업화가, 다른 한편으로는 민족주의가 진행되고 있던 유럽을 세밀하게 들여다볼 수 있는 눈을 제시하는 것이다.

그 책의 서문은 이렇게 시작한다. "이 책은 책을 넘어선다. 이것은 나 자신이다. 그것이 이 책이 당신에게 속하는 이유이다." 그 당신이란 보수적인 제수이트 교단에 맞서 격렬하게 논쟁을 벌이던 친구이자 동료 교수인 역사가 에드가르 키네였다. 그 서문을 키네에게 헌정했던 이유는 그도 자신과 마찬가지로 민중의 아들이었기 때문이다.

🗝 사상, 연구, 작가, 작품, 현대 **(2020-05-28)**

에드가르 키네 •

미슐레가 자신의 저작 『민중』의 서문을 헌정했던 에드가르 키네의 부친은 군수품을 조달하던 군인이었다. 미슐레는 근대의 민중이 새로운 도약을 꾀할 수 있었던 두 방면으로 군대와 산업을 꼽았다. 미슐레 자신은 아버지의 영세한 인쇄소에서 일했었기에 그런 개인적 경험들을 민중의 노정과 등치시키며 군인 가족 출신인 20년 지기 키네에게 그 서문을 헌정했던 것이다.

키네의 부친은 군인이었지만 공화주의의 열렬한 신봉자로서 나폴레옹이 1799년의 브뤼메르 18일 쿠데타를 통해 실질적인 독재자의 자리에 오르자 군대를 떠나 수학과 과학의 연구에 몰두했다. 키네는 부친의 그러한 성향을 물려받았다. 다만 아버지에 비해 아들이 훨씬 더 논쟁적이고 전투적이었을 뿐이다.

19세기 후반 프랑스에서 역사학이 학문 분야로 제도화되고 나름의 방법론을 확립시켜나간 과정을 집중적으로 다룬 한 책의 저자는 그런 학문적 혁신의 선행기로 키네와 미슐레는 물론이고 기조, 라마르틴 등의 역사가가 활동하던 시기를 꼽았다. 그렇지만 그들의 풍성한 학문적 결실은 전문적 역사가의 산물이라고 보기에는 부족한 면이 있다는 평결을 내렸다.

나는 그 부정적인 판단에서 그들의 긍정적인 면모를 읽으려 한다. 그들은 과학적이고 분석적인 현대 역사학의 엄격성을 넘어서 인간성의 향취를 느낄 수 있는 것이라면 어떠한 시도도 마다지 않았다. 키네 역시 그런 목적을 위해 국경을 초월했다. 그는 독일 계몽주의자 헤르더의 『역사철학 개요』를 번역하기 위해 독일어를 배웠고, 현대 그리스의 원류를 추적하는 저작을 집필했으며, 미국의 경건주의자인 에머슨의 통찰을 기꺼이 배우려 했다. 그는 역사학의 경계도 초월하여 많은 서사시를 남기면서 문학잡지의 편집인도 맡았다.

키네는 '2월 혁명' 이후 선거로 대통령이 된 루이 나폴레옹 보나파르트가 쿠데타로 황제의 자리에 오르자 망명을 떠남으로써 아버지의 길을 따랐다. 역사는 이렇게도 반복되었다.

권력, 근대, 작가, 작품 **(2020-06-04)**

바르톨로메 데 라스카사스는 서인도제도에서 원주민들에게 자행되던 참담한 만행을 저지하고 그들의 인권을 위해 투쟁하여 '인디오의 수호자'라는 칭호를 공식적으로 부여받은 수도자였다. 그는 에스파냐의 식민지에서 신임 총독에게 인디오의 문제에 대해 조언했고, 법정에서 그들을 대변했다. 또한 그는 『서인도제도의 파괴에 대한 간략한 설명』이라는 책자를 통해 식민지의 실상을 알림으로써 자신의 명분에 신빙성을 더했다.

그러나 처음부터 그 길을 걸으려 했던 것은 아니다. 그는 원주민을 교화한다는 명목 아래 그들의 노동력을 착취한 농장을 가리키는 엥코미엔다 체제의 수혜자였다. 그는 농장을 소유했고 당연히 노예도 거느렸다. 스스로 노예사냥에 나서며 원주민 부족과 전쟁을 벌이기도 했다. 그가 개심을 한 결정적인 배경으로는 1513년 쿠바 원정에 참여하면서 에스파냐 군대가 원주민을 학대하고 학살하는 장면들을 목격한 사실이 꼽힌다. 그는 "이곳에서 지금까지 보지 못했고 앞으로도 보지 못할 잔학성을 목격했다"고 술회했다.

그러나 잘 알려지진 않았다 할지라도 1510년 산토도밍고에서 마주친 도미니크 수도회의 수도자들 중에서도 안토니오 데 몬테시노스의 분노에 찬 설교가 라스카사스에게 던진 강한 인상도 무시할 수 없는 요인이었다. 여전히 엥코미엔다 체제를 옹호하던 그에게 그 수도자는 이렇게 일갈했다. "당신들은 어떤 정당성을 갖고 이 인디오들을 잔인하고 끔찍하게 노예로 부리는가? 조용히 평화롭게 자신의 땅을 갈던 이들을 가공할 전쟁 속으로 몰아넣을 권한은 어디에서 오는 것인가? 그들은 죽는 것이 아니라 당신들이 죽인다. 더 많은 금을 앗아가기 위해서."

그것이 라스카사스를 움직이지 않았다면 그가 그 설교를 자신의 기록 속에 남길 수는 없었을 것이다. 무릇 목회자의 설교란 인간의 영혼을 옳은 곳으로 이끌어야 하거늘, 이곳의 부끄러운 망언들은 누구의 목소리란 말인가?

관용, 종교, 중세, 풍자 **(2019-05-30)**

다시 마르크스를 위하여 ● 개러스 스테드먼 존스

개러스 스테드먼 존스는 1960년대 말부터 케임브리지와 옥스퍼드를 오가며 사상사를 연구해온 학자이다. 단적으로 그는 좌파의 연구자로서 자신의 이념에 투철하게 노동계급의 역사를 천착하며 한평생을 살아왔다. 〈뉴 레프트 리뷰〉의 편집위원이었고 〈히스토리 워크숍 저널〉의 공동 창간인이었다는 사실도 그런 면모를 보여준다.

그렇다고 그가 모종의 틀에 갇혀 거기에 안주한 것은 아니었다. 문화사의 방법론이 한창 위세를 떨칠 무렵에는 영국 노동계급의 형성을 담론적으로 분석한 글들을 엮어 『계급의 언어』라는 책을 낼 정도로 새로운 경향에도 개방적이었다.

그런 그에게서 얼마 전 『카를 마르크스: 위대함과 환상 사이』라는 방대한 마르크스 전기가 나왔다. 마르크스의 개인사를 충실하게 짚어내면서도 그것을 19세기 유럽의 역사적 · 사상사적 맥락 속에 위치시키는 이 저작은 우리가 이 사상가에 대해 갖고 있던 종래 인식의 허구성을 드러낸다. '위대함과 환상 사이'라는 부제는 '환상'에 의해 '위대함'이 날조되었다는 의미가 아닌 것임이 확실하다. 거기에는 마르크스를 충실하게 이해할수록 오늘날에도 그를 다시 음미해야 할 만큼 '위대함'이 더욱 두드러지리라는 확신이 담겨 있다.

옮긴이의 서문은 마르크스를 충실히 이해하며 이 책을 읽기 위한 좋은 길잡이가 된다. 옮긴이는 마르크스를 이해한다는 일이 왜 그리도 어려운 일이었는지 연구사를 정리하며 일목요연하게 설명해주기 때문이다. 옮긴이에 따르면 마르크스 해석에서 혼란을 불러일으킨 주범은 프랑스의 구조주의 철학자 알튀세였다. 그가 자의적인 해석이 난무할 수 있는 빌미를 제공했다는 것이다. 그 책의 제목이 『마르크스를 위하여』라는 사실은 역설이 아닐 수 없다. 그에 대한 해독제는 다시 그를 역사적 맥락 속에 위치시키는 일이다.

1000페이지가 훌쩍 넘는 전기를 조속하게 번역해낸 옮긴이에게 경의를 표한다.

사상, 작가, 작품, 철학, 현대 **(2018-05-31)**

뉴욕과 향신료 ● 하인리히 야콥

오래전 국내에서 『빵의 역사』라는 제목으로 출간되어 큰 관심을 끌었던 책의 원제목은 『6000년의 빵의 역사』이다. 저자인 하인리히 야콥은 서문에서 자신에게 조언해준 노학자의 입을 빌려 그 작업이 얼마나 고된 것인지 말한다. 빵의 역사를 쓰기 위해 해야 "할 일이라야 화학, 농업, 종교, 경제, 정치, 법에 대한 인간의 역사만 조사하면" 되며 "한 20년 자료를 모으면" 겨우 집필을 시작할 수 있으리라는 것이었다. 야콥은 그 일을 제대로 해냈다.

책을 펼치고 그런 인용문을 읽었을 때의 지적 충격은 크고도 지속적이었다. 인식의 반전에 눈을 뜨게 만든 것이다. 역사를 쓴다면 마땅히 민족과 국가의 역사를 써야 한다고 믿어오던 내게 일개 먹거리의 역사를 쓰는 일이 훨씬 지난한 과정임을 일깨워준 것인데, 그것을 도저히 부정할 수 없었다. 국가나 민족이 중심이 된 역사를 쓰기 위한 자료는 많고도 쉽게 구할 수 있으며, 서술 방식에도 정해진 틀이 있다. 반면에 음식의 역사는 어디에서부터 시작해야 할지 막연하며, 방대한 영역에 대한 지식을 갖춰야 비로소 서술이 가능하다.

최근에 『식탁 위의 글로벌 히스토리』라는 시리즈물로 10권의 책이 번역되어 나왔다. 옛 인식을 확인하며 읽고 있는데, 새로운 가르침까지 더해준다. 역사학에는 아직도 잘 밝혀지지 않은 이야기들이 많다. 네덜란드가 지배하던 뉴욕 지역이 영국의 식민지로 넘어간 과정도 그러하다. 그런데 거기에 '육두구'로 알려진 향신료가 소개되어 있었다. 그 산지인 뉴기니 서쪽 룬섬을 두고 영국과 네덜란드 사이에 충돌이 빚어졌는데, 영국이 엉뚱하게도 미 대륙의 네덜란드 영토에 보복을 가한 것이다. 결국 네덜란드가 룬섬을 보유하는 대신에 뉴욕을 영국에 넘겨주게 되었다.

여러 대륙의 지도를 바꿀 만한 큰 변화의 원인이 향신료, 즉 양념이었다니! 하지만 그런 역사적 변화를 이끌 만큼 식생활을 비롯한 사람들의 일상생활이 중요하다는 배움을 얻는다.

열정, 작가, 작품, 현대 **(2016-06-01)**

삶과 극 ● 루이지 피란델로

이탈리아의 작가 루이지 피란델로는 시와 단편소설에 걸쳐 많은 수작을 남겼지만 극작가로 훨씬 더 유명하다. 1934년 그에게 노벨 문학상을 수여하면서 주최측이 제시한 이유는 "심리적 분석을 좋은 무대로 변형시키는 거의 마법적인 능력"에 있었다. 웃음을 자아내지만 비극적인 그의 희곡은 '부조리극'의 선구로 받아들여지기도 한다. 그의 극은 개인사를 반영한다고 알려졌는데, 선대부터 이어진 그의 이력을 보면 극보다 삶이 더 부조리하게 여겨진다.

피란델로는 19세기 중엽 시칠리아섬 남쪽의 아그리젠토에서 태어났다. 유황 광산을 경영하던 아버지 쪽도, 전문직에 종사하던 어머니 쪽도 지역의 유지였다. 이탈리아의 통일을 향한 리소르지멘토운동에 그의 부모는 적극적으로 참여했다. 아버지는 프랑스의 부르봉왕가가 지배하던 시칠리아의 독립을 위해 조직된 가리발디의 '1000명 원정대'의 일원이었다. 그러나 통일이 된 뒤 봉착한 새로운 현실은 특히 어머니에게 환멸과 분노만을 안겨주었다. 이상과 현실 사이의 괴리는 피란델로 작품의 중요한 주제가 된다.

그는 결혼을 통해 삶의 새로운 활력을 찾았다. 세 자녀를 키우며 행복하게 지내던 그의 가정에 불운이 덮쳤다. 유황 광산에 큰 홍수가 나면서 재산이 거덜나고, 아내가 가져온 지참금까지 사라졌다. 아내는 정신병에 걸렸고, 남편은 강사로 가정을 꾸려야 했다. 이전에는 무상으로 제공했던 원고에 고료를 청해야 하는 지경까지 되었다. 아내가 육체적인 폭력을 행사할 정도로 병이 악화되었는데도 남편은 헌신적으로 간병했다.

그런 경황에도 꾸준히 발표한 글들로 성공을 거두었다. 무솔리니의 도움을 받아 로마 예술극장을 지휘하게 된 그는 "나는 이탈리아인이기에 파시스트"라고 말했지만, 점차 파시즘이 문화에 적대적일 수밖에 없음을 깨달으며 정치와 거리를 두었다. 그뿐 아니라 파시스트당의 서기장 앞에서 당원 카드를 찢어버리기도 했다. 그에겐 삶이 부조리였다.

사상, 문학, 작가, 정치, 현대 **(2017-06-01)**

치아파스 농민 항거

멕시코 남부에 위치한 치아파스는 전국에서 두번째로 가난한 주인데, 마야 문명의 후예, 즉 멕시코의 원주민들이 많이 살고 있다. 이곳이 1994년 1월 1일 전 세계인의 주목을 받았다. 그날이 '북미 자유무역협정', 즉 나프타가 발효되는 날이었고, 그날에 맞춰 저항을 개시했기 때문이다. 원주민이 주축이 된 저항 세력은 20세기 초에 정당한 토지 개혁을 내세우며 혁명을 이끌었던 에밀리아노 사파타의 정신을 계승한다는 의미에서 스스로를 '사파티스타'라 부르며, 나프타야말로 "원주민에 대한 사형 선고"라고 주장했다.

식민지 시절 에스파냐의 통치에 내포된 유럽 적통의 순혈주의에 반대하며 멕시코가 내세운 것이 '메스티소' 민족주의였다. 그런데 '혼혈'이라는 부정적으로 여겨질 수도 있는 단어를 당당하게 내세운 그 민족주의에서조차 마야 문명의 후예인 원주민, 인디오는 배제되어 있었다. 멕시코 정부의 정책에 따라 유카탄반도에서 이곳으로 이주했음에도 '토지는 공동의 소유'라는 마야의 전통을 고수해온 그들이 처음으로 토한 저항의 목소리였다.

당시 수많은 부정 혐의에도 불구하고 대통령에 올라 신자유주의 정책을 밀어붙인 카를로스 살리나스는 군대를 동원하여 치아파스 공격에 나섰다. 토지를 대자본에 사유화시키고 세계화라는 미명하에 지역 농민의 삶을 말살하려는 신자유주의의 거센 물결에, 군대를 동원한 국가의 공권력에 맞선 원주민의 저항은 바위에 던져진 계란에 불과했을지 모른다. 그러나 그들이 비록 전면적인 승리는 아닐지라도 승리를 거두었다.

이는 무장 저항뿐 아니라 인터넷을 통해 자신들의 대의명분을 널리 알려 비정부기구의 국제적 연대를 이끌어냈기에 가능한 일이었다. "우리는 고전적인 무장 투쟁을 능사로 여기지 않습니다. 전쟁에서 중요한 것은 군사 대립이 아닌 정치입니다. 우리는 듣기 위해 싸웁니다."

우리도 모두 함께 듣고픈 이야기다.

사상, 저항, 정치, 지도자, 폭력 (2015-06-03)

상상의 아테네 • 전진성

2015년 여름 『상상의 아테네』라는 책이 나왔다. 부산교대 전진성 교수의 10년 각고가 고스란히 느껴지는 역작이다. 고대 그리스의 도시 아테네가 베를린과 도쿄와 서울에서 어떤 필요성에 의해 어떤 상상력 속에서 재현되었는지 그 과정을 다룬 대작이다. 그 말이 과언이 아닌 것이 750쪽이 넘는 분량 속에 독일과 일본과 한국의 자료들을 녹여냈기 때문이다.

프로이센의 수도 베를린은 아테네를 모방해 건설되었지만 그것은 국민국가의 수립이라는 필요에 맞춘 것이었다. 도쿄는 서양 문명의 주도자를 자처한 일본이 동양에서 자신들의 우월성을 과시하기 위한 수단이었다. 서울의 옛 총독부 건물은 일본이 제시한 근대 문명을 무조건적으로 승인하라는 식민제국의 요구 속에 건립되었다. 그러니 외관상으로는 베를린과 도쿄와 서울에 구현된 건물들이 아테네를 닮았다는 유사성을 갖고 있다 할지라도 그 기표에 담긴 기의는 현저하게 달랐으니 그것을 찾으려 하는 것이 이 책의 목표였다.

그 계획의 중요성뿐 아니라 거기에 내포된 난점까지도 파악한 외국의 대가들은 격려를 해주고 발표의 기회를 만들어주며 조언을 아끼지 않았다. 그러나 이 책은 빛을 보지 못할 수도 있었다. 한국연구재단에서 3년간 지원을 받기로 예정되어 있었으나 중간보고서 심사에서 탈락했기 때문이다. 심사에 참여한 인사들의 편협한 생각으로는 왜 역사학자가 건축의 분야에 개입하는가, 왜 서양사학자가 일본사의 영역을 넘보는가 하는 것들이 탈락의 이유였을 것으로 짐작된다. 결국 저자 스스로 자비를 들여가며 간신히 출판할 수밖에 없었다.

이 책은 6월 하순께 일본 유수의 대학출판부에서 일본어로 번역하여 출간한다. 내년에는 인문사회 학술서적 출판으로 최고의 권위를 자랑하는 영국의 라우틀리지 출판사에서 영어로 번역하여 출간할 예정이란다. 한국연구재단은 심사위원을 선정한 것으로 소임을 다한 것인지, 심사위원을 심사할 방법은 없는지 묻지 않을 수 없다. (이 저작은 일본의 호세이대학 출판부와 영국의 라우틀리지 출판사에서 출간되었다—지은이)

연구, 작품, 풍자, 현대 **(2019-06-06)**

영웅 혹은 귀족의 미덕?

● 만리우스 카피톨리누스

비코의 원전을 세밀하게 읽으며 그를 깊이 알게 된 것에 대한 기쁨을 넘어 그를 향한 애정이 늘어나는 것을 숨길 수 없다. 상상력을 증폭시킨다고 했던 제임스 조이스의 말은 과장이 아니었고, 그런 창의력은 단지 머릿속에서 발현된 것이 아니라 엄청난 독서량과 인간성에 대한 심원한 이해에 기반하고 있으며, 그 밑바탕에는 민중에 대한 끝없는 사랑이 깔려 있음을 알게 된다.

비코는 호메로스의 두 서사시를 읽는다. 등장하는 영웅들이 주는 교훈이라고 칭송되던 것들을 그는 단호하게 꾸짖는다. 그리스 최고의 영웅이라고 받들어진 아킬레우스의 언행 그 어디에 인간성에 대한 배려가 있었는가? 단지 개인적 모욕에 대한 복수심과 무례할 정도의 오만함밖에 없지 않은가?

그것은 문학작품 속의 일만이 아니었다. 그것은 평민들에 대한 귀족의 우월성이 표출된 것이었다. 비코는 로마사에서 영웅이라 불린 사람들을 나열한다. 브루투스는 자유를 위해 자신의 집과 두 아들을 바쳤다. 스카이볼라는 적국 왕의 암살에 실패하자 자신의 팔을 화염 속에 집어넣어 그가 겁에 질려 도주하게 했다. 만리우스는 군율을 어겼다 하여 승리를 거둔 아들의 목을 베었다.

역사가들은 수많은 사례를 들어 그들의 덕성을 찬양한다. 비코는 또다시 그들을 꾸짖는다. 그들 중 어느 누가 로마의 비참하고 불행한 평민을 위해 그 일을 했던가? 그들은 전쟁의 부담을 가중시켜 평민들을 고리대금의 깊은 수렁 속으로 몰아넣고 그들을 개인적인 노예로 부렸을 뿐이라는 것이다.

평민들의 부담을 덜어주려는 사람들은 반역자로 낙인찍혀 살해당했다. 그 대표적인 예가 만리우스 카피톨리누스다. 가난하고 억압받는 로마의 평민들에게 다소간 신경을 썼다는 혐의만으로 그는 타르페이아 바위에서 아래로 던져졌다. 그러면서 평민들보다 우월한 본성을 갖고 있다고 여긴 귀족들은 영웅을 자처하며 자신들의 탐욕과 잔인함을 미덕이라고 미화했던 것이다.

고대, 문학, 신념, 작가, 작품 **(2018-06-07)**

영구 결번 ● 재키 로빈슨

미국의 한 흑인 장교가 병원에 가려고 버스에 올랐다. 육군 버스였다. 당시 육군 버스에는 흑백 구분이 없었는데, 운전사가 그에게 뒷좌석에 앉으라고 했다. 장교는 거부했다. 운전사가 물러서는 듯 운전을 재개했다. 그러나 그는 종점에 도착하자 헌병을 불렀고, 흑인 장교는 체포되었다. 심문 과정에서 헌병 장교들은 인종차별의 혐의가 짙은 질문을 한 뒤 수감 필요성이 있다는 의견서를 작성했다.

그의 상관이 그 의견서를 묵살하자 그는 다른 부대로 배속되었다. 새로운 상관은 그에게 여러 가지 혐의를 씌웠다. 그중 하나는 그가 술을 마시지 않았는데도 공공장소에서 음주를 했다는 것이었다. 결국 1944년 8월, 버스 사건이 일어나고 두 달 뒤 영창에 수감되었을 때 그에게 남겨진 혐의는 심문 중 명령 불복종이었다. 기갑부대 소속이었던 그는 그렇게 2차대전에 참전할 기회를 잃었다. 그렇게 군을 떠난 장교가 흑인 최초의 메이저리거 재키 로빈슨이다.

그는 프로야구 선수로서 10년 동안 뛰어난 활약을 보였다. 1947년 최초로 만들어진 '신인상'을 수상했고, 6년 연속 올스타 팀에 뽑혔으며, 1949년에는 최우수선수상을 받았다. 1955년에는 소속팀인 브루클린 다저스를 월드시리즈 우승으로 이끌기까지 했으니 선수로서 누릴 영예를 모두 누린 복 많은 선수였다.

그렇지만 사람들은 그들만의 리그였던 프로야구 경기에서 인종차별을 철폐하는 데 쏟은 그의 열정을 더 뚜렷하게 기억한다. 야구장 안에서 그는 뛰어난 기량과 폭력을 거부하는 성품으로 존경을 받으며 더 많은 흑인 선수들이 경기를 할 수 있도록 도왔다. 경기장 밖에서 그는 인권운동에 적극적으로 참여하며 흑인의 자립을 위한 은행을 설립하기도 했다.

메이저리그의 모든 팀에서 그의 등번호 42번을 영구 결번하고, 그가 처음 경기에 나섰던 4월 15일에 모든 선수들이 42번을 달고 경기를 하는 데는 그만한 이유가 있다.

스포츠, 유래, 인종, 저항 (2016-06-08)

평화의 가수 ● 유수프 이슬람(캣 스티븐스)

유수프 이슬람이라 하면 대다수 사람들이 고개를 갸우뚱할 것이다. 하지만 캣 스티븐스라 하면 1960년대부터 70년대까지 세계적으로 많은 팬을 거느리며 인기를 누린 영국 가수로 기억할 것이다. 그의 삶에는 많은 굴곡이 있었는데, 그것이 그가 추구하는 음악의 성격을 바꾸었다.

런던의 커피하우스와 술집에서 노래를 부르던 그는 1967년 데뷔 앨범을 낼 즈음 이름을 바꿨다. 게오르기우라는 그리스계의 기억하기 어려운 이름을 버리고 캣 스티븐스라는 예명을 사용한 것이다. 사람들이 동물을 좋아한다는 데 착안해 그렇게 바꾼 것인데, 그 데뷔 앨범은 판매고가 정상권에 올라 기대에 부응했다.

계속 인기를 누리던 그가 1969년 결핵에 걸렸다. 1년이 넘는 치료와 요양 기간을 거치면서 그는 삶과 죽음에 대해 깊이 생각했다. 스포트라이트를 받다가 이제는 죽어가는 사람들 사이에서 매일 주사를 맞으며 무엇보다도 자기 자신에 대해 생각했다. 명상과 요가를 하고 다른 종교에 대한 책을 읽으면서 영혼이 새롭게 깨어났다. 이후 그가 작곡한 40여 곡의 노래는 단순히 인기만 추구하던 이전의 노래들과는 달랐는데, 사람들은 그의 변모에 열광했다.

그렇게 〈거친 세계Wild World〉, 〈달그림자Moonshadow〉, 〈평화의 기차Peace Train〉와 같은 노래들이 태어났다. 그 노래들은 발매되고 보름이 지나기 전에 골드 레코드로 각광받기도 하면서 그에게 막대한 부와 인기를 안겨주었다. 자연을 노래하고 사람들에게 평화와 안식의 기쁨을 전하려던 시도가 자신에게는 돈과 명성으로 돌아온 것이다.

그런 그가 1977년 돌연 이슬람으로 개종했다. 모로코에서 이슬람의 기도 음악을 듣던 그에게 누군가가 그것이 '신을 위한 음악'이라고 설명하자 충격을 받았던 것이다. '돈'을 위한 음악밖에 모르던 그는 유수프로 이름까지 바꾸며 자선과 교육 사업에 몰두했다. 어느 종교에건 광신도는 있다. 그들의 행태로 전체를 모독하는 일이 없기를.

🔑 변화, 왜곡, 음악, 작품, 종교 **(2017-06-08)**

아르키메데스 코덱스

● 윌리엄 노엘

1998년 뉴욕의 크리스티 경매장에서는 볼품없는 중세의 기도서 양피지가 200만 달러에 팔렸다. 양피지가 비싸고 구하기도 어려웠던 시절에는 기록된 것을 지우고 다른 내용으로 채우는 일이 일상이었다. 재생된 양피지를 가리키는 단어 '팰림프세스트'의 존재 자체가 그런 과정이 흔한 일이었음을 입증한다. 그 자료도 기도서 밑에 지워진 내용 때문에 파격적인 가격에 낙찰되었다. 잊힌 아르키메데스의 수학을 담은 그 문서는 엄밀히 말해 '아르키메데스 팰림프세스트'라고 불러야 하지만 '아르키메데스 코덱스'로 통용된다.

구매자는 익명의 갑부였다. 자료의 내용은 몰라도 그 중요성은 알고 있던 그는 투자를 목적으로 하는 통상적인 개인 소장자가 아니었다. 오히려 그는 국립기관이 가격을 감당하지 못해 결국 한 개인의 재산이 될 경우, 수학을 넘어 인류 역사의 신비를 풀 실마리 한 가닥이 공공의 영역에서 사라지게 될 것을 우려했던 것이다. 볼티모어에 있는 월터스 미술관의 희귀본 담당 큐레이터인 윌리엄 노엘은 아무런 기대도 없이 그 구매자의 대변인에게 자신의 미술관에서 그 자료를 전시할 수 있겠느냐고 편지를 보냈다. 그 구매자는 허락을 넘어 그 자료의 복원과 전시에 소요될 모든 비용을 훌쩍 넘어서는 금액으로 화답했다.

『아르키메데스 코덱스』는 그 자료를 복원하는 역사적 여정을 담은 다큐멘터리라고 할 수 있다. 윌리엄 노엘이 스탠퍼드대학 철학과의 고전학 교수 레비엘 네츠와 함께 집필한 이 책의 구성은 독특하다. 둘이서 한 챕터씩 번갈아 집필한 것이다. 한 장에서 노엘이 그 문서와 관련된 역사적 사실을 밝히면 다음 장에서는 네츠가 거기에 담긴 수학의 진실을 설명한다. 자연을 수학의 언어로 풀어내려 했던 뉴턴의 선구가 아르키메데스였음을 이 책에서는 회자되는 전설보다 훨씬 설득력 있게 제시한다. 이 책 번역자의 공들인 작업에 경의를 표한다.

🔑 연구, 열정, 작품, 학문 (2020-06-11)

젊은 박물관장 ● 케네스 클라크

옥스퍼드대학에는 애슈몰린 박물관이 있다. 정치가로서 골동품 수집에 일가견이 있었던 일라이어스 애슈몰이 기증한 유물을 전시하기 위해 17세기 말에 지어졌으니 세계에서 가장 오래된 대학박물관이다. 이곳에 스물일곱 살의 케네스 클라크가 관장으로 부임했다. 예술을 접할 기회는 누구에게나 주어져야 한다고 했던 존 러스킨의 영향을 크게 받은 역사학도였다. 3년 뒤 그는 런던 내셔널갤러리의 관장이 되었다.

전임 관장이 물러난 뒤 그 자리를 노리는 파벌 간의 반목에 싫증이 난 정치가들이 예술계의 화합을 되찾기 위해서는 그가 적임자라고 판단하여 내린 조치였다. 클라크는 자신이 너무 젊다는 이유로 선뜻 받아들일 수 없었다. 박물관장보다는 학자의 길을 걷고 싶어했던 것도 수락을 주저한 이유 중 하나였다. 그러나 결국 그 직을 수락했다. "사람들에게 봉사할 전문적인 엔터테이너가 되어야 한다"는 믿음 때문이었다.

그는 기대를 훨씬 넘어서며 그 직책을 10년 동안 수행했다. 전시장과 전시 방식을 개선하고 박물관에 처음으로 전기 조명을 설치하여 저녁에도 관람을 할 수 있도록 했다. 축구 경기의 결승전으로 런던에 관중이 운집할 때는 평소보다 두 시간 먼저 개관하여 사람들의 편의를 도모했다.

2차대전 당시에는 독일의 공습으로 예술작품이 파손될 우려가 있자 처칠의 승인을 얻어 비밀 장소에 작품들을 보관했다. 비어 있는 박물관은 점심시간과 이른 저녁에 콘서트 장소로 활용했다. 암울한 전쟁의 시기에도 사람들이 행복을 누릴 수 있었던 그곳에서 콘서트가 1698회나 열렸다.

전쟁이 끝나고 그는 관장직에서 물러났다. 그렇지만 대중에게 예술을 전하려는 그의 노력은 끝나지 않았다. 그는 방송을 통해 더 많은 사람들이 예술의 향취를 느낄 수 있도록 했다. 그 결과 〈문명〉이라는 시리즈물이 탄생했다. 50분짜리 열세 편으로 예술의 역사를 개괄한 이 프로그램은 예술 다큐멘터리의 효시가 되었다.

관용, 미술, 작품 (2018-06-14)

아르튀르 드 고비노는 19세기에 활동한 프랑스의 귀족이다. 그 시대 사람들에게 그는 외교관이자 소설과 여행기를 쓴 작가로 알려져 있었다. 그러나 오늘날 그는 과학이라는 미명하에 백인의 인종적 우수성을 들먹이며 인종주의를 합리화하려 했던 인물로 널리 알려져 있다.

완강한 왕당파였던 그의 부친은 유서 깊은 귀족 가문 출신이었고, 어머니는 오늘날 아이티가 프랑스 왕가의 식민지였던 시절 그곳 징세관의 딸이었다. 어려서부터 엘리트주의와 인종주의의 성향을 보였던 그는 모계를 통해 자신에게 흑인의 피가 섞여 있지 않을까 우려했을 정도로 피에 대한 집착이 강했다. 프랑스혁명에 대해 적개심을 품을 만큼 시대착오적인 생각에 물들어 있던 그에게는 기사도의 황금시절인 중세가 가장 위대한 시기였다.

그러던 그가 1400쪽에 달하는 저서 『인류의 불평등에 관한 논고』를 출간했다. 거기에서 그는 귀족이 평민보다 우월하다는 논리를 펼쳤다. 귀족은 귀족끼리 결혼하기 때문에 아리안족의 유전인자가 평민보다 많을 수밖에 없다는 것이 주된 논지였다. 엘리트주의를 신봉하던 귀족의 자기합리화에 불과한 목소리였다.

그럼에도 이 책은 백인우월주의자들의 칭송을 받으며 신속하게 보급되었다. 미국의 의사로서 인종주의에 근거하여 노예제를 옹호한 조사이어 노트와 같은 사람들이 이 책을 영어로 번역했다. 그렇지만 미국 국민은 인종적으로 뒤섞여 있기 때문에 열등하다고 서술한 부분은 번역에서 제외했다. 또한 리하르트 바그너와 같은 반유대주의자들이나 루마니아의 알렉산드루 쿠자와 같은 극우 정치가가 이 책에 열광했다. 물론 그런 칭송자 대열에서는 이 책을 다시 출판했던 나치의 추종자들도 빼놓을 수 없다.

한 가지만은 확실하다. 어떤 정책이건 이론이건 인물이건, 누가 추종하고 누가 반대하는가, 그것이 그 정당성의 한 가지 기준이 된다는 것이다.

O┳ 근대, 왜곡, 작품, 학문 **(2017-06-15)**

되찾은 명예 ● 헨리 오시언 플리퍼

'노예해방령'으로 자유를 얻은 뒤 미국 웨스트포인트의 육군 사관학교에 입학한 흑인이 있었다. 입학 당시 그곳에는 네 명의 흑인 생도가 있었다. 남북전쟁이 끝난 뒤의 북부 지역이라 할지라도 흑백 차별은 엄연히 존재했다. 다른 네 명은 끊임없는 박해를 견디지 못하고 중퇴했기에 헨리 오시언 플리퍼가 사관학교를 졸업하고 장교로 임관한 최초의 흑인이라는 영예를 안았다.

그것은 쉽게 얻은 영예가 아니었다. 그는 자대 배치를 받은 뒤 아파치전쟁을 비롯한 여러 임무를 훌륭하게 수행했다. 그의 상관 놀런 대위는 그런 그를 인격적으로 대하며 저녁식사에 초대하기도 했다. 딸이 있는 자리에 흑인을 초대한 것을 두고 비난하는 수군거림도 있었지만, 놀런은 플리퍼가 "장교이자 신사"일 뿐이라고 일축했다. 놀런의 처제와도 친해져 편지까지 주고받았는데, 그것이 또 백인들의 미움을 샀다.

놀런이 지지하는 한 플리퍼에게는 문제가 없었다. 그러나 상관이 바뀌었다. 새 상관은 부하를 괴롭히기로 소문난 사람이었다. 그의 눈 밖에 난 플리퍼는 결국 횡령 혐의를 뒤집어쓰고 영창에 구금된 뒤 불명예제대를 해야 했다. 그는 그 혐의를 벗기 위해 여생을 바쳤으나 헛수고였다. 에스페냐와의 전쟁이 벌어지자 재입대를 신청했지만 그것도 미국 의회에 의해 거절당했다. 결국 그는 불명예 속에 세상을 하직했다.

그가 타계하고 36년 만인 1976년에 후손들이 재심을 청구했다. '군사 기록 수정 위원회'는 군법회의의 판결을 뒤집을 권한은 없지만, 그에 대한 처벌이 지나치게 가혹하고 불공정했다고 결론을 내렸다. 그 결과로 불명예제대는 명예제대로 바뀌었다. 고인일 경우 사면 청원은 기각되는 것이 관행이었는데, 클린턴 대통령이 이례적으로 그를 사면했다.

이제는 웨스트포인트의 교정에 플리퍼의 흉상이 서 있어, "지도력과 인내심으로 곤경에 맞선 모범"을 후배 생도들에게 보이고 있다.

인종, 전쟁, 정의, 지도자, 차별 **(2016-06-16)**

인간 기계 ● 라메트리

라메트리는 유물론을 주장한 계몽사상가였다. 의사로서, 철학자로서 그는 자신의 신조에 부합하는 삶을 살았다. 네덜란드의 의학자 부르하버에게 수학한 뒤 고향 생말로에서 인술을 베풀며 스승의 가르침을 저술과 번역으로 보급하던 그는 파리 근위대의 의사로 임명되어 여러 전투에 종군했다.

당시 열병을 앓았던 그는 자신의 투병 경험을 관찰해 빨라진 혈액 순환이 사고 과정에 영향을 끼침을 알게 되었다. 그는 두뇌와 신경계에 생긴 육체적 변화가 정신 작용의 원인이었다는 결론을 담은 책을 썼다. 그에 따른 논란이 근위대에서의 사퇴로 이어졌다. 그러나 그는 자신의 논점을 더욱 강력하게 펼친 『인간 기계』를 집필했다. 정신의 작용은 육체에 의해 야기되며, 인간의 몸은 기계처럼 작동할 뿐이라는 것이다.

그는 자신이 믿는 바에 따라 죽었다. 인간이 동물과 별로 다를 바 없는 기계에 불과하다면 인간이 더 높은 도덕적 기준을 가졌다고 말하기도 어렵다. 동물은 상대에게 고문을 가한 적이 없다는 점에서 인간보다 더 도덕적일 수 있다. 그렇다면 기계로서의 인간은 감각적 쾌락을 추구하면서 행동해야 한다.

우스꽝스럽게도 그는 이 쾌락주의 철학을 실천하다가 사망했다. 그는 프리드리히대제의 초청을 받아 프로이센을 방문했다. 프랑스 대사가 베푼 환영연에서 그는 식사의 즐거움을 만끽하려고 폭식했다가 위통에 걸려 죽음에 이르렀다. 대제 스스로 그의 추도사를 썼는데, 계몽 전제군주라는 칭호가 무색하지 않을 만큼 격조가 높고 그 시대 특유의 기지로 가득차 있는 글이다.

그 추도사에 이런 구절이 있다. "머리를 막대기로 쳤더니 정신이 혼란해졌다거나 체온이 어느 정도 오르면 이성이 혼미해진다는 것을 입증하려는 의사를 반박하려 해도, 그렇지 않다는 사실을 입증해야지, 그도 아니면 침묵을 지켜야 한다." 『인간기계』에서 라메트리도 주장하듯, 신학자들이 개입해 의학이 아닌 이단의 논리로 그를 정죄했다는 것이다.

근대, 사상, 작가, 종교, 철학 **(2015-06-17)**

시간과 공간의 사악한 조합

고든 그레인저

1863년 1월 1일 링컨 대통령이 선포한 노예해방령이 완전하게 이행된 것은 근 2년 하고도 두 계절이 더 지난 1865년 6월 19일이었다. 그날 북군의 고든 그레인저 장군이 텍사스 남부에 있는 갤베스턴에 도착하여 텍사스주의 모든 노예는 자유롭다고 선언했던 것이다. 미국의 영토가 그만큼 방대하기도 하지만 텍사스가 남군의 마지막 보루였기 때문에 그렇게 지체되었던 것이다. 이후 그날은 '준틴스'라고 불린다. 영어의 6월 19일을 축약하여 결합한 신조어로서 '자유의 날'이라 불리기도 한다.

1921년 5월 말일부터 이틀 동안 오클라호마주의 털사에서는 인종주의에서 기인한 학살과 파괴가 일어났다. 한 흑인 청년이 백인 여성을 놀렸다는 이유로 체포된 일이 발단이 된 흑백 간의 갈등이 최악의 폭력 사태로 번졌던 것이다. 공식적으로는 36명이 사망했다고 알려져 있지만 실제로는 최소한 그보다 5배가 넘을 것으로 추정된다. 게다가 백인들은 항공기까지 동원하여 흑인들의 거주지를 쑥대밭으로 만들었다. 당시 흑인들의 '월스트리트'로 불릴 정도로 미국에서 가장 부유한 흑인들의 거주지 35개 블록이 사라진 것이다. 많은 사람들이 고향을 떠났고, 흑인이건 백인이건 남아 있던 사람들은 이 사건을 결코 입에 올리지 않았다.

트럼프 대통령은 바로 그 6월 19일에 바로 그 털사에서 자신의 지지자들을 모아 집회를 열겠다고 선언했다. 코로나바이러스에 대한 미숙한 대응과 이후의 실직 사태는 물론이고 경찰의 폭력으로 촉발된 시위로 인해 지지율이 현저하게 떨어지며 11월로 다가온 대선의 결과를 장담할 수 없게 되자 노골적으로 인종주의를 선거 전략으로 들고나온 것이다. 주로 백인우월주의자들로 이루어진 자신의 지지자들을 그날 그 장소로 불러모은다는 발상은 천박함을 넘어 위험하기까지 하다. 갈등을 조정하고 해소해야 할 지도자가 갈등을 조장하고 악용하려 드는 것이다.

O┳ 인종, 정치, 지도자, 폭력 **(2020-06-18)**

부자와 빈자 1 ● 나사로

누가복음에는 부자와 빈자의 운명이 현생과 내세에서 극명하게 뒤바뀐 것을 보여주는 우화가 있다. 비싼 자주색 옷을 입고 매일 사치스러운 음식을 먹는 어느 부자가 있다. 그의 이름을 디베스라 칭하기도 하지만 사실 그 말은 "부자"를 뜻하는 라틴어일 뿐이다. 그의 집 앞에 쓰러져 누워 있는 거지는 나사로라는 이름을 갖고 있다. 온몸이 상처투성이인 나사로는 부자의 식탁에서 떨어진 음식 부스러기를 주워 먹는데, 지나가던 개마저 그의 상처를 핥아준다.

거지가 죽자 천사가 그를 데리고 하늘로 올라가 아브라함의 곁에 두었다. 부자는 죽은 뒤 땅에 묻혔는데, 고통을 받던 지옥에서 하늘을 우러르니 나사로가 아브라함 옆에 앉아 있다. 부자가 아브라함에게 탄원한다. "나사로의 손에 물을 묻혀 내 목을 적셔주세요. 지옥불이 너무도 고통스러워요." 그러나 아브라함은 냉정하게 거절한다. 지상에서 온갖 좋은 것을 누렸던 그는 이제 고통을 받아야 하며, 천국과 지옥 사이에는 넘어설 수 없는 간극이 있다는 것이었다. 그러자 부자는 나사로를 세상에 보내 아직 살아 있는 자신의 형제들에게 회개하도록 일러

줄 수 있겠느냐고 부탁한다. 그러나 그것마저 거절당한다. 모세와 예언자들의 말을 들으면 된다는 것이었다.

그뒤 이 이야기는 서양에서 가장 즐겨 예증되는 우화가 되었다. 중세 이후 오늘날에 이르기까지 많은 화가들이 이 소재를 다루어 여러 기도서에 삽화로 실렸고, 성당이나 수도원의 벽화도 이 이야기의 교훈을 전한다. 나사로는 나병 환자들의 수호성인이 되었고, 예루살렘에서 십자군은 나사로 수도회를 창설하기도 했다.

초서, 셰익스피어, 찰스 디킨스, 토머스 엘리엇 같은 작가들도 이 소재를 직접적으로 언급했다. 이 이야기는 민속 음악에도 스며들어 민요로 정착했고, 그뒤에는 본 윌리엄스 같은 음악가들이 민요의 주제를 바탕으로 오라토리오를 만들었다. 2016년에 나온 데이비드 보위의 마지막 싱글 앨범의 제목이 〈나사로〉였다.

유래, 음악, 종교 (2019-06-20)

부자와 빈자 2 ● 나사로

오랜 기간 많은 분야에서 큰 영향력을 발휘했던 만큼 이 우화에 대한 해석도 다양했다. 대다수의 기독교도는 사망 직후 명부에서 시행된다는 개별적 심판의 중요성을 강조하는 이야기로 받아들인 반면, 어떤 사람들은 그리스도의 재림 이후에 벌어지는 최후의 심판에 대비하라는 교훈으로 삼았다. 또 어떤 이들은 영혼의 불멸성을 논한 반면, 어떤 이들은 사악한 영혼은 사멸한다는 가르침이 담긴 우화라고 주장했다. 종교개혁가 마르틴 루터는 부자가 고통을 받는 지옥은 인간의 양심일 뿐이라고 설파했다.

어찌되었든 이 우화는 재물에 대한 욕심을 경계하고 빈자에게 자비심을 베풀어야 한다는 사랑의 종교를 널리 전파했다. 그러나 재물에 대한 인간의 욕심이 그리 쉽게 사라질까. 영국 빅토리아시대의 작가 엘리자베스 개스켈은 소설 『메리 바튼』에서 이러한 교훈에 냉소를 퍼붓는다. 노동계급에 속하는 작중인물이 "일할수록 우리는 그들의 노예지. 이마의 땀으로 우리가 그들의 재산을 쌓아놓잖아. 그러면서 우리는 디베스와 나사로처럼 건널 수 없는 세계에서 살고 있다니까. 그렇지만 나중에는 우리 운명이 더 낫겠지"라고 말하자, 화자인 개스켈은 "아직도 디베스와 나사로의 우화라니! 부자들이 가난한 사람들처럼 이 이야기에 사로잡혀 있다고 생각하는 건가?"라고 목청을 높이는 것이다.

그러한 냉소는 19세기의 영국보다 21세기의 이곳에서 더욱 신랄하게 통용되는 것처럼 보인다. 인간 생활의 어느 영역을 살펴보더라도 부자와 빈자는 건널 수 없는 세계에서 살고 있다. 대개 부자의 악행과 폭언은 무사히 넘어가는 반면, 빈자에 대한 처벌은 가혹하다. 애덤 스미스가 갈파한 주인들의 암묵적 단결이 빈자를 억압하기 위해 일상적으로 이루어지고 있는 것이다. 그 목적은 그들의 공동 이익이니 물신을 숭배하는 그들이야말로 유물론자일 것이다. 그들이 정의로운 사람들을 '빨갱이'라고 매도하는 이 역설을 어떻게 받아들여야 할까.

정의, 종교, 차별, 풍자 **(2019-06-27)**

바위에서 던져진 죽음 ● 만리우스 카피톨리누스

기원전 390년 갈리아에 거주하던 켈트인들의 일파인 세노네스족이 이탈리아로 침입했다. 별다른 저항도 받지 않고 속도를 높여 진군했던 그들은 손쉽게 점령지를 확대했기에 그들의 장군 브렌누스조차 매복이 도사리고 있는 것 아닐까 의심할 정도였다. 이윽고 로마의 외곽에서 두 군대가 마주쳤으나, 이미 사기가 떨어진 로마군은 적수가 되지 못했다. 세노네스 군대는 너무도 쉬운 승리에 다시금 놀랐다.

당시 전쟁의 관례처럼 갈리아의 이 전사들은 로마를 약탈했다. 이미 로마의 귀족들은 군대를 이끌고 인접 도시로 도피한 뒤였다. 로마에 남은 사람들은 소수의 자기네만 살아남은 줄 알고 카피톨리노 언덕에 집결하여 자구책을 강구했다. 이들의 방어태세가 굳건하자 갈리아의 전사들은 새벽에 습격하기로 했다. 그러나 여신 유노가 보낸 거위가 로마인들을 깨워, 만리우스 카피톨리누스의 주도하에 그 습격을 무산시켰다고 역사가 리비우스는 전한다.

결국 세노네스 군대는 물러갔다. 역병이 돌았기 때문이다. 매장도 할 수 없을 정도로 사망자가 늘어나자 협상 끝에 그들은 되돌아갔고, 그 과정에서 벌어진 전쟁에서 쓰라린 패배를 맛봤다. 그렇게 로마를 지킨 공로는 비참한 상황에서도 끝까지 저항한 소수의 로마인들에게 돌아가야 마땅했다. 그러나…….

돌아온 귀족들은 고리대금을 통해 그동안 입은 손실을 복구하려 했다. 물론 그 피해자는 평민들일 수밖에 없었다. 또다시 만리우스 카피톨리누스가 평민들을 위해 나섰다. 빚진 자들의 빚을 갚기 위해 자신의 저택을 팔기까지 했다. 또한 공금을 횡령했다고 원로원을 비난했으나, 오히려 그가 왕권을 획책하고 있다는 혐의로 사형 선고를 받았다. 그는 자신이 구했던 카피톨리노 언덕이 보이지 않는 감옥에 갇힌 뒤 1년 만에 타르페이아 바위에서 던져졌다. 오늘날 그는 로마 개혁을 위한 순교자로 기억된다.

고대, 관용, 전쟁, 정의 **(2018-06-21)**

무법자 컨트리 ● 윌리 넬슨

'컨트리 앤드 웨스턴'은 두 종류의 음악을 합친 용어이다. 컨트리는 본디 미국 남동부 지역에 기반을 둔 음악이며 웨스턴은 서부를 대표하는 음악이다. 그런데 이제는 그 모두를 컨트리 음악이라고 부른다. 그러니 컨트리 음악의 내부에는 다양한 하위 분야가 존재한다. 그렇지만 컨트리 음악은 밴조, 기타, 바이올린, 하모니카의 경쾌한 리듬에 맞춘 춤곡이 대부분이며 정치적 기조는 전반적으로 보수적이다.

그런데 엉뚱하게도 1970년대부터 '무법자 컨트리'라는 영역이 등장하면서 인기를 끌기 시작했다. 격동의 1960년대에 음악계를 주도하며 기성세대가 요구하는 것을 거역하라는 메시지를 젊은이들에게 던진 비틀스와 밥 딜런이 컨트리 음악에도 영향을 끼쳤던 것이다. 이들은 체제에 순응하는 기존 컨트리 음악의 주류에 도전하면서 이 분야에 새로운 힘을 불어넣었다.

그 대표자 중 한 사람이 텍사스주 오스틴시를 중심으로 활약하던 윌리 넬슨이다. 그는 음악으로 큰 성공을 거뒀지만, 30여 편의 영화에도 출연했고, 책도 여럿 저술했다. 그러면서 '무법자 컨트리'라는 이미지에 걸맞게 사회의 모순을 비판하며 자신의 주장을 실천에 옮겼다.

그는 미국의 이라크전쟁 참전에 반대했고, 일찍부터 핵연료 사용에 반대했으며, 마리화나 흡연 합법화를 위한 조직을 만들었다. 대규모 농장 때문에 피해를 보는 가족 단위 농부들을 돕기 위한 콘서트를 열어 900만 달러의 기금을 조성하기도 했다. 이 콘서트에는 밥 딜런, 빌리 조엘, 로이 오비슨, 닐 영 같은 가수들이 동참했다. 농장에서 사육되는 말과 소를 보호하기 위한 캠페인도 벌여, 가축을 혹사시키는 농장을 고발했다.

오스틴 유학 당시 방문했던 친지를 배웅하려고 공항에 나간 적이 있다. 그곳에서 뜻밖에도 윌리 넬슨과 마주쳤다. 그는 처음 보는 외국인에게도 따뜻한 인사말을 건넸다. 그는 기존의 체제에 대한 무법자였을 뿐이다.

신념, 음악, 유래, 저항 **(2016-06-22)**

온천의 차별 ●

온천에도 역사가 있다. 인간의 삶과 밀접한 관련을 맺기 때문이다. 그런데 온천 자체에 무슨 잘못이 있겠는가만, 인간이 개입하면서 온천의 역사에도 차별과 배척이 끼어들었으니 인간은 자연에 대해 반성에 반성을 거듭해야 하는 존재다.

중세 유럽 사람들은 성지로 순례를 떠났다. 순례는 참회와 기복의 행위였지만, 동시에 은밀한 성적 모험을 위한 기회이기도 했다. 순례의 장소로 온천이 빠짐없이 꼽혔던 이유다. 그런데 종교개혁으로 순례가 금지되자 온천의 의미가 노골적으로 바뀌면서 온천장이 들어섰다. 게다가 온천수를 과학적으로 분석하고 질병 치유에 적극적으로 활용하는 등 물의 사용 범위도 확대되었다.

물의 효용이 높아지자 그것을 상품화하는 사람들이 나타났다. 의사, 약제사 등 의료에 종사하는 다양한 직종의 사람들이 경쟁적으로 온천수를 이용한 치료법을 널리 보급했다. 그 결과 온천장은 첨단의 의료기관이자 레저의 중심지로 자리잡게 되었다. 물에 사용료가 붙었고, 온천이나 수치료법에 관련된 여러 직업이 생겨났다. 광천수 판매가 이루어졌고, 쾌적한 욕탕과 부대시설이 들어섰다. 온천장 자체가 새로운 휴양지로 변모한 것이다.

온천장이 고급 휴양지가 되면서 빈곤층이 쫓겨났다. 전통적으로 온천장은 성지였기 때문에 병을 고치려던 빈민들의 방문이 잦았는데, 상업화의 물결에 편승해 이윤 추구를 극대화하려던 온천장 주민들이 그들을 '무임승차자'라고 배척한 것이다. 빈자 전용의 욕탕을 만들어 공간적으로 분리시켰고, 그 배척의 과정에는 의사들마저 관여했다. 그들에게 빈민은 온천욕이 필요 없는 존재에 불과했다. 이윤 앞에는 인술도 무용지물인 세상이 되었던 것이다.

맥락은 다를지언정 이곳에서도 의술을 이윤 추구의 관점에서만 보려는 경향이 팽배하고 있다. 사람들의 건강과 안녕에 가장 큰 중요성을 부여하지 않고, 비정규직 병원 노동자에게도 차별을 가하는 그런 구조가 메르스 같은 괴물의 최적 서식 환경이다.

변화, 유래, 의학, 차별, 풍자 **(2015-06-24)**

영화 수업 ● 켄 로치

교사 양성 대학에 재직했으니 졸업한 제자들 대다수가 교사다. 그들로부터 교육 현장의 고충을 자주 듣기에 교사들의 곤경에 대해서는 꽤 알고 있다고 생각한다. 임용고시라는 어려운 관문을 통과하여 교단에 나섰지만 실제로는 학부모, 학생, 관리직에 있는 사람들과의 갈등을 극복하지 못하고 교사의 길을 포기한 제자들도 상당히 많다. 수업에서 학생들의 질문에 말문이 막혔던 한 졸업생의 하소연은 특기할 만하다.

갓 교사가 되어 한국사를 가르치는데, "왜 우리의 역사는 이렇게도 참담하고 슬픈 이야기로만 가득차 있는가요?"라는 질문에 대답할 길이 없었다고 한다. 나는 위로하려는 생각에서 한국사만 그런 것이 아니라 세계 어느 나라의 역사도 마찬가지라고 말해주었다. 위로가 아니라 더 큰 참담함을 말한 것인지 모르겠지만, 그 어느 산천에도 인간의 피와 눈물이 맺히지 않은 곳이 없다는 것이었다. 단지 우리가 한국의 역사에만 눈길을 주는 현상에 대한 반대급부로 세계사에 무지하기 때문이라는 것이었다.

그 졸업생과의 만남은 그런 식으로 마무리되었지만, 뭔가를 해야 했다. 그리하여 떠오른 것이 역사를 다룬 영화에 대한 교양 수업을 개설함으로써 세계사 교육의 중요성을 더 널리 알려야겠다는 발상이었다. 영화에 대한 해박한 지식을 갖고 있어서 시작한 것이 아니었다. 오히려 수업을 진행해가는 과정에서 많은 것을 알게 되었다. 그 졸업생에게 막연하게 했던 이야기가 지구의 거의 모든 곳에서 사실로 확인되는 것이었다. 그 모든 곳에서 많은 영화인들이 영화를 통해 자신의 아픈 상처를 드러내고 고발하려 했다.

그중에서도 영화가 현실의 악순환을 반영하는 거울이 되어야 한다는 믿음을 잃지 않았던 켄 로치에게서 특히 많은 힘을 얻었다. 투쟁의 연대를 갈망했던 그의 말을 옮겨본다. "나는 고립되어 사라지지 않고 세계의 일부가 되겠다."

영화, 저항, 현대 **(2020-06-25)**

미모와 연기 ● 비비언 리

영화배우들은 아카데미상의 연기 부문 후보에 오른 것만도 큰 영광으로 생각한다. 그런데 여우주연상의 후보에 두 차례 올라 두 번 모두 수상한 배우가 있다. 〈바람과 함께 사라지다〉의 스칼릿 오하라 역과 〈욕망이라는 이름의 전차〉에서 블랑슈 뒤부아 역을 맡았던 비비언 리다. 눈부신 미모로 상찬을 받은 배우이기에 그 덕을 보았으려니 생각할 사람들도 없지는 않겠지만, 리는 오히려 그런 외모 때문에 사람들이 자신을 진지한 연기자로 보려 하지 않는 것이 아닐까 걱정이 많았다.

그것이 그로 하여금 더욱더 연기에 매진하도록 만들었다. 그는 영화배우로 명성을 얻었지만 본디 무대에서 경력을 쌓은 연극인이었다. 버나드 쇼와 같은 현대 작가들의 작품에도 모습을 보였다. 또한 오필리아, 클레오파트라, 줄리엣, 맥베스 부인 등 셰익스피어의 고전에 등장하는 주인공들의 배역도 훌륭하게 소화해냈다. 그렇지만 미모에서 비롯된 내적 갈등은 병적인 집착으로 이어지기도 했다. 그는 연기자로 기억되고 싶어했지만 대중은 외모에만 관심을 보여 점차 연기에 대한 자신감까지 잃게 된 것이었다.

결국 조울증에 빠진 그는 같이 작업하기가 버거운 연기자로 꼽히게 되었다. 로런스 올리비에와의 두번째 결혼마저 사태를 악화시켰다. 양측이 난관을 극복하고 이루어낸 결혼이었지만 로런스 올리비에의 연출을 비비언 리가 망쳐놓았다는 식의 악평은 큰 상처로 남을 수밖에 없었다. 부부싸움이 잦아지고 그로 말미암은 외도와 스캔들이 뒤따르는 상태에서 〈욕망이라는 이름의 전차〉가 큰 성공을 거두었다. 그러나 그는 정신이상자 뒤부아의 배역이 그를 미치게 만들었다고 고백했다.

비비언 리는 쉰셋의 나이로 세상을 떴다. 사인은 심한 흡연에서 비롯된 폐결핵이었다. 올리비에의 사진을 꼭 쥐고 죽었다는 그의 장례식이 끝난 뒤 올리비에는 그의 영화를 보면서 눈물을 흘렸다고 한다.

🔑 여성, 영화, 작품, 현대 **(2018-06-28)**

교단과 이단 ● 성 도미니크

중세 에스파냐에 부유하고 두루 신망도 얻던 부부가 있었다. 그들의 근심은 단 한 가지, 자식이 없는 것이었다. 아내는 근처의 수도원으로 순례를 떠났다. 임신부의 수호성인인 '실로스의 성 도미니크'를 모시는 곳이었다. 그곳에서 태몽을 꾸었는데 횃불을 입에 물고 "세상에 불을 붙이려는 듯" 보이는 개가 배에서 튀어나왔다. 그렇게 해서 태어난 아이가 도미니크 수도회를 세운 성 도미니크가 되었다. 에스파냐어로는 산토도밍고라고 부른다. 도미니크 수도회의 라틴식 이름을 '도미니'와 '카니스'로 파자하여 '신의 개'라고 부르는 농담이 바로 이 꿈에서 비롯되었다.

그는 어릴 적부터 형편이 어려운 사람들에게 돈을 주었다. 옷가지나 가재도구, 양피지에 기록한 소중한 문서까지 팔아가며 도왔다. 주위의 친구들에게는 "사람들이 죽어가는데, 이따위 죽은 가죽으로 공부를 해야 하는가?"라고 말했다. 그렇다고 그가 공부를 소홀히 한 것은 아니었다. 중세 말에는 기독교계의 타락에 경종을 울리며 청빈과 금욕을 강조한 탁발 교단이 여럿 생겼다. 대표적으로 프란치스코 수도회와 도미니크 수도회가 있는데, 후자는 특히 설교를 강조했고, 그것을 위해 탁발승들은 학문적 소양을 충실히 쌓아야 했다.

도미니크회 수도자들에게 요구되던 학문적 소양은 시대적인 요구이기도 했다. 교회의 타락에 대한 반발은 교회 외부에서도 일어났다. 특히 종교적 '순수'함을 내세우던 카타리파는 지고의 선 그 자체인 신은 영혼의 세계만을 창조했고, 물질의 세계는 사탄이 만들었다고 믿었다. 그들의 논리에 따르면 물질인 빵과 포도주에 의한 성사 자체가 신성모독일 수밖에 없었다. 결국 그들은 이단으로 몰렸다.

당시 교황은 이단을 일소하는 가장 좋은 방법이란 이단자들을 설득하는 것이라고 믿어, 그 일을 할 적임자로 도미니크를 선정했다. 도미니크는 그 목적을 위해 교단의 창설이 필요하다고 역설했고, 교황이 그 새로운 조직을 승인했다.

유래, 종교, 중세, 학문 (2017-06-29)

어떤 투사 ● 질 아일랜드

질 아일랜드는 영국 출신의 영화배우였다. 단역으로만 출연하며 빛을 보지 못하던 그는 데이비드 매컬럼과 결혼한 뒤 이름을 널리 알릴 수 있었다. 매컬럼은 1960년대의 텔레비전 시리즈물 〈0011 나폴레옹 솔로〉에서 러시아계 첩보원 일리야 쿠리야킨 역을 맡아 당대의 섹스심벌로 떠오르며 인기몰이를 하던 중이었다. 이후 아일랜드는 그 프로그램에 네 번 출연했다. 그들 사이에서 두 아들이 태어났는데, 그들은 한 사내아이를 입양하기도 했다.

아일랜드는 매컬럼과 이혼한 뒤 찰스 브론슨과 결혼해 브론슨이 출연한 영화에서 브론슨의 상대역을 맡음으로써 배우의 명맥을 유지했다. 브론슨은 주로 냉혹한 킬러의 배역을 맡았는데, 어떤 여배우도 그의 상대역을 하지 않으려 해서 어쩔 수 없이 자신이 나섰을 뿐이라고 말했다.

그 변변치 못한 영화계의 경력을 말하려고 질 아일랜드를 거론하는 것이 아니다. 영화배우로서 맡은 어떤 배역보다도 실제 삶 속의 그가 훨씬 빛나고 감동적이었다. 아일랜드는 1984년에 유방암 판정을 받았다. 암과 싸운 투병기를 두 권의 책으로 펴냈다. '미국 암 협회'의 대변인으로서 그 위험성을 널리 알렸고, 국회에서 암의 치료비용에 대해 증언하기도 했다.

그런 그에게 1989년에 또다시 죽음의 그림자가 드리웠다. 3년 만에 재발한 암이 이번에는 폐로 전이되었던 것이다. 기껏해야 2년을 연명할 수 있으리라는 최후의 선고였다. 낙담했지만 그는 여생을 소중하게 보내기로 결심했다. 입양한 아들도 약물과 알코올 중독으로 사경을 헤맸다. 그는 자신보다 여섯 달 먼저 사망한 그 아들의 투병 과정도 상세하게 기록했다. 자신의 병에 대해서는 세번째 투병기를 미완으로 남겨놓고 사망했다.

"내 장례식장에는 풍선과 샴페인을 갖추세요. 모두 밝고 환하게 내 삶을 기념하는 축제를 즐기도록 해요." 그는 끝까지 암의 희생자가 아니라 암에 저항하는 투사였다.

신념, 영화, 작품, 저항 **(2016-06-30)**

III

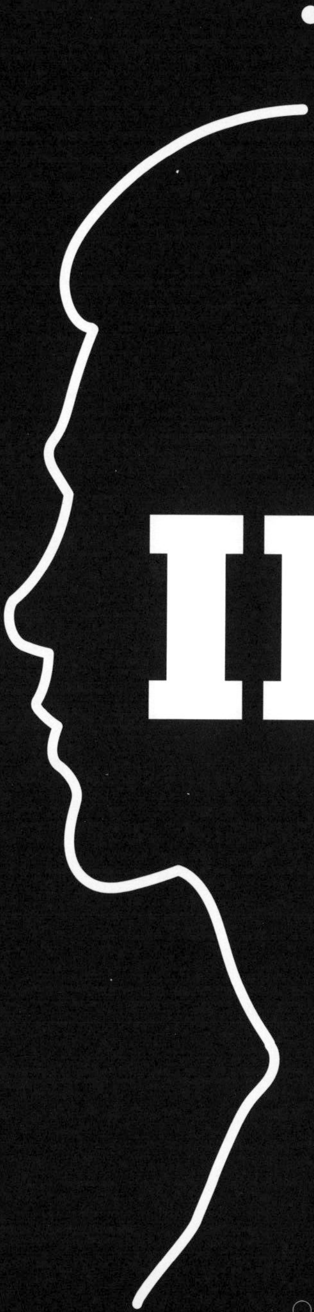

코란 발견의 비화

● 안젤라 누오보

코란이 최초로 인쇄되어 책으로 나온 곳은 어디일까? 이슬람권에서는 당시 활자 인쇄를 하지 않았고 인쇄 자체에 대해 반감을 갖고 있었다. 베네치아의 출판업자 알레산드로 파가니니가 상업적인 목적으로 그 출판에 나섰는데, 아직도 명확하게 알려지지 않은 이유로 그 책들이 모두 사라져 전설로만 남아 있었다.

1987년 7월 2일, 파가니니를 연구하던 젊은 문헌학자 안젤라 누오보는 베네치아 인근의 수도원에 16세기의 희귀본이 소장되어 있음을 알게 되었다. 그는 스승인 조르조 몬테규 교수와 함께 그 수도원을 찾았다. 누오보는 수도원의 사서에게 소장 도서 목록을 요청했다. 거기에는 '연대 불명의 아랍어 코란'이라는 제목이 들어 있었다. 눈이 번쩍 뜨인 그는 그 책을 보여 달라고 청했다. 여성이 수도원 회랑에 들어설 수는 없는 법이어서 몬테규 교수가 따라갔다.

이윽고 돌아온 몬테규 교수의 손에 들린 그 책이 500년 동안의 전설이었음은 교수도 제자도 모두 알아챌 수 있었다. 이것은 문헌학적으로 중대한 의미를 갖는 사건이 아닐 수 없었다.

그 최초의 발견자에게 국제적인 명성이 보장되어 있으리라는 것도 확실했다. 그 공은 누구에게 돌아갔을까?

몬테규 교수는 목록에서 그 책을 먼저 알아본 사람이 누오보라는 이유로 모든 공적을 누오보에게 돌렸다. 여성이 그 책을 먼저 발견했다는 사실을 못마땅하게 여기며 책의 신빙성을 문제삼던 이들도 있었다. 일부 문헌학자들이 그러했고, 그 책이 수도원에 소장되어 있음을 알아채지 못한 수도자들이나 여성 비하의 전통이 강한 이슬람권에서 동조했다. 몬테규는 그들의 비난도 학문적으로 일축했다.

누오보는 우디네대학의 교수가 되었고, 세계적인 명성을 얻었다. 누오보는 명성에 우쭐대지 않고 그 코란을 서지학적으로 정밀하게 연구함으로써 스승에게 보답했다. 여러 일로 마음이 뒤숭숭한 이 시기에 모두와 함께 나누고 싶은 이야기다.

여성, 작품, 정의, 종교, 차별 **(2015-07-01)**

친절한 자연과 위험한 인간

안토니오 불리폰

프랑스에서 태어난 한 아이가 훗날 나폴리에서 꽤 유명한 인물이 되었다. 소싯적 그의 행적은 그가 남긴 편지 한 통을 통해 알 수 있을 뿐인데, 그 편지를 쓴 이유가 자신이 "대단히 저명한 작가"라는 세간의 평이 그르다는 것을 밝히기 위해서였다니 그는 겸허한 인물이었음이 확실하다. 공증인이었던 아버지의 집을 열아홉 살에 나와 마르세유, 툴롱 등지의 장터를 떠돌아다니던 그는 교황 클레멘트 9세의 사망 소식을 듣자 장례식을 거들고 싶어 무작정 로마로 향했다. 이후 스물한 살에 나폴리에 정착한 그는 앙투안 뷜리퐁이라는 프랑스식 이름마저 안토니오 불리폰이라고 이탈리아식으로 바꿨다. "친절한 풍토와 기후, 매력적인 주민들" 덕분에 나폴리를 영원한 안식처로 택했던 것이다.

재산도 인맥도 전혀 없는 낯선 땅에서 그는 서점들이 몰려 있는 산비아조 거리의 한 가게에 점원으로 들어갔다. 성실함을 바탕으로 곧 그 서점의 주인이 된 그는 출판의 길로 나섰다. 나폴리 인근 지역의 지도를 출간하기 시작한 그는 점차 나폴리 왕국의 계보와 역사와 법률로 영역을 넓혀나갔을 뿐 아니라 신문까지 발간하기 시작했다. 당연히 그의 주변에 정계와 문화계의 중요한 인사들이 모이기 시작했다. 그의 서점이자 출판사는 17세기 말에 번성했던 나폴리 문화의 구심점이었다.

좋은 일에 낀다는 마가 그에게는 인간이자 당대의 제도였다. 출판과 언론 모두에서 불구대천의 경쟁자였던 나폴리 출신 도메니코 파리노의 비방과 모함은 불리폰 몰락의 직접적인 원인이었다. 국가들 사이의 전쟁도 그에게 치명타가 되었다. 프랑스와 에스파냐 사이에 전쟁이 일어나자 프랑스인으로서 의혹의 표적이 된 그는 나폴리 출신 여성과 서둘러 결혼함으로써 위기를 넘겼다. 그러나 왕위계승전쟁을 통해 오스트리아가 나폴리를 장악하자 그에게는 설 곳이 없었다. 나폴리를 떠나야 했던 그는 에스파냐에서 종적 없이 사망했다.

근대, 변화, 열정, 전쟁 (2020-07-02)

모든 골키퍼를 위하여

● 레프 야신

오래전 동네에서 친구들이 모여 축구를 할 때면 공을 가장 잘 차는 두 명이 나서서 편을 나눴다. 그들이 번갈아가며 한 명씩 자기편으로 데려가는데, 그것도 공을 잘 차는 순서였다. 그리하여 마지막에 두 명이 남는데 그 둘은 자동적으로 골키퍼가 되었다. 골목길의 축구에서조차 골을 넣는 기쁨과 그에 따르는 우쭐한 마음을 원했던 것이다.

그런데 그것은 레프 야신이 나오기 전까지는 국제적인 프로 축구의 무대에서도 마찬가지였다. 골키퍼는 90분 동안 골포스트 사이에 서서 오는 공을 막아내는 것만이 임무인 것처럼 여겨졌다. 수비수에게 소리를 지르며 위치를 지정해준다거나, 크로스 패스를 가로채기 위해 몸을 날리는 것은 금물이었다. 골키퍼에게 주장을 맡긴다는 것은 듣도 보도 못한 일이었다.

야신이 그 모든 것을 했다. 게다가 반격을 위해 공을 빨리 던져주거나, 페널티 구역 밖까지 나가 공격을 차단하는 것도 그의 몫이었고, 골키퍼는 무조건 공을 잡아야 한다고 믿던 시절에 펀칭으로 위기를 모면하는 것도 그가 맨 처음 시도했다.

페널티킥을 151번이나 막아냈다거나, 소속팀 디나모 모스크바를 소련 축구선수권 대회에서 다섯 차례나 우승으로 이끌었다거나, 세 차례의 월드컵에서 놀라운 활약을 보였다거나, 1956년 올림픽에서 소련 대표팀에게 금메달을 안겼던 것은 겉으로 드러난 성취였을 뿐이다.

그가 골키퍼라는 포지션에 혁명적인 변화를 가져왔기에, 펠레와 같은 공격수의 대명사나 전설적인 골키퍼 고든 뱅크스까지 앞다투어 그를 칭송하는 것이다. 1994년부터는 월드컵 결승전의 최우수 골키퍼에게 야신 상을 수여한다. 러시아 월드컵 포스터에 보이는 골키퍼는 야신의 모습을 본따 디자인한 것이다.

그런 그를 이끈 힘은 무엇이었을까? 골을 먹었을 때의 고통이다. "골을 허용한 골키퍼는 고통을 받아야 한다. 그렇지 않으면 그는 죽은 것이다." 고통을 넘어서야 하는 모든 골키퍼들에게 찬미를.

스포츠, 열정, 유래, 현대 **(2018-07-05)**

사슬을 끊다

수리남은 남미 대륙에서 가장 작은 독립국가다. 유럽인들과 마주치기 이전에 그곳에는 다양한 원주민 부족이 살았다. 그곳에 영국인들이 먼저 식민지를 건설했다. 영국인들은 그렇게 접촉한 '수리넨'이라는 부족을 '수리남'이라 표기했고, 현지에 흐르는 강도 '수리남강'이라 명명했다. 그것이 국가의 명칭으로 정착된 것으로 추정된다.

이곳에 네덜란드인들도 대규모 농장을 경영하면서 두 나라 사이에 분쟁이 일어났다. 두 나라는 무력 경쟁보다는 협상을 택했다. 그 결과 네덜란드의 도시 브레다에서 조약이 체결되었다. 네덜란드가 수리남의 농장을 보유하는 대신에 영국에 네덜란드의 식민지 뉴암스테르담을 넘겨준다는 내용이었다. 그곳의 이름이 영국의 요크 공의 이름을 따서 뉴욕으로 바뀌었다.

서인도회사를 통해 수리남을 지배하던 네덜란드의 농장주들은 커피, 코코아, 사탕수수, 면화 등의 재배를 위해 아프리카의 흑인들을 노예로 수입했다. 노예에 대한 처우는 가혹한 것으로 악명이 높아, 많은 노예들이 도주했다. 인접 우림에 살던 원주민들이 도주 노예들의 자립에 도움을 주었다. 그렇게 해서 마을이 생겼고, 그곳에서 아프리카 여러 부족들의 피가 섞여 새로운 인종이 탄생했다. 유럽인들은 이들을 '갈색 흑인'이라는 뜻의 '마룬'이라고 불렀다. 그들은 때로 백인들의 농장을 습격하여 무기와 식량과 새로운 동료를 약탈해왔다.

미국 남북전쟁의 여파로 네덜란드에서도 1863년 7월 1일 수리남의 노예제를 폐지했다. 이날을 케티 코티라고 부른다. 수리남의 토속어로 "쇠사슬이 끊어졌다"는, 즉 노예제가 폐지되었다는 뜻이다. 그렇지만 노예들이 완전한 자유를 얻은 것은 다시 10년이 지난 1873년부터였다. 그전까지는 최소한의 보수를 받으며 노역을 할당받았기 때문이다. 이날 많은 노예들이 농장을 떠나 수도인 파라마리보로 떠났다. 2009년부터는 네덜란드의 많은 도시에서 이날을 기념한다.

근대, 유래, 인종, 전쟁, 차별 **(2017-07-06)**

아, 로베르토 클레멘테

로베르토 클레멘테는 푸에르토리코 출신의 야구선수로, 선수 경력의 대부분을 피츠버그 파이리츠에서 보냈다. 18년을 메이저리그에서 보내는 동안 그는 네 차례나 수위 타자로 뛰었고, 12년 연속으로 '골든 글러브'를 수상했으며, 1971년에는 월드시리즈에서 최우수선수상을 받았다.

그는 중남미 선수로는 최초로 미국 프로야구 명예의 전당에 이름을 올렸다. 그런 과정에는 비화가 숨어 있다. 메이저리그의 선수는 은퇴하고 5년이 지나야 명예의 전당에 등재될 자격이 주어진다. 그런데 급작스럽게 비운의 죽음을 맞은 클레멘테를 위해 사후 6개월이 지나면 자격이 부여된다는 조항이 신설된 것이다.

그를 위해 특별 조치가 취해진 것은 합당한 일이었다. 왜냐하면 그의 생애는 사람들에게 귀감이 되었기 때문이다. 클레멘테는 야구 시즌이 끝나면 자선사업에 몰두했다. 조국 푸에르토리코를 넘어 중남미 여러 곳에 야구 장비를 지원하고 필요하면 식량까지 제공하며 청소년들의 꿈을 키웠다.

1972년 12월 23일 니카라과에 대규모 지진이 발생했다. 지진 3주 전 니카라과를 방문했던 클레멘테는 곧 구호활동에 나섰다. 그런데 이미 세 차례에 걸쳐 비행기로 보낸 구호물자가 부패한 소모사 정권의 관리들에 의해 착복되었다는 사실을 알게 되었다. 그는 네번째로 물자를 보내는 비행기에 몸소 탑승했다. 자신이 타고 가면 물자가 이재민들에게 제대로 전달되리라고 믿었기 때문이다. 정비 불량의 이력이 있고 조종사가 미숙하고 적재량도 크게 초과한, 그래서 많은 사람들이 탑승을 만류했고 스스로도 위험성을 알고 있던 그 비행기에 그는 올랐다. 12월 31일, 비행기는 뜨자마자 푸에르토리코의 앞바다에 추락했다.

절친했던 한 동료 선수만이 장례식에 참석하지 못했다. 그 시간에 그는 수습되지 못한 동료의 시신을 찾으려고 비행기가 추락한 바다에 뛰어들었던 것이다.

관용, 스포츠, 신념, 현대 (2016-07-07)

르네상스를 이끈 사람

● 알도 마누치오

르네상스는 찬란한 예술가와 문학가들을 낳은 위대한 시대다. 그런데 정말로 이탈리아의 그 뛰어나다는 천재들이 르네상스를 이끌었을까? 그들이 학예와 지식의 생산과 전파에 실제로 관여했을까? 이런 주제에 천착하면 필히 마주치게 되는 사람이 있으니, 베네치아 출판계의 제왕으로 군림했던 알도 마누치오가 바로 그이다.

서양에서는 구텐베르크의 독일에서 인쇄술이 처음 발명되었다 할지라도 정작 책과 출판산업이 꽃을 피운 곳은 이탈리아의 베네치아였다. 대규모 출판사들이 경쟁적으로 다양한 책을 출판하면서 유럽의 문화를 선도했다. 마누치오는 그곳의 출판계에서도 거의 신과 다름없는 존재로 받아들여졌다.

그리스 문화에 탐닉했던 그는 그리스 고전을 출판하고, 그리스를 연구하는 학회도 만들었다. 점차 라틴어 필사본도 인쇄하여 지식인들에게 보급했다. 이탤릭체라는 서체는 물론이고 세미콜론과 아포스트로피와 같은 구두점도 만들었다. 오늘날 문고본의 효시인 포켓북도 만들었다. 그런 시도들의 목적은 더 많은 책을 더 저렴하게 제공하려는 데 있었다. 이탤릭체와 구두점을 사용하면 우아함을 잃지 않으면서도 작은 판형으로 책을 만들 수 있었기 때문이다.

에라스무스, 피코 등의 학자는 물론이고 이사벨라 데스테, 교황 레오 10세와 같은 정치인들까지 이런 마누치오에게 다가가 책을 제작해달라고 부탁하곤 했다. 그의 면모를 알면 알수록 그가 없이 르네상스가 펼쳐질 수 있었을까 하는 의문이 들 수밖에 없는 것이다.

베네치아 출신으로 왕성하게 집필 활동을 하고 있는 알레산드로 마르초 마뇨의 저서 『책공장 베네치아』는 유럽의 출판 중심지 베네치아의 면모를 세밀하고 흥미롭게 그리면서, 좋은 책은 그것을 만들려는 사람들의 의지에 의해 탄생한다는 소박한 진리를 깨우쳐준다. 책의 중요성에 대한 인식이 더욱 부박해지는 시기에 독서의 소중함을 다시금 되새기자는 뜻에서도 이 책의 일독을 권한다.

미술, 작가, 작품, 지도자, 학문 **(2015-07-08)**

지식의 심연 ● 아르날도 모밀리아노

1908년 이탈리아 북서부 피에몬테주의 유대인 학자 집안에서 아르날도 모밀리아노가 태어났다. 그는 이른 나이에 학문적 성공을 거두어 스물여덟 살에 토리노대학의 로마사 교수로 부임했다. 그러나 그 영광은 오래가지 않았다. 무솔리니의 파시스트 정권이 유대인을 차별하는 법을 입안함으로써 그는 2년 만에 사임했다. 더구나 그는 아내와 딸을 데리고 영국으로 떠나야 했다. 그러지 않을 경우 강제수용소로 끌려가 비참한 죽음을 기다려야 했기 때문이다. 실제로 그의 부모들은 그렇게 최후를 맞았다.

학자로서 고향의 안정된 삶을 뒤로한 그에게는 극심한 곤궁과 불투명한 미래만이 남아 있었다. 그렇더라도 보석은 스스로 빛을 발한다. 2차대전이 끝난 뒤 토리노대학은 물론이고, 이탈리아를 대표하는 역사가 베네데토 크로체가 설립한 역사연구소의 요청으로 잠시 머물렀다. 그러나 1951년 모밀리아노가 결국 안착한 곳은 런던대학이었다. 이후에도 그는 시카고대학과 피사 고등사범학교에 정규적으로 출강함으로써 국제적인 학문의 교류에 크게 기여했다.

이미 20대 초반부터 이탈리아 백과사전에, 30대 이후로는 옥스퍼드 고전 사전과 브리태니커 백과사전에 여러 인물들에 대한 전기를 기고할 정도로 해박한 지식을 가진 그의 전공 분야는 사학사이다. 다른 어떤 곳에서도 확인하기 어려운 사실들을 그는 마치 익숙한 서랍에서 낯익은 물건을 꺼내듯 툭 던져 놓고는 거기에 머무르지 않고 큰 그림을 그린다.

특히 로마를 비롯한 서양의 고대 역사가들을 다룬 논문이 뛰어나지만, 에드워드 기번을 비롯한 근대의 역사가들과 잠바티스타 비코와 같은 역사철학자들을 다룬 글들도 경탄을 자아낸다. 문학과 법학의 이론까지도 세세하게 꿰뚫고 있어, 유수의 법학자까지도 그의 제자였음을 자랑하고 있다. 지식의 심연이라는 것이 있다는 가정 아래 그의 글을 대하다보면 그곳에 도달한 사람의 심원하고 육중한 지혜가 보이는 듯하다.

문학, 신념, 철학, 학문, 현대 **(2019-07-11)**

어둠의 딸, 미네르바

그리스신화의 아테나에 해당하는 로마의 미네르바는 지혜의 여신으로 받아들여진다. 그를 항상 따라다니는 영물인 부엉이도 지혜의 상징으로 인정된다. 그러나 이탈리아의 기인, 잠바티스타 비코는 그런 해석을 결연히 부정한다. 그것은 사람들의 값싼 관심을 얻기 위한 행동이 결코 아니었다. 그에게는 신화야말로 감춰진 인류 초기의 역사를 담고 있는 인간의 역사였다. 그 태곳적 역사의 신비를 찾는 것은 초기의 인류가 생각하던 방식과 표현하던 양태를 찾아 신화를 읽어내면 되는 일이었다. 그렇게 간단한 일이었지만 후대의 철학자들은 훗날의 화려한 사고방식을 통해 신화를 윤색했던 것이다.

호메로스의 서사시에서도 미네르바를 지혜와 연결시키는 대목은 없다. 오히려 미네르바는 호전적인 약탈자였을 뿐이다. 부엉이가 그에게 봉헌된 것은 미네르바가 밤에 명상을 하고 등불 아래에서 글을 읽었기 때문이 아니다. 부엉이는 단지 어두운 밤을 뜻했다. 그 어두운 밤에 아테네의 귀족들로 구성된 원로원에서는 비밀리에 법을 제정했다. 자신들에게 불리한 법을 만들까봐 경계하는 평민들을 피하기 위해서였다. 행여 벌어질

지 모르는 충돌에 대비해 그들은 무장을 하고 회의에 참석했다. 미네르바는 그들의 신이었다. 그런 이유에서 동상이나 메달에 보이는 미네르바는 언제나 무장을 하고 있다. 미네르바는 결코 지혜의 신이 아니었던 것이다. 로마의 역사에서도 비슷한 일이 일어나, 최초의 귀족회의인 코미티아 쿠리아타도 무장을 한 귀족들이 비밀리에 소집한 것이었다.

법을 만드는 입법부와 그것을 집행하는 사법부 모두가 미네르바를 받드는 것일까? 낮에는 다른 듯하지만, 기득권을 지키기 위해 밤에 회동하는 어둠의 자식들이 아닐까? 압도적인 다수의 민의에 반하는 행동 또는 무행동에 대해 이런 자조적 의심까지 하게 될 줄은 꿈에도 몰랐다. 하지만 여명이라는 정복될 수 없는 거대한 세력 앞에 어둠은 무기력하다.

법, 여성, 작품, 정의 **(2018-07-12)**

모나리자의 수난

● 빈첸초 페루자

르네상스시대의 거장 레오나르도 다빈치의 〈모나리자〉는 세계에서 "가장 많은 사람들이 방문하고, 가장 많은 글과 노래의 대상이 되고, 가장 많이 패러디되는 예술작품"이라고 알려져 있다. 그렇게 유명세를 타는 만큼 이 그림은 온갖 수난의 대상이 되었다.

1911년 8월 22일, 한 화가가 루브르 박물관에 이 그림을 보러 갔다가 벽에 박힌 못 네 개만을 발견했다. 5년 동안 그곳에 전시되던 그림이 전날에 사라진 것이다. 박물관에서는 홍보를 위해 그림의 사진을 찍고 있는 것이라 여겼지만, 아니었다. 박물관은 일주일 동안 문을 닫았다. 루브르 박물관을 비판해오던 시인 기욤 아폴리네르가 용의자로 지목되어 체포되었다. 그가 친구인 파블로 피카소가 범인일지도 모르겠다고 진술해 피카소도 심문을 받았다. 그러나 그들은 무죄가 입증되어 풀려났다.

진범은 2년 뒤에 밝혀졌다. 루브르의 직원이었던 이탈리아인 빈첸초 페루자였다. 청소도구실에 숨어 있다가 박물관이 문을 닫은 뒤 외투 속에 숨겨서 갖고 나온 허술한 범죄였다. 페루자는 이 그림이 이탈리아에서 전시되어야 한다고 믿던 나름의 이탈리아 애국자였다. 2년 동안 아파트에 이 장물을 보관하던 그는 피렌체의 우피치 박물관에 팔려고 하다가 체포되었다. 그는 6개월간 복역했지만, 이탈리아에서는 애국자로 받들어졌다. 〈모나리자〉는 그전까지 전문가들 사이에서만 알려져 있었는데, 이후 세계적인 명성을 얻게 되었다.

이후에도 수난은 계속되었다. 황산 세례도 받았고, 누군가가 던진 돌에 왼쪽 어깨 부위가 떨어져나가서 복원하기도 했다. 이후 방탄유리를 사용해 보호했지만 폭력은 계속되었다. 도쿄의 국립박물관에서 전시될 때는 박물관의 관람 방침에 불만을 품은 한 관람객이 붉은 페인트를 뿌렸고, 루브르에서는 프랑스 시민권을 거부당한 러시아 여인이 도자기 찻잔을 던지기도 했다.

아름다운 대상에는 근거 없는 비난이 따른다.

미술, 작품, 현대 **(2017-07-13)**

집요한 암살

아나스타시오 소모사 데바일레

미국 해병대의 도움을 얻어 아나스타시오 소모사 가르시아가 권좌에 오른 뒤 니카라과의 정권은 거의 반세기 동안 그 가족의 수중에 머물렀다. 그와 두 아들이 대통령직을 이어갔다. 그 사이에 그 가족이 아닌 대통령이 재위했지만 명목에 불과했다. 그들이 자기 가문에 충성을 바칠 인물을 세운 것일 뿐이었다. 그들에게 민중은 가축이었다. 누군가가 노동자를 교육시킬 필요성을 제기하자 작은아들이 했다는 말은 유명하다. "나는 교육받은 자들이 필요 없어. 그들은 황소고, 황소로 충분해."

미국과 군부 세력을 등에 업고 보수층과 결탁하며 그러모은 막대한 검은돈으로 철옹성을 구축했지만, 그렇다고 저항의 움직임이 없지는 않았다. 아버지 소모사는 리고베르토 로페스 페레스라는 시인의 근접 저격으로 사망했다. 근위대의 총에 맞아 즉사하리라는 것을 알면서도 행한 거사였다. 큰아들 루이스가 대통령이 된 뒤 정국이 약간 잠잠해졌다. 하지만 심장병으로 사망한 뒤 작은아들 아나스타시오 소모사 데바일레가 대통령이 되었다.

얼마 전 이곳 교육 관료의 입에서 나온 것과 비슷한 말을 했던 이 작은아들이 아버지를 빼닮아 철권정치를 이어갔다. 그러나 그도 결국은 니카라과 산디니스타 민족해방전선의 저항에 의해 실각하고 소모사 가문의 마지막 대통령이 되었다. 그는 권좌에서 물러난 뒤 파라과이로 망명했다.

그러나 망명으로 끝난 것이 아니었다. 여성 셋이 포함된 7인의 '도마뱀 작전' 팀이 기관총, 수류탄, 바주카포 등으로 중무장을 하고 그를 살해하러 나섰다. 그들은 여섯 달에 걸쳐 그의 동선까지 파악하며 면밀하게 세운 계획을 실행에 옮겼다. 결국 그는 고급 세단 차 안에서 바주카포를 맞고 즉사했다. 한 팀원은 이렇게 말했다. "수많은 중남미인들이 굶어죽고 있는데 백만장자 플레이보이가 버젓이 돌아다니는 것을 용서할 수 없다. 우리는 이 명분을 위해 죽을 각오가 되었다."

한 명만이 체포되어 처형되었다.

권력, 저항, 정의, 지도자, 폭력 **(2016-07-14)**

문고본의 추억 •

문고본 전성시절이 있었다. 연배가 웬만큼 되는 책벌레들은 그 시절을 그리며 그 작은 책들이 자아의 형성에 얼마나 큰 역할을 했는지 더듬는다. 문학의 향취를 맡으려거나 지식에 대한 욕구를 채우려거나 주머니가 가벼운 청소년에게 양장본이 버거웠을 때 문고본은 돌파구였다. 특히 내게는 문예문고, 서문문고, 삼중당문고의 소책자들이 세계의 문호들을 접하는 통로였다. 주말이면 추리소설 몇 권을 내리 읽으며 책이 끝나는 것을 서러워하곤 했다. 국내의 필자들을 발굴해 펴내던 책세상의 '우리 시대' 총서는 문고본의 중요성을 상기시켜줬지만, 근자에 더이상 후속 권이 나오지 않는 것 같아 아쉽기만 하다.

서양에서는 1935년에 설립된 펭귄북스에서 저렴한 문고본들을 출판함으로써 문화 창달에 크게 기여했다. 창립자 앨런 레인은 친구 애거사 크리스티를 만나고 오는 길에 들른 서점에서 책들이 품질은 조악하면서도 값은 비싸게 매겨진 것을 보고 누구나 쉬이 구입할 수 있는 좋은 책을 만들겠다는 생각을 했다고 한다. 펭귄은 이제는 랜덤하우스에 병합됐다. 여기에서 나오는 책들이 문학에 한정된 것은 아니지만, 이들은 압도적으로 문학 방면에 치중하고 있다.

인문사회과학 분야의 지적 욕구를 채워줄 문고본은 없을까? 있다. 옥스퍼드대학에서 나오는 '아주 짧은 입문서' 총서가 그것이다. 1995년에 출범하여 초기에는 이 대학 출판부에서 나온 책들을 재간행하기도 했지만, 이제 총권 600권을 넘겨 발간했으니 매해 20개 정도의 주제를 다뤄온 셈이다. 각 학문 분야, 철학자, 과학 이론, 종교, 정치제도, 역사 등등 수많은 주제에 대해 명성이 자자한 전문가들이 균형잡힌 지식을 전달한다. 인터넷에 떠돌아다니는 근거가 불분명한 지식이 아니라 독자 스스로 올바른 판단을 내릴 수 있는 기초적인 지식을 제공하는 것이다.

다행히도 국내의 한 출판사에서 '첫단추 시리즈'라는 이름으로 번역 출간하며 고투하고 있다. 큰 관심이 모아지기를 바란다.

O-ᴛ 변화, 유래, 작품, 현대 **(2019-07-18)**

함무라비 법전과 법관의 책임

1901년 프랑스의 고고학 발굴팀이 오늘날 이란의 후제스탄주에서 돌기둥을 발견했다. 높이 2미터가 넘는 그 기둥에는 알 수 없는 문자가 빼곡하게 새겨져 있었다. 이듬해에 아시리아와 이집트의 역사를 연구하던 한 수도자가 그 문자를 해독했다.

그리하여 무려 3600여 년을 건너뛰어 고대 바빌로니아왕국의 실체를 엿볼 수 있게 해주었다. 이것이 그 유명한 함무라비 법전인데, 고대 메소포타미아 사회의 참모습을 보여주는 귀중한 자료로서 가치를 인정받는다. 그도 그럴 것이 법 조항이야 인간 사회에서 일어나는 분규를 정의롭게 해결하기 위한 방책이니, 282개에 달하는 조항마다 인간사의 거의 모든 측면을 다루고 있기 때문이다.

역사적 자료로서는 그렇다 할지라도 법 자체로서는 전근대적인 법률의 한계를 보여준다는 지적을 받는다. "눈에는 눈, 이에는 이"라는 보복 조항이라든가 신분별로 차이를 둔 처벌 조항이 특히 그렇다는 것이다. 그러나 차분히 읽어볼수록 그 진가는 새롭게 음미되어야 함을 확신한다.

그 법이 신으로부터 왔다는 것도 전근대성으로 지적되는 이유 중 하나이지만, 그 법의 목적은 "정의로운 자들이 지배하여 사악한 악행을 저지르는 자들을 박멸하기 위한 것"이다. 인류의 초창기 가부장들이 노예는 물론이고 자식들에게도 왕처럼 군림할 때, 이 법은 처벌의 한계를 명문화했다. 차별 조항이라지만 '무전 유죄, 유전 무죄'는 언제나 있어왔던 것 아닌가.

법관의 책임을 언급하는 부분에서는 놀랄 수밖에 없다. 판결을 내렸는데, 그것이 법관의 잘못으로 소송 당사자에게 피해가 갔음이 훗날 밝혀지면 그 법관은 피해액의 12배를 배상해야 하며 법관직을 영원히 잃는다. 과실에 의한 판결에도 이런 책임을 부과했는데, 권력자에게 부역하며 법의 정의를 유린한 자들에게는 어떤 처벌이 내려져야 할지는 상상조차 못할 일이기에 그에 대한 명문화된 규정이 없었을 것이다.

권력, 법, 연구, 정의, 차별, 풍자 **(2018-07-19)**

피털루 대학살 ● 헨리 헌트

나폴레옹전쟁이 끝난 뒤 영국에 기근이 덮쳤고, 전쟁에서 돌아온 사람들로 인한 실업 사태는 고질적으로 이어졌다. 거기에 더해 곡물법이 도입되었다. 전쟁 당시 나폴레옹의 대륙봉쇄령 때문에 곡물 수입이 어려워져 가격이 폭등했는데, 전쟁이 끝나자 정상을 되찾았다. 그런데 지주들은 곡물 가격 하락으로 인한 이익 감소가 불만이었다. 그래서 그들의 이익을 대변하던 의회에서 곡물법을 도입해 수입 곡물에 높은 관세를 매긴 것이었다.

이러한 상황에 불만을 품은 사람들이 1819년 8월 맨체스터의 세인트피터스필드, 즉 '성 베드로 광장'에 모였다. 의회의 개혁을 갈망하던 사람들과 참정권 획득에서 배제된 북잉글랜드 주민들의 요청에 부응하여 '맨체스터 애국연합'에서 조직한 평화 시위였다. 군중의 규모가 6만에서 8만 명에 달했다고 하니 엄청난 호응을 얻은 집회였던 것이다. 마차를 개조해 만든 연단에서는 유명한 급진주의자 헨리 헌트의 연설이 예정되어 있었다.

다른 한쪽에서는 지역의 판사들이 이 장면을 지켜보고 있었다. 그들은 헌트를 비롯한 주동자들을 체포하고 군중을 해산시켜달라고 군대에 요청했다. 영국 정규군 기병대는 물론이고 지역의 지주들과 그 하수인들 1500여 명이 말을 타고 칼을 휘두르며 군중에게 달려들었다. 일부는 술에 취한 상태로. 군중 쪽은 무장도 하지 않았고 아녀자들까지 포함되어 있었다. 아녀자 다섯을 포함해 18명이 목숨을 잃고 약 700명이 부상을 당했다. 이 사건을 비꼬기 위해 그 4년 전에 벌어진 워털루전쟁에 빗대어 '피털루 대학살'이라고 부른다.

소식을 전해들은 시인 셸리는 「무정부의 가면」이라는 시를 썼다. 그 시는 이렇게 끝난다. "잠에서 깬 사자처럼 일어나라./ 정복되지 않을 숫자로 일어나라./ 잠이 들었을 때 당신들에게 씌워진/ 쇠사슬을 이슬처럼 땅에 내려치라./ 그대들이 많고, 그들은 적다." 이 시는 30여 년 동안 인쇄가 금지되어 있었다.

근대, 문학, 작품, 전쟁, 풍자 (2017-07-20)

경마장에서의 죽음

● 에밀리 데이비슨

엡섬 더비는 영국에서 가장 유서 깊은 경마 경기로서 골프와 테니스에서 영국 오픈이 그냥 '오픈'이라고 불리는 것처럼 단지 '더비'라고 불리기도 한다. 이제는 '더비'라는 말이 큰 규모의 경마 경기를 가리키는 보통명사로 통용되기도 하니 그 명성이 어느 정도일지 짐작이 간다. 매년 6월 초에 서리주의 엡섬 경마장에서 열리는 이 경주는 텔레비전으로 생중계되며 세계 곳곳에서 관심을 불러일으킨다.

1913년 6월 4일, 엡섬 더비에서 사고가 났다. 한 여성이 트랙에 뛰어들어 질주하던 말에 부딪혀 쓰러진 것이다. 충돌한 말은 국왕 조지 5세 소유의 앤머였다. 병원으로 실려간 지 나흘 만에 사망한 40대 초반의 이 여성은 에밀리 데이비슨이라는, 여성 참정권을 위해 싸우던 투사였다.

데이비슨은 에멀린 팽크허스트가 결성한 '여성사회정치연합'의 활동 과제를 그야말로 초과 달성한 회원이었다. 팽크허스트는 "말이 아닌 행동"을 구호로 삼아 여성 참정권 쟁취를 위해 과격하게 행동해 세간의 관심을 끌었었다. 데이비슨은 투석과 방화 등의 혐의로 아홉 차례나 수감되었고, 감옥에서도 단식 투쟁을 벌였다. 당시 단식 투쟁을 벌이는 여성 참정권주의자들에게는 강제로 음식물을 주입하는 것이 관행이었는데, 데이비슨은 49차례나 그런 일을 당했다.

그런데 왜 그는 말들이 전속력으로 달리는 경마장에 뛰어들었을까? 전에도 감옥에서 투신한 적이 있다는 이유로 자살의 장소로 그곳을 택했다는 설이 있었다. 그러나 당시 뉴스 보도용 영상을 면밀히 관찰한 결과, 데이비슨의 목적이 여성 참정권에 대한 대중의 관심을 촉발하려고 일부러 왕의 말을 골랐다는 것이 밝혀졌다.

데이비슨은 질주하는 앤머의 굴레에 무엇인가를 부착하려 애쓰고 있었다. 그것은 여성에게 투표권을 부여하라는 구호를 담은 '여성사회정치연합'의 깃발이었다. 그의 묘비에는 "말이 아닌 행동"이 새겨져 있다.

권리, 스포츠, 유래, 저항 **(2016-07-21)**

떠돌이 배우 • 오마 샤리프

이탈리아 축구 대표팀은 하늘색을 뜻하는 '아주리' 군단이라 불린다. 정교한 팀워크가 요구되는 카드 게임인 브리지 이탈리아 대표팀의 이름도 '아주리' 소대이다. 그들은 세계 선수권대회를 번번이 석권할 만큼 탁월했는데, 오마 샤리프는 그들 실력에 버금갔다. 그런데 아주리 소대는 그와 게임을 할 때면 불평을 늘어놓곤 했다. 대다수가 귀부인들로 이루어진 관중이 일방적으로 샤리프를 응원했기 때문이다.

영어권의 첫 영화 〈아라비아의 로렌스〉에서 그를 비중 높은 조역으로 기용하려 하자 주변에서 우려가 많았다. 그러나 현지 출신에게 맡겨야 한다는 데이비드 린 감독의 고집에 부응해 훌륭한 연기를 선보였고, 린은 그의 든든한 조력자가 되었다. 그는 아랍어 외에도 영어, 프랑스어, 독일어, 스페인어, 그리스어, 이탈리아어까지 완벽하게 구사했기 때문에 어떤 영화에서도 떠도는 외국인의 배역을 충실히 소화했다.

실제 삶에서도 그는 떠돌이였다. 레바논에서 이집트의 알렉산드리아로 이주한 가톨릭 가정에서 태어난 그는 카이로에서 정규 교육을 받았다. 런던의 극예술 아카데미에서 연기 수업을 받은 뒤 이집트의 영화계에서 경력을 쌓아가던 그는 당시 인기 절정의 여배우 파텐 하마마와 결혼하기 위해 이슬람으로 개종했다. 당시 이집트 정부의 까다로운 출입국 조건에 반발한 그는 유럽과 미국에 머무르기를 택했고, 그 결과는 별거와 이혼으로 이어졌다.

〈화니 걸〉을 촬영하며 여주인공 바브라 스트라이샌드와 사랑에 빠진 일은 삶의 자극제가 되었을지언정 유랑의 처지를 강화할 뿐이었다. 이집트와 이스라엘 사이에 '6일 전쟁'이 벌어진 당시 이스라엘의 강력한 후원자였던 스트라이샌드의 새 연인에게 이집트의 정부와 국민 모두 등을 돌렸기 때문이다.

할리우드의 생활이 그에게 명성과 부를 가져다준 것은 확실하지만 밀려드는 고독과 조국에 대한 그리움은 어쩔 수 없었다. 얼마 전 작고한 그의 영혼이 고향 땅을 밟았기를.

스포츠, 영화, 작품, 현대 **(2015-07-22)**

귀족의 문장 •

귀족은 물론이고 왕가까지도 저마다 가문을 상징하는 문장을 갖고 있다. 이탈리아의 사상가 잠바티스타 비코는 그것의 기원과 이후의 변천에 대해 흥미로운 사실을 전해준다. 흔히 야전지의 깃발에서 비롯되었다고 하는 문장은 어떤 가문이 다른 가문과는 다른 그들만의 귀족의 권리와 특권을 갖고 있음을 뜻했다. 그러한 문장이 국기와 같은 공적인 휘장이 되었고, 침묵의 언어처럼 군대의 기강을 바로잡는 데 유용한 군기로 격상되었다는 것이다. 그런데 그 최초의 전쟁터는 어디였을까? 그것은 씨를 뿌려 수확을 하려는 경작지였다는 것이다. 경작지야말로 자연과의 전쟁에서 인간이 처음으로 획득한 전리품이었고, 그러한 사정은 유럽 언어의 어원에 그대로 남아 있다.

아직 언어가 발달하지 않은 시절에 문장은 상징을 통한 말, 즉 일종의 상형문자가 되어 울타리가 쳐진 자신들의 땅을 가리키는 표지가 되었다. 토템폴과 문장이 같은 기능을 했던 것이다. 즉, 그것은 소유권의 상징이었는데, 이후에 가축이나 상품에 문자나 문장을 새기는 것도 역시 소유권을 식별하기 위해서였다. 귀족들의 문장은 검은색, 초록색, 황금색, 푸른색, 붉은색으로 넘쳐난다. 그것은 씨를 뿌린 땅의 색깔이 계절에 따라 변하는 것을 뜻했다. 그러한 문장은 보통 방패에 새겨져 있었는데, 그 방패는 울타리가 쳐진 땅의 경계선을 상징했다. 문자가 발달하며 점차 문장에도 간단한 글자가 새겨지게 되었는데, 프랑스 왕가의 문장에는 "백합은 물레를 돌리지 않는다"는 구호가 적혀 있다. 백합으로 상징되는 왕위의 상속에 물레로 상징되는 여성이 개입할 수 없다는 것이다.

오늘날에는 운동선수들이 문장을 가장 많이 사용하는 것처럼 보인다. 유명한 선수들일수록 자신을 후원해주는 업체의 로고를 달고 있다. 확실히 오늘날의 귀족은 기업인 것이 틀림없다. 스포츠의 스타들이 아무리 많은 돈과 명예를 얻는다 할지라도 그들은 기업이 달아놓은 소유권의 상징인 문장에 불과하기 때문이다.

스포츠, 연구, 유래 **(2019-07-25)**

의로운 여인들 •

독일 서남부에는 바인스베르크라는 작은 도시가 있다. 와인 산지로 유명하기 때문에 그런 이름이 붙었을까? 오늘날 인구 1만 명 남짓의 이 도시가 한때는 신성로마제국의 황제 자리를 다투는 사람들에 의해 벌어진 전투의 중심지였다. 그렇지만 그 전투 자체보다는 마무리 과정에서 비롯되었다는 어느 아름다운 이야기가 사람들의 심금을 울리며 회자된다.

콘라트 3세는 호엔슈타우펜 가문 최초로 신성로마제국의 황제에 올랐다. 당시 벨프 가문은 호엔슈타우펜 가문과 쌍벽을 이루며 최고 권력자의 자리를 두고 다퉈왔다. 벨프 4세는 자신을 지지하던 바인스베르크 주민들을 선동하여 반란을 획책했다. 그러나 콘라트 3세의 포위 전략이 성공을 거두어 결국 바인스베르크시는 항복할 수밖에 없었다. 당시의 관례는 승리자가 내거는 항복의 조건을 패배자들이 받아들여야 하는 것이었다. 콘라트 3세의 조건은 여자들만은 살리겠다는 것으로, 그들이 등에 지고 나를 수 있는 만큼만 챙겨서 그 도시를 떠나는 것을 허용한다는 것이었다. 그러자 바인스베르크의 그 충직한 여인들은 아들과 남편과 아버지를 등에 업었다.

황제는 그 승리의 순간에 성문 앞에 서 있었다. 승리자가 무례하게 구는 것도 자연스러운 관례였지만 그는 분노를 억제했다. 권력의, 특히 황제 자리의 경쟁자에 대한 분노는 끔찍한 결과를 초래할 수 있는 시대인데도 그것을 참은 것이다. 그의 군대는 칼과 창을 빼들고 바인스베르크의 남자들을 모조리 살해하려고 대기하고 있었는데 그들 모두가 안전하게 빠져나갈 수 있게 지켜보고만 있었던 것이다.

의로운 여인들의 행동에 화답한 황제의 인간성으로 미화된 이야기이다. 그러나 사실 황제는 자신의 법에 충실했을 뿐이다. 아직 세부적으로 명문화된 법이 존재하지 않을 때 황제의 말은 곧 법이었다. 어쨌든 비굴한 수사로 말을 바꾸는 법관들과 비교하면 여전히 아름다운 이야기이다.

관용, 법, 여성, 전쟁, 중세, 풍자 (2018-07-26)

독재자의 연인? ● 레니 리펜슈탈

수영과 그림에 소질을 보이던 한 소녀가 무용에도 관심을 보여 유명한 무대감독인 막스 라인하르트를 따라 유럽 도처에서 공연까지 하게 되었다. 그러다가 무릎에 이상이 생겨 무용을 포기할 지경이었는데, 치료를 위해 의사를 만나러 가다가 〈운명의 산〉이라는 영화의 포스터를 보게 되었다. 그것이 레니 리펜슈탈이 영화에 입문하게 된 계기였다.

배우로 출연한 영화 다섯 편이 연달아 성공을 거둔 뒤 그는 자신만의 영화를 만들겠다고 결심했고, 그 결과 〈푸른 빛〉이 나왔다. 그가 여주인공으로 출연한 이 영화는 독일에서 평판이나 호오가 극명하게 갈렸지만 한 명의 열성적인 팬을 만들었으니, 그가 당시 권력자로 떠오르던 아돌프 히틀러다. 히틀러는 훗날 자신과 나치 홍보 영화의 제작을 레니에게 맡겼다.

그렇게 홍보 영화 〈신념의 승리〉와 〈올림피아〉가 태어났다. 〈신념의 승리〉는 1934년 뉘른베르크에서 치러진 나치의 전당대회를 영광스럽게 묘사한 선전물로 나치 추종자들 70만 이상이 관람했다. 〈올림피아〉는 우리에게는 손기정 선수의 마라톤 우승으로 기억되는 1936년의 베를린 올림픽을 기록한 다큐멘터리이다. 물론 그 올림픽 자체가 아리안족의 우수성을 과시하기 위해 개최된 것이었다.

두 영화는 가장 효과적이고 혁신적인 영화 기법을 도입했다는 점에서 세계적인 관심과 찬사를 받았다. 그렇지만 기법이 혁신적이었다 하여 내용까지 묵과할 수는 없었다. 레니의 영화가 히틀러의 성공을 결정적으로 거들었다는 주장까지 나오면서 종전 뒤 체포되었지만, '단순 동조자' 정도로 전쟁 범죄와는 관련이 없다는 평결을 받았다.

그렇지만 나치와 관련된 세 편의 영화를 제작하는 데 협력했던 히틀러와의 관계가 어떤 성격의 것이었는지 아직도 논란이 많다. 백 살이 넘어 천수를 마감한 그도 역사의 희생자였을까.

스포츠, 여성, 영화, 정의 **(2017-07-27)**

잃어버린 밤 ● 로저 에커치

로저 에커치는 산업혁명 이전 구미의 방대한 자료를 섭렵하여 '밤'에 관한 모든 것을 책으로 펴냈다. 그것은 밤의 위험과 그에 대한 방비책, 밤의 망상이나 악몽, 밤의 놀이, 불면증 등등 밤에 관한 일종의 '잡학 사전'이었다. 그는 "인간 역사의 절반은 전반적으로 무시되었다"고 말하며, 자신이 그 공백을 메웠다고 언명했다.

나는 이 책을 『밤의 문화사』라는 제목으로 번역한 적이 있다. 8년 전쯤의 일이다. 그런데 이 책을 다시 내고 싶다고 한 출판사에서 기별이 왔다. 웬일인가 알아보니 그사이에 에커치는 전 세계적인 명사가 되어 있었다. 역사가 버나드 베일린, 문학비평가 테리 이글턴 같은 석학의 상찬은 물론이고 세계 도처의 유수한 언론 매체에서 그 책에 귀중한 지면을 할애한 것까지는 알았는데, 그것을 넘어섰다.

영국과 미국을 대표하는 방송에 출연하며 다큐멘터리 프로그램의 진행자 역할까지 맡았다. 궁금했던 그 이유를 알고 나서는 역사 전공자의 편협한 고정관념을 자책하게 되었다. 그가 고증한바, 먼 옛날 사람들이 잠을 두 번 잤다는 사실은 내게 단지 흥미로운 일화에 불과했다. 그러나 다른 사람들은 그것을 훨씬 넘어서는 통찰을 이끌어낸 것이다.

웰빙을 강조하는 오늘날 숙면의 중요성은 국가나 기업의 큰 관심사가 아닐 수 없다. 숙면의 조건을 찾으려던 사람들에게 이 책은 한줄기 빛이었다. 먼 옛날부터 사람들이 자는 방식에 일정한 유형이 있음을 확인한다면 잠의 미래를 예측할 수 있을 것이기 때문이다.

브라운대학 의대의 한 교수는 "잠과 관련된 전통적 가설에 대한 새로운 공격이 제약회사나 대학 연구소가 아니라 한 역사가에게서 나왔다"는 사실에 놀란다. 영국과 일본의 정부에서는 그의 연구를 숙면을 위한 국가적 지침으로 받아들였다. 국민의 건강을 위해 이런 책까지 참고하는 그들 정부를 보는 부러움이란……. 이 책은 『잃어버린 밤에 대하여』라는 제목으로 출판되었다.

연구, 작품, 현대 **(2016-07-28)**

왜 세계의 절반은 굶주리는가? ● 장 지글러

쿠데타로 대통령에 오른 뒤 30여 년 동안 콩고를 장악하며 국호까지 '자이르'로 바꿨던 모부투는 부정축재로도 악명 높다. 모부투가 권좌에서 축출된 뒤 스위스의 국회의원 장 지글러는 스위스의 은행 관리가 모부투의 재산을 보호하기 위해 거짓말을 하고 있다고 문제를 제기했다. 모부투가 대통령일 때 이미 그의 재산을 몰수해 독재가 종식되면 콩고 국민들에게 돌려줘야 한다고 주장한 바 있던 그였다.

지글러는 스위스 정부의 추천을 받아 유엔 인권위원회의 식량특별조사관으로 활동했다. 빈곤과 기아 문제를 전공한 사회학자이기도 한 그는 빈곤과 사회구조 사이의 관계에 대해 엄밀하지만 결코 인도적 관점을 잃지 않는 글로 주목을 받아왔다. 조사관으로서 그는 현장에서도 탁월한 능력을 보였다. 에티오피아, 콩고, 남아프리카공화국, 브라질, 칠레, 북한 등 굶주리는 사람들이 있는 곳에는 그가 있었다.

빈곤과 기아의 문제에는 구미의 강력한 정부와 국제 자본이 개입되어 있기에 일개 조사관으로서 문제를 해결하기는 벅찼다. 그러나 그는 주어진 조건에서 최선을 다했을 뿐 아니라 그

정황을 강의와 책으로 널리 알리는 일에도 진력했다. "굶주림으로 죽은 아이는 살해된 아이"라는 그의 말은 빈민운동을 펼치는 사람들이 애호하는 구호가 되었다.

국내에도 『왜 세계의 절반은 굶주리는가?』를 필두로 여러 책이 번역 출간되었는데, 이 책은 이미 스테디셀러로 자리잡았다. 하지만 아직도 더 많은 사람들이 읽게 되기를 바란다. 왜냐하면 이 책은 빈곤과 기아의 문제를 방치하다못해 조장하는 여러 정부와 다국적 기업의 낯부끄러운 결탁을 드러내며, 그에 대처해야 할 개인들의 자세까지 가다듬어주고 있기 때문이다.

개인적으로도 특히 고마운 책이다. 우리 사회의 모순을 망연자실 바라보다가 그것을 이해하기 위한 실마리를 제공해준 데 더해, 칼럼을 쓰기 위한 수많은 이야깃거리까지 얻게 했으니 말이다.

관용, 신념, 작품, 지도자, 현대 **(2015-07-29)**

그때 그 사람 ● 실바나 파트리아르카

나는 이탈리아 역사가 카를로 긴츠부르그가 자신의 박사학위 논문을 확장한 저서 『베난단티』를 2004년에 『마녀와 베난단티의 밤의 전투』라는 제목으로 번역 소개했다. 그때의 '옮긴이의 말'을 기억하는 분들은 실바나 파트리아르카라는 이름을 어렴풋이 떠올릴지 모르겠다. 토리노에서 석사학위를 위해 텍사스로 유학을 온 그와 함께 수업을 들었던 것이 내게는 큰 행운이었다. 뛰어난 실력과 논리로 수업을 압도했던 그에게 이탈리아 학자를 연구하겠다는 내가 특이하게 비쳤는지, 이탈리아어를 공부하라는 의미까지 곁들여 내게 건네준 책이 『베난단티』였던 것이다. 그 내막을 책에서 읽은 이들마다 내게 물어본 것은 책의 내용이 아니라 특별할 것도 없는 실바나와의 관계였다.

그 학기에 석사학위를 마친 그는 박사학위를 위해 존스홉킨스대학으로 갔다는 것이 내 기억의 끝이었다. 퇴임이 임박하니 옛 생각이 절로 나면서 실바나로까지 회상이 이어졌다. 당시로서도 뛰어난 실력을 가졌던 그라면 무엇을 하더라도 두드러질 것 같아 검색을 해봤더니 제수이트 교단에서 뉴욕에 설립한 포덤대학의 사학과 교수로 있다. 그런데 저서와 논문과 서평과 백과사전 기고 목록이 A4 용지로 열다섯 페이지가 넘게 빼곡하다. 학문의 세계에서 양으로 판가름하려는 것은 잘못이라 할지라도 이 정도의 엄청난 양이라면 놀라지 않을 수 없다.

더구나 방대한 연구 영역이 상상을 초월한다. 무솔리니 체제를 포함한 이탈리아 현대사, 민족주의, 젠더의 역사, 인종주의의 역사, 역사통계 방법론, 사회과학의 역사 등에 걸쳐 괄목할 만한 저서를 냈고, 영국, 프랑스, 이탈리아의 여러 대학과 연구소에서 초빙 강연회와 세미나를 주도하고 있는 것이다. 유튜브의 강연도 들어봤다. 예전과 다름없이 비판적인 안목으로 아프리카 출신 연합군 병사들과 이탈리아 여성들 사이에서 태어난 '갈색 아기들'을 논하며 가톨릭 국가에서 무솔리니 이래로 지속되는 인종차별과 여성차별을 고발한다.

연구, 작품, 차별, 학문, 현대 **(2019-08-01)**

만가 ● 노회찬

특강이 시작되자 곧 강의실의 맨 뒷자리에 숨어들듯 자리잡았다. 간간이 청중의 웃음을 자아낼 만큼 기지 넘치는 발언이 많았지만 내용은 진지했다. 수업시간에 자연법사상에 대해 공허하게 이론을 읊어대는 나의 강의보다 훨씬 훌륭했다.

왜 정부가 의료나 교육이나 공공안전의 문제를 민간 기관에 맡기면 안 되는가 하는 내용이었다. 그것은 국민 모두의 건강과 안전과 행복 추구에 관한 문제이기 때문에 사설 기관에 맡겨 비용을 감당할 수 있는 소수만 혜택을 누릴 수 있게 해서는 안 된다는 것이었다.

사회가 있기 이전에 자연이 있었고, 인간은 그 자연 속에 태어난다. 그렇게 태어남으로써 인간은 사회에서 규정한 권리보다 먼저 존재하는 자연권을 갖는다. 거의 모든 나라의 헌법마다 그 천부의 권리를 보장하고 있다는 논리를 그는 로크나 루소의 예를 들지도 않으면서 훨씬 간명하게 설파했던 것이다. 이후 영화를 통해 민주주의 역사를 설명하는 교양 강의나 서양사상사에 대한 전공 강의에서 했던 나의 설명의 많은 부분은 그 특강을 통해 얻은 깨달음을 나의 말로 바꾸어 학생들에게 전달한 것에 불과했다.

그 강의실의 뒷자리에서 강단의 노회찬을 바라본 것이 내가 그와 물리적으로 가장 가까이 있었던 경험이다. 그러나 심정적으로는 훨씬 더 가깝게 느꼈던 것 같다. 강의뿐 아니라 글을 쓸 때도 그를 염두에 둔 적이 많았다. 국가의 본질에 대한 니체의 주장을 말할 때 특히 그러했다. 합당한 국가는 인간의 존엄을 파괴하지 않으며, 국가는 윤리적 · 문화적 주체로서 인간이 스스로를 구원할 수 있는 기회를 제공해야 하는데, 근대의 국가는 이익 추구의 수단으로 바뀌어버렸을 뿐이라는 니체의 개탄에서도 그를 봤던 것이다.

터져나온 허탈한 울음도 그런 심정적 가까움 때문이었을 것이다. 국가를 대신하여 대다수 국민을 위해 온몸으로 살아왔던 그가 떠나는 길에 보잘것없는 이 글을 올린다.

관용, 권리, 신념, 열정, 철학, 현대 (2018-08-02)

인간 기관차 ● 에밀 자토페크

한 소년에게 운동 코치가 달리기 경주에 나가보라고 했다. 허약해서 못한다고 거절했지만, 계속되는 종용에 결국 출전하여 100명 중 2등을 했다. 승부욕이 강했던 그 소년은 달리기에 흥미를 갖기 시작해 체계적인 훈련을 받기로 결심했다. 이것이 체코슬로바키아의 육상 영웅 에밀 자토페크가 선수로 변신하게 된 계기였다.

국내에서 장거리 경주를 휩쓸던 그는 1948년 런던 올림픽의 1만 미터 경주에서 금메달을, 5000미터 경주에서 은메달을 땄다. 그러나 그것은 4년 뒤 헬싱키 올림픽에서 얻게 될 영광의 서막에 불과했다. 5000미터, 1만 미터에서 금메달을 딴 자토페크는 마지막 순간에 마라톤에 출전하기로 결정했다. 그리고 우승했다. 처음으로 달린 마라톤 경기였다. 그는 같은 올림픽에서 5000미터, 1만 미터와 마라톤에서 금메달을 딴 유일한 선수다. 그에게는 '인간 기관차', 또는 '체코 기관차'라는 별명이 붙었다.

그가 5000미터 경주에서 우승한 뒤 곧이어 아내 다나도 투창에서 우승했다. 친화력이 뛰어나고 여섯 개의 언어에 능통한 그의 집에는 전 세계에서 많은 선수들이 찾아들었다. 경기장의 경쟁자들까지도 방문하여 "가장 즐겁고 행복한 집"이었다고 술회할 정도였다. 국가의 영웅이 된 그 부부는 공산당 내부의 요직에 있으면서 영화를 누릴 수 있었다.

그러나 1968년에 '프라하의 봄'과 그에 이은 소련의 침공으로 처지가 바뀌었다. 어릴 적 조국이 나치에 점령당했을 때 분노를 삭이며 달리기에 몰두했던 그는 이번에도 가만히 있지 않았다. 그는 민주화 세력에 힘을 보태며 '2000인 선언'에 서명했고, 그것으로 모든 것을 잃었다. 요직에서 물러난 정도가 아니라 우라늄 광산과 같은 곳에서 강제 노역에 처해졌다.

바츨라프 하벨이 대통령이 되어서야 그는 복권되었다. 그렇지만 당시 얻은 병으로 줄곧 앓다가 사망했다. 프라하에서 열린 장례식은 체코의 국장으로 치러졌지만, 애도의 물결은 국경을 넘어섰다.

신념, 스포츠, 저항, 전쟁 **(2017-08-03)**

자연 도태(?) ● 토머스 맬서스

생물 종들의 궁극적인 목표는 개체 번식이다. 그 과정에서 자연 속에 제한적으로 주어진 먹이를 얻기 위해 종들 사이의 경쟁이 벌어지고, 먹이를 얻기 위해 환경에 잘 적응한 종이 자연의 선택을 받아 살아남는다. 이것이 '자연선택설'인데, 잘못 적응한 종의 처지에서는 그것이 '자연도태설'이 된다. 이것은 진화론의 작동 메커니즘 가운데 하나다. 세계사 교과서에서는 진화론을 사회에 적용하여 '사회진화론'이 등장했다고 설명한다. 그 이론에 따르면 잘 적응한 선진국이 부적응 후진국을 지배하는 것이 당연하다. 따라서 사회진화론은 제국주의를 합리화하는 첨병의 노릇을 톡톡히 했다.

그런데 사실은 사회진화론이 생물학적 진화론에 선행했다. 이미 18세기 말에 영국 국교회의 성직자였던 토머스 맬서스는 『인구론』에서 인구는 기하급수적으로 증가하지만 식량은 산술급수적으로 늘어난다는 논리를 펼쳤다. 결과적으로 식량은 늘어나는 인구를 감당하지 못해 재앙이 뒤따르게 되는데, 기근과 질병이 인구를 조절해서 이 세상이 제대로 돌아갈 수 있도록 만들어준다는 것이다. 그러니 기근과 질병은 인구를 줄여주는 자연적 수단이며 가난한 자들에 대한 복지 대책이나 지원은 불필요하다는 것이다.

다윈은 물론이고 동시대에 같은 결론에 도달했던 월리스와 같은 진화론자들이 『인구론』을 읽고 영향을 받았으니 사회진화론은 확실히 생물학적 진화론보다 앞서 존재했다. 그런 영향력의 확산 과정보다 더 중요한 것은 당시 구빈법과 같은 복지 법안에 반대하는 자들이 맬서스의 이론을 동원했다는 사실이다. 게다가 아직도 그 그릇된 이론을 들먹이는 사람들이 있다는 것이 더더욱 중요하다. 국내에서는 무상급식에 반대하는 자들이, 국제적으로는 식량 가격을 높게 유지하려고 잉여 식량을 굶는 사람들에게 분배하느니 버리는 쪽을 택하는 강대국들이. 약자가 죽는 것이 당연한 자연의 법칙이라면 그들에게는 양심의 가책을 덜어주는 이론임이 확실하다.

과학, 연구, 작가, 작품, 풍자, 학문 **(2015-08-05)**

겸허한 노대가 • 빌헬름 빈델반트

19세기 후반 프랑스에서 실증주의가 강력하게 대두하며 역사학을 비롯한 인문학까지도 과학화되어야 한다는 물결이 크게 일었다. 이에 대응하여 독일에서 일어난 반발이 역사주의였다. 역사주의라고 하지만 이 학문적 경향을 주도한 인물들은 이른바 '신칸트학파'에 속하는 철학자들이었다. 그 핵심에 하이델베르크대학을 중심으로 서남독일학파를 창시한 빌헬름 빈델반트가 있었다. 그는 자연과학의 방법이 "법칙정의적"이라면 역사학의 방법은 "개별기술적"이라 하여 그 방법에 차이가 있음을 논증했다.

빈델반트는 스트라스부르대학의 총장까지 지냈는데, 그의 제자 하인리히 리케르트는 자연과학과 역사학의 차이가 문화적 가치와의 관련성에 있다고 논하며 자연과학과 문화과학을 구분했다. 그 문화과학의 대표적 학문이 역사학으로서, 이들이 밝힌 역사학의 목적이나 대상이나 방법론은 지금까지도 큰 힘을 발휘하며 거의 정설로 굳어져 있다.

1893년 빈델반트가 두 권으로 된 방대한 『철학사』를 출간했다. 이탈리아의 역사철학자 베네데토 크로체가 이 책에 대해

서평을 썼다. 거기에서 그는 이 책이 아무리 훌륭하다 할지라도 잠바티스타 비코의 저작에 대한 언급을 어디에서도 찾을 수 없음은 유감이라고 지적했다. 빈델반트는 그 비판의 중요성을 즉각 인정했다. 그리하여 1901년에 나온 재판본에서는 비코를 다룬 부분을 추가했던 것이다. 이 노대가의 겸허함에 감복한 크로체도 가만히 있지 않았다. 그는 1911년에 『비코의 철학』이라는 책을 내면서 그것을 빈델반트에게 헌정했다.

이것은 철학의 역사에서 회자되는 미담에 그치지 않는다. 벨기에 출신의 저명한 사상사가 폴 아자르는 『유럽 의식의 위기』라는 저서에서 비코가 만일 자신의 시대에 유럽에서 독자층을 확보했더라면 유럽의 사상 자체가 다른 방향으로 나아갔을 것이라고 단언했다. 크로체는 노대가에게 감사하며 뒤늦게나마 유럽의 사상이 흘러갈 방향을 바꾸는 데 힘을 보탰던 것이다.

🔑 과학, 사상, 작품, 철학, 학문 (2019-08-08)

저주받은 시인 ● 딜런 토머스

영문학 교사인 아버지는 웨일스의 모든 것을 사랑했다. 중세 이래 웨일스에 구전된 '마비노기온' 전설의 등장인물 '덜란 아일 돈'에서 따와 아들의 이름을 '딜런'이라 지었다. 영어로는 '딜런'이지만 웨일스어로는 '덜란'이라 발음된다. 아들을 특히 아끼던 어머니는 그 발음이 영어로는 '따분한 사람'이라는 뜻으로 들릴까봐 걱정했고, 아들 역시 자신의 이름을 '딜런'이라 불러주길 원했다. 그의 삶은 결코 따분하지 않았다. 시인 딜런 토머스는 기행과 질병으로 점철된 짧은 삶을 살았다.

천식과 기관지염으로 병약했던 그는 독서와 시 쓰기를 좋아했다. 지역 신문사의 기자였던 그는 비슷한 성향의 친구들과 어울렸다. 신문사 근처의 카도마 카페는 그들의 아지트였다. '카도마 갱단'이라 불리던 그들은 아인슈타인, 피카소, 스트라빈스키, 그레타 가르보 등등 다양한 인물들에 대해 토론하며 창조적 열정을 달랬다. 그 자리에 빠질 수 없었던 것이 술이며, 토머스는 허약한 체질인데도 불구하고 거의 폭음에 가까운 음주 습관을 들였다.

결혼도 이례적이었다. 친구의 연인이었던 무용수 케이틀린과 첫눈에 반해 곧 결혼했던 것이다. 만난 지 10분 만에 침대에 같이 누웠다고 토머스는 말하곤 했다. 그렇지만 결혼은 또다른 고통의 시작이었다. 이름이 꽤 알려졌다 할지라도 시인은 가난에서 벗어나기 어려웠고, 가족을 부양하는 일은 더 큰 궁핍의 원인이 되었기 때문이다. 방송을 통한 시 낭송으로 또다른 수입원을 찾은 그는 미국으로 시 낭송 순회공연을 떠났다. 그곳에서의 음주에 따른 기행은 결국 죽음으로 이어졌다. 그는 이미 '저주받은 시인'으로 불렸다.

영화 〈인터스텔라〉로 유명해진 그의 시는 임종을 맞은 아버지를 위해 쓴 것이다. "안락한 밤으로 순순히 들어가지 마시오. 날이 저물 때 늙은이는 불타고 아우성치는데, 죽어가는 빛에 분노하고, 또 분노하십시오." 젊은이에게도 힘을 주는 시다.

O┳ 문학, 변화, 영화, 용기, 유래, 현대 **(2018-08-09)**

꼬마 니콜라 ● 장자크 상페

수업시간에 딴전만 피우는 아이가 있었다. 악한 성정으로 남에게 해를 끼치는 일은 없이 그저 집중을 하지 못했을 뿐인데 학교에서 퇴학당했다. 이후 그에게는 좋은 일이 생기지 않았다. 그는 고향 마을 보르도의 집집을 돌아다니며 치약을 팔거나, 조금 더 넓게는 지롱드주의 많은 언덕을 자전거로 오르내리며 와인을 배달했다. 우체국, 경찰서, 은행, 철도회사에 취직하려고 면접을 봤으나 모조리 거절당했다.

그러다가 장자크 상페가 마침내 간 곳은 열여덟이라는 나이를 속이고 들어간 군대였다. 그곳만이 숙식을 제공하는 유일한 장소였기 때문인데, 거기에서 그는 그림을 그리겠다는 마음을 굳혔다. 다른 모든 통로가 막혔기에 어쩔 수 없는 선택이었는데, 그것도 쉬운 길은 아니었다. 보초를 서는 동안에 그림을 그리다가 적발되어 문책을 당하기도 했던 것이다.

제대한 뒤 파리로 진출하여 신문에 만평을 실으며 생계를 유지하려 했지만 역시 쉽지 않았다. 그림으로 그럴듯한 삶을 꾸릴 수 있게 되기까지는 근 15년이 걸렸다고 그는 술회한다. 많은 사람들이 상페 인생의 전기는 그가 르네 고시니를 만나 '꼬마 니콜라'라는 캐릭터를 만들게 된 데 있다고 생각한다. 상페 역시 그것을 인정하지만, 스스로는 그것보다 당시 〈뉴요커〉에 실린 만평들을 접하면서 영감을 얻은 것이 더 큰 계기였다고 말한다. 물론 그의 삽화는 〈뉴요커〉의 표지에도 여러 차례 실린 바 있다.

『꼬마 니콜라』가 성공을 거둔 주된 이유는 어른이 아닌 어린이의 눈으로 본 최초의 어린이 세계였다는 사실에 있다. 확실히 상페라는 인간 본인도 어린이다운 천진난만한 상상력으로 충만해 있다. 청중이 가득 들어찬 강당에서 사회자가 상페에게 물었다. "당신이 그린 많은 등장인물들이 색소폰을 붑니다. 왜 그렇죠?" 그는 단 한 마디의 임기응변으로 사회자를 제압했다. "쉬운 질문입니다. 플루트를 불 줄 몰라서 그렇습니다."

미술, 유래, 작품, 현대 **(2017-08-10)**

각주 전쟁 ● 앤서니 그래프턴

앤서니 그래프턴은 특이한 역사가다. 그는 미국에서 태어나 박사학위를 받았지만 미국의 역사가라고 규정하기는 어렵다. 그는 런던대학에서 수학했고, 이탈리아의 대학자 아르날도 모밀리아노를 사사했으며, 이탈리아 르네상스시대의 고전학자와 예술가는 물론이고 점성술가에 대한 연구에 이르기까지 폭넓고도 깊은 지식으로 명성이 높다. 그 업적을 인정받아 미국 역사학회 회장을 역임하기도 했다.

그의 국제성(?)을 가장 잘 보여주는 것이 『각주의 역사』라는 독특한 책이다. 이 책은 그래프턴이 쓴 영어 원고를 『독일 각주의 비극적 기원』이라는 제목으로 독일에서 먼저 번역 출간했다. 그것을 『현학의 비극적 기원』이라는 제목으로 프랑스에서 출간한 뒤에야 하버드대학에서 다시 손을 봐 『풋노트』라는 영어 제목의 책이 나왔다. 이 책의 국제 판권은 프랑스 출판사가 갖고 있으니 그 국적을 말하는 것은 무의미하다.

이 책은 랑케를 비롯한 독일의 역사가들에게서 각주가 생성되고 변형되는 과정을 추적한다. 오늘날 역사가를 포함한 학자들은 각주를 달거나 이용할 때 어느 정도 정형화된 틀 속에서 그 작업을 한다. 그러나 학문적 정직성을 보장하는 작은 장치로만 여겨져온 그 각주도 관련된 사람들의 정치적 성향, 종교, 학문적 경향, 연구 분야에 따라 작성법이나 이용법이 달랐고, 때로는 서로 대립하고 투쟁하기까지 했다. 정반합의 변증법은 각주의 세계에서도 엄연한 현실이었으며, 이 책은 그것을 세밀하게 추적한다.

이번에 국내에 번역 소개된 이 책을 통해 학문적 엄정성이라는 원칙이 어떻게 확립되었는지도 표절에 둔감한 이곳 풍토에서는 눈여겨봐야 할 대목이다. 그뿐 아니라 역사교과서 국정화 문제, 고대사 논쟁, 위안부 서술 문제 등등 역사에 대한 대중의 관심은 크지만 그에 훨씬 못 미치는 학문적 엄정성의 기준에 대한 인식에도 도움이 되길 바란다.

연구, 작품, 학문 (2016-08-11)

마르셀의 여름 • 마르셀 파뇰

마르셀 파뇰은 소설과 희곡을 주로 쓰던 작가였다. 셰익스피어와 베르길리우스의 작품을 프랑스어로 번역하기도 했고, 훗날 영화로도 창작 활동의 영역을 넓혀 영화사를 설립할 정도였다. 그런데 그의 어떤 작품을 보더라도 그가 태어난 프랑스 남부 프로방스 지역에 대한, 그리고 그곳과 얽힌 추억에 대한 회귀의 그리움이 절절히 묻어난다. 로마사의 인물들을 연상시키는 그의 희곡「마리우스」,「파니」,「세자르」연작은 마르세유 해변의 술집에서 벌어지는 젊은이들의 일상과 환상을 그리고 있다.

소설『아버지의 영광』과『어머니의 성』은 출간되자마자 성공을 거두어『비밀의 시간』이라는 후속 작품으로 이어졌다. 그 모두는 교사였던 아버지와 다정한 어머니, 그리고 동생들과 보냈던 휴가 기간에 대한 회상으로 구성되어 있다. 소설『콜린의 물』은「장 드 플로레트」와「샘의 마농」으로 이루어진 연작인데, 프로방스 지역의 순박한 듯 보이는 농부들 사이에서 벌어지는 재산을 둘러싼 암투와 여기에 얽힌 인간관계의 충격적인 반전을 그리고 있다. 마르셀 파뇰은 이 소설을 손수 영화로 제작하기도 했다.

파뇰의 작품이 시간을 넘어서 얻고 있는 공감은 그가 1974년에 사망한 뒤에도 작품들이 계속해서 영화로 만들어지고 있다는 사실로 확인된다. 〈콜린의 물〉은 1986년에 클로드 베리 감독이 다시 영상에 담았다. 우리에게는 〈마농의 샘〉으로 알려져 있는 2부작이다. 「마리우스」부터 이어지는 연작물도 21세기에 이르도록 텔레비전 드라마와 영화로 계속해서 새로 만들어졌다.

『아버지의 영광』과 『어머니의 성』은 1990년에 이브 로베르 감독이 영화로 만들었다. 우리에게는 〈마르셀의 여름〉과 〈마르셀의 추억〉이라는 제목으로 알려져 있다. 더위가 기승을 부리는 이 여름의 끝자락에 마땅한 휴가 계획이 없다면 가족들 모두 둘러앉아 이 영화들을 보면 어떨까. 잔잔한 웃음이 절로 나오는 가족애를 만끽할 수 있을 것이다.

⊶ 문학, 영화, 작가, 작품 **(2018-08-16)**

그 섬의 향거 ● 툴라

카리브해의 남부에는 퀴라소라는 작은 섬이 있다. 유럽 열강이 신항로를 개척한다며 약탈을 통한 부국강병에 나서던 시절, 오랜 항해에 시달린 선원들은 괴혈병에 걸리는 일이 잦았다. 포르투갈의 선박에서 괴혈병 환자들을 이 섬에 하선시켰다. 다시 돌아오니 그들은 치유되어 있었다. 자생하는 과일 속의 비타민 덕분이었을 텐데, 그들은 이곳에 '치유의 섬'이라는 포르투갈식 이름을 붙였고, 그것이 오늘날의 이름으로 정착했다고 한다. 자치권이 부여된 이 네덜란드의 구성국은 수도 빌렘스타트가 유네스코 세계문화유산으로 등재되었고, 주요 산업이 관광일 정도로 아름답다.

그러나 사람들은 아름다운 산천도 피로 물들였다. '퀴라소'는 '심장'이라고도 해석될 정도로 카리브해 교역의 중심지였는데, 물자뿐 아니라 노예까지도 사고팔았다. 이곳을 지배하던 네덜란드인들은 농장도 경영했다. 물론 농장의 노동력은 노예로 충당했고, 그들의 처지는 비참했다. 아프리카에서 포획되어 이곳에서 혹사당하던 툴라가 상황을 개선하려 했다. 몇 주에 걸쳐 봉기를 계획한 그가 50명 정도를 이끌고 백인 농장주 앞에 나서 자신들은 더이상 노예가 아니라고 천명했다.

다른 농장의 노예들까지 동조하면서 사태가 커졌고, 농장주들은 농장을 버리고 도시로 도주했다. 총독은 식민지를 수호해야 했다. 그는 해군을 동원해 진압에 나섰다. 첫 전투에서는 툴라가 승리했다. 총독부에서는 회유책을 제시했다. 그러나 이미 아이티에서 노예들이 자유를 얻은 사실을 알고 있던 툴라는 자유가 아니면 어느 것도 소용없다며 거부했다. 하지만 일시적인 승리를 거뒀다 할지라도 식민제국의 무력 앞에 노예들의 항거는 애초에 어불성설이었다. 저항군은 진압되었고, 체포된 툴라는 공개리에 고문을 받던 중 사망했다.

2013년 네덜란드에서 툴라의 항거를 다룬 영화가 나왔다. 퀴라소에서는 이 봉기가 시작된 8월 17일을 기념일로 기린다.

권리, 영화, 유래, 저항, 폭력 **(2017-08-17)**

맨발의 마라토너

● 아베베 비킬라

1960년 9월 10일 저녁 로마의 콘스탄티누스 개선문. 많은 사람들이 모였다. 다음날 폐막하는 올림픽 경기의 꽃인 마라톤 경주 완주자들을 맞기 위해서였다. 이윽고 도착한 우승자는 에티오피아의 아베베 비킬라였다. 사하라사막 이남의 아프리카 출신으로는 최초로 올림픽 금메달을 따는 순간이었다. 사람들은 그가 맨발로 달렸다는 것에 더 놀랐다.

한때는 너무도 가난한 아프리카 출신이라서 운동화를 구입하지 못해 맨발로 뛰었다는 이야기가 나돌았지만 사실이 아니었다. 원래의 에티오피아 대표 선수가 갑자기 심하게 아픈 바람에 아베베가 대체 선수로 선발되었다. 그렇게 그는 로마행 마지막 비행기에 가까스로 탑승했다. 로마 올림픽의 스폰서였던 아디다스에서는 선수들에게 운동화를 제공했는데, 아베베가 고를 수 있는 신발은 얼마 남지 않았고, 그마저 신기에 불편했다. 그래서 맨발을 택했던 것이다.

어쨌든 그것이 세계의 이목을 집중시켰고, 쏟아지는 질문에 그는 이렇게 대답했다. “나의 조국 에티오피아는 언제나 확고한 의지를 갖고 영웅답게 이겨왔고, 나는 그것을 입증하려 했습니다." 세계 신기록으로 우승한 그는 말 그대로 타고난 전사였다. 이후 그는 보스턴 대회를 빼놓고는 여러 나라에서 열린 대회마다 출전해 우승했다.

1964년 도쿄 올림픽이 열리기 40일 전에 그는 맹장 수술을 받았다. 그는 도쿄에 갔지만 경기에 나설 수 있으리라고는 예상하지 못했다. 그런데 그가 출전했다. 이번에는 운동화를 신고 달렸다. 그리고 새로운 올림픽 기록으로 우승하며 올림픽 마라톤에서 2연패한 유일한 남자 선수가 되었다. 지치지도 않고 결승선을 통과한 그는 10킬로미터는 더 뛸 수 있겠다고 말해 세상을 또다시 놀라게 했다.

한국에서 열린 대회에서도 우승했던 그는 멕시코 올림픽에 출전해 3연패를 노렸다. 연습중 발목을 다친 그는 결국 기권했지만, 마모 월데가 에티오피아의 올림픽 마라톤 3연패를 이룩했다.

스포츠, 열정, 용기 **(2016-08-18)**

로마의 일인자 ● 콜린 매컬로

지난해 9월 작가 시오노 나나미의 망언이 파문을 일으켰다. "네덜란드 여자들까지 위안부로 삼았다는 이야기가 퍼지면 큰일"이니 그 사실이 널리 알려지지 않게 하라는 글이었다. 인종주의자의 면모까지 보이는 일본 극우파 군국주의자의 본모습을 독서 대중이 비로소 인지하게 되었다. 한때 각광을 받았던 그의 『로마인 이야기』의 폐단을 부각시키고자 나는 콜린 매컬로라는 널리 알려진 작가의 덜 알려진 로마사 시리즈를 소개한 바 있다.

그 효과였는지 확인할 수는 없지만, 독자의 외면 속에 발간이 중단되었던 그 대하소설을 한 출판사에서 다시 준비하고 있다고 알려왔고, 드디어 얼마 전에 그 7부작의 1부인 『로마의 일인자』가 번역 출간되었다. 1부에 불과하지만 세 권에 이르고 게다가 '가이드북'까지 딸려 있다. 방대한 분량에 선뜻 읽기 시작할 엄두가 나지 않았으나, 일단 시작하니 그뒤로는 일사천리였다. 손에서 책을 놓을 수 없었다.

그렇게 빨려든 이유는 명확하다. 고증과 집필에 30년 이상의 세월이 필요했던 만큼, 이 작품에서 그리고 있는 인물과 사건은 역사적 진실에 충실하다. 전 세계적으로 3000만 부 이상 팔린 『가시나무새』 작가의 필치로 가다듬어졌으니, 역사와 문학이 어우러져 숙성된 향취를 이 소설만큼 진하게 느낄 수 있는 경우도 흔치 않다. 등장인물의 공적 임무는 사적 생활과 연결되고, 대외 전쟁은 국내 정치와 이어진다. 게다가 계급들 사이의 투쟁이 계급 내부의 갈등을 배제하지도 않는다.

그런 한편 기득권을 지키려는 보수 세력에 대항해 민중 전체의 안위를 최우선으로 생각하는 신진 세력에 지지를 보내는 역사관을 피력한다. 한마디로 로마가 공화정에서 제정으로 넘어가던 시대의 격변을 거시적으로 보면서도 세밀하게 파악할 수 있도록 도와주는 것이다. 오늘날 우리 사회의 일그러진 모습을 직시할 수 있는 많은 실마리를 던져준다는 점에서도 놓치지 말아야 할 대작이다.

변화, 작품, 종교, 풍자 (2015-08-19)

두 분 영전에 ● 시드니 모나스와 김용준

8년 전 '노학자의 회한'이라는 글로 소개했던 시드니 모나스는 독일군이 패배한 뒤 1945년에 귀향했다. 그가 포로로 붙잡혀 있던 기간에 지역 신문에는 그가 전사했다는 부음 기사가 실렸었다. 그가 지난 3월 29일에 타계했다는 오스틴 지역 신문의 기사는 "이것은 시드니 모나스의 두번째 부고"라는 문장으로 시작한다.

프린스턴대학에 복학하여 학자의 길을 걷기 시작했고 하버드대학에서 박사학위를 마친 그는 여러 대학을 거쳐 1969년 오스틴의 텍사스주립대학 사학과와 슬라브어과의 공동교수로 부임했다. 하지만 그의 수업은 거기에 그친 것이 아니어서 비교문학과 영문학까지도 아우를 정도였다. 도스토옙스키는 물론이고 잘 알려지지 않은 만델스탐, 푸닌 같은 작가들의 작품도 영어로 번역할 정도로 번역가로서도 명성이 높았다. 그는 단 일 분도 허비하지 않은 삶을 살았다고 기사는 끝을 맺는다.

공식적인 기록으로 남아 있지는 않아도 그는 비코, 제임스 조이스, 바흐친처럼 사람들의 상상력을 자극하는 인물들을 선호했다. 나의 박사학위 논문도 비코와 미슐레의 관계를 추적해

보라는 그의 직접적인 제언에 의해 이루어졌는데, 그는 내게 엄격한 스승을 넘어 때로는 따뜻한 조언자이자 친구였다. 비코의 『새로운 학문』의 한국어 번역본이 나온다면 가장 기뻐하셨을 분이다.

그 책을 보셨다면 대단히 기뻐하셨을 분은 한국에도 계셨다. 얼마 전 타계하신 김용준 선생이다. 일찍이 비코의 중요성을 간파하신 선생께서 주관한 학회에서 비코에 대해 발표하기도 했고, 선생께서 주선해준 덕분에 비코의 『새로운 학문』의 원전 번역도 이루어진 것이었다. 투병중이시지만 다소 호전되었다는 소식을 전해들었는데 갑자기 황망한 비보를 듣게 되었다.

두 분이 돌아가신 뒤에야 이 책이 나오게 되었으니 이 세상에서 가장 용서받지 못할 죄는 게으름이라고 자책한들 무슨 소용이 있을까.

작가, 작품, 학문, 현대 **(2019-08-22)**

의적의 탄생 ● 딕 터핀

노상강도에도 등급이 있었다. 행인을 길거리에서 터는 자들은 '길 털이' 정도로 불린 반면, 말을 타고 여행객을 습격하는 자들은 '길의 기사' 또는 '길의 신사'와 같은 별칭으로 불려 사회적 신분도 더 높았다. 그들은 여행객의 재물만 노린 것이 아니라 때로는 왕령의 숲에 서식하는 사슴을 노리거나 말을 도둑질하기도 했다. 딕 터핀은 그런 '길의 신사' 중 한 사람으로 여겨진다.

왕령의 숲에 잠입하여 사슴을 사냥할 때는 대개 얼굴을 검게 칠하고 매복을 한다. 이들로 인한 피해가 심해지자 영국에서는 1723년에 '검은 얼굴 법'을 제정하여 범법자들을 사형에 처했다. 현대의 고전인 『영국 노동계급의 형성』을 집필한 역사가 에드워드 톰슨은 사슴 밀렵과 같은 사소한 범죄에 극형을 언도한 그 법을 통해서 18세기 전반의 영국 전체를 조망하는 책을 집필하기도 했다.

터핀은 도적단에 가담해 강도 행각을 벌이며 상인, 목동, 하인 등 주변 사람들에게 온갖 잔인한 악행을 저질렀다. 사슴 밀렵과 말 도둑질에 나선 것은 그의 조직이 와해되고 난 뒤였다. 그럼에도 그는 오늘날 의적으로 미화된다. 알리바이를 만들기 위해 런던에서 요크까지 200마일에 이르는 길을 하룻밤에 말을 타고 달렸다는 다른 범죄자의 행동까지 그에게 따라다니는 전설이 되었다.

왕령의 숲을 확대하고 그들만의 전유물로 만들려던 고관대작에 대한 민중의 반감이 의적 탄생의 원인이었을 것이다. 말 도둑도 사형에 처해졌는데, 평민이 어떻게 말을 소유할 수 있었겠는가. 이런 이유로 터핀은 부자들만 공격하는 의적으로 바뀐 것이다. 사실 터핀이 교수형을 당한 이유도 두 건의 말 도둑질 때문이었다.

그의 죽음과 동시에 그의 전설이 만들어졌다. 그의 이야기를 듣기 원하는 대중의 요구에 부응하여 사실과 허구가 적절히 섞인 소설이 사형 집행 직후에 등장했기 때문이다. 그것이 대니얼 디포까지 가세한 터핀 윤색의 출발이었다.

근대, 문학, 유래, 작가 **(2018-08-23)**

신념 앞에서 ● 다그 함마르셸드

다그 함마르셸드는 스웨덴이 배출한 유엔 사무총장이었다. 17세기 이래로 스웨덴 왕가의 봉신이었던 선조와 20세기 초에 총리를 역임한 부친의 정치적 역량은 함마르셸드의 피에도 흐르고 있었다. 경제학자로서, 은행 관리로서 경력을 쌓아가던 그는 유엔 총회의 스웨덴 대표가 되었다가 때마침 공석이 된 사무총장에 압도적인 지지를 받으며 선출되었다. 그는 지금까지도 최연소 사무총장으로 기록되어 있다.

그는 유엔 본부에 사람들이 홀로 사색에 잠길 수 있는 '명상의 방'을 꾸미는 등 사소한 개혁도 이끌었지만, 여러 굵직하고 까다로운 현안들을 원만히 해결함으로써 세계 평화에 기여했다. 이스라엘과 아랍 국가들 사이의 경직된 관계를 완화시켰고, 한국전쟁 당시 북한에 포로로 억류되었던 미국의 조종사 11명을 석방시키려는 협상을 위해 중국을 방문했으며, 수에즈운하의 위기도 잘 타개했다.

1960년 콩고에 내란이 발생하자 교전중이던 양측이 유엔에 위기 타결을 의뢰했다. 함마르셸드는 여러 차례 콩고를 방문했는데, 비무장 유엔군에 대한 총격이 발생하자 발포 중지 협상을 위해 또다시 탑승한 비행기가 추락함으로써 목숨을 잃었다. 올해 3월 반기문 총장이 세 명의 전문가로 구성된 위원회를 조직하여 그의 사인을 재조사하도록 지시했듯, 그의 죽음에는 이해관계가 얽힌 광산 기업이 연루되었다는 의혹도 있다. 어쨌든 재직중 순직한 유일한 유엔 사무총장이었던 그에게 노벨 평화상이 추서되었다. 미국의 케네디 대통령은 그를 가리켜 '우리 세기 최고의 정치가'라고 치켜세웠다.

그의 행동은 철저한 지행합일 정신의 결과였다. 그는 "일신의 평화와 안녕을 위해 자신의 신념을 부인하지 말라"고 말한 바 있다. 돈으로 국립대학을 압박해 상아탑의 민주주의를 말살하려는 교육부에 맞선 부산대 교수의 숭고한 자기희생을 목도하며 나부터 일상생활의 안락함을 위해 확고한 신념에 눈을 감고 있는 것은 아닌지 반성해야겠다.

관용, 신념, 열정, 전쟁, 지도자 **(2015-08-26)**

논쟁의 역사가 • A. J. P. 테일러

앨런 존 퍼시벌 테일러는 유럽 현대사가로서, 보통 A. J. P. 테일러라고 불린다. 그는 외교사의 전문가로 많은 업적을 남겼을 뿐 아니라 텔레비전 방송을 통한 강좌로도 유명해, 학문적 엄격성과 대중적 면모를 두루 갖춘 역사가라는 평을 받는다. 그는 논쟁의 중심에 서 있는 경우가 많았다. 때로는 저서에서 피력한 주장으로 논란이 일기도 했지만, 어떤 경우에는 개인적인 인간관계에서 비롯된 상호 비방에 가까운 언쟁도 있었다.

맨체스터대학에서 명강의로 이름을 날리던 그가 처음으로 중요한 논쟁에 휘말린 것은 『준비되지 않은 전쟁, 제2차 세계대전의 기원』이라는 저서 때문이었다. 그는 히틀러와 그 일파에게 전쟁의 모든 책임을 묻는 것은 너무도 손쉬운 도피처라고 논하며 히틀러는 이전 독일의 정치가는 물론이고 다른 나라의 정치가들과 마찬가지로 자신의 국가를 강하게 만들고자 했을 뿐이라고 주장했다. 히틀러는 독일 국민들이 가졌던 반유대주의 정서를 함께했을 뿐이며, 그에게는 단지 권력 추구만이 목표였다는 것이다. 이 논쟁의 결과로 그는 옥스퍼드대학의 강의를 잃었다.

그럼에도 꾸준히 저서를 내던 그는 라디오와 텔레비전에 출연하여 영역을 넓혔다. 텔레비전에서는 거침없이 독설을 퍼붓는 그의 논쟁 태도에 주목했다. 최대의 논쟁 상대는 또다른 역사가 휴 트레버로퍼였다. 테일러가 10년 이상 연상인데도 젊은이들을 대변한 반면, 트레버로퍼는 노년층을 대변했다.

트레버로퍼가 포문을 열었다. "당신의 책이 역사가로서 당신의 평판에 해를 입힐 것이오." 테일러가 반격했다. "당신의 비판이 역사가로서 당신의 평판에 해를 입힐 것이오. 당신이 받은 평판이라는 게 있다면."

대중은 토론의 내용에는 관심이 없었다. 악의에 찬 언사의 왕래를 즐겼을 뿐이다. 그렇게 그는 20세기 영국의 가장 유명한 역사가가 되었다. 그가 실시간으로 벌어지는 세계사의 사건들에 관심이 많았던 역사가였음은 확실하다.

작품, 정치, 학문, 현대 **(2018-08-30)**

글렌 캠벨 •

그는 찢어지게 가난한 소작농의 열두 자녀 중 일곱째였다. 옥수수나 감자를 길렀지만 먹고살기도 힘들었고, 전기조차 들어오지 않는 그 농가에선 돈을 보기 힘들었다. 그들에게는 1달러짜리 지폐조차 대문짝처럼 보였다. 수입을 보충하기 위해 가족들은 목화를 땄는데, 45킬로그램 정도를 모으면 1달러를 받았다. 그런데 하루종일 주워봐야 30킬로그램에 불과했다. 그러면서도 그 가족은 노래를 즐겨 불렀고, 특히 일곱째인 그 아들은 교육을 받지 않았는데도 기타에 뛰어난 재능을 보였다. 라디오와 전축을 들으면서 연마한 솜씨는 지역의 방송국에서 연주하며 노래하게 될 정도로 성장했다.

그렇게 점차 이름을 알리던 그가 연예계에서 50년 넘게 종사하며 12개의 골드디스크를 낸 글렌 캠벨이다. 주로 컨트리앤드웨스턴풍의 노래를 불렀던 그는 전성기인 1967년 한 해에 그래미상의 네 부문을 석권했다. 컨트리 음악과 관련된 모든 상을 받으며 마침내 2012년에는 평생의 업적을 인정받아 그래미 공로상을 받았다. 노래의 인기를 바탕으로 영화에도 출연하여 골든글로브 신인상 후보로 지명되기까지 했다.

그렇지만 사생활에서는 그다지 칭찬받을 만한 면모를 보여 주지 못했다. 네 차례의 결혼은 연예계의 입방아에 오를 만했다. 알코올과 코카인 중독도 구설에 올랐고 음주운전으로 적발되어 열흘을 구치소에서 보내기도 했다. 정치적으로도 오락가락해, "민주당원으로 등록했지만 공화당 후보를 찍은 적도 여러 번 있다"고 말했다. 화려한 연예계 경력에 비하면 마무리도 별로 좋지 못해 2011년부터 치매를 앓다가 결국 장기요양원에서 얼마 전 8월 초에 타계했다.

서양에서는 거의 알려지지 않은 노래 〈타임〉이 아마도 한국에서는 가장 유명한 그의 곡일 것이다. "좋은 시절이여, 어디로 갔는가!" 그만의 절규 같지만, 많은 사람들을 불현듯 옛 시절로 돌려보내는 힘을 갖는다.

변화, 열정, 용기, 음악 **(2017-08-31)**

아프리카의 체 게바라

토마 상카라

서아프리카의 볼타강 상류에 위치한다고 하여 '오트볼타'라 불리던 나라의 이름이 '부르키나파소'로 바뀌었다. '올바른 사람들의 나라'라는 뜻이다. 조국이 그런 나라가 되기를 바란 젊은 혁명가 토마 상카라가 지은 명칭이었다. 자원도 없고 전략적 요충지도 아닌데다 부정부패가 심하던 이 약소국은 상카라의 개혁에 힘입어 잠시나마 아프리카 전체의 희망으로 떠오를 수 있었다.

그는 비록 쿠데타를 통해 33세에 정권을 잡았지만, 정치 부패는 물론이고 잔존하던 프랑스 제국주의 결탁 세력을 척결함으로써 거국적인 지지를 얻었다. 그는 국제통화기금과 세계은행의 영향력을 축소시키며 자급자족의 경제를 확립하기 위해 토지와 광산을 국유화하고 지하수를 개발했다. 수많은 부족들 사이의 갈등을 완화시키기 위해 전 국토를 연결하는 철도를 건설했고, 의무교육을 통해 문맹을 퇴치했으며, 갖가지 풍토병에 시달리는 국민들에게 예방접종을 실시했다.

심각해진 사막화를 막기 위해 1000만 그루 이상의 나무를 심기도 했다. 그 결과 농지가 확대되어 농업 생산량이 크게 늘었다. 그렇지만 생산성 증가의 가장 큰 원인은 그동안 무기력했던 국민들 사이에서 자발적인 참여 의식이 커진 것이었다. 부르키나파소는 4년 만에 식량난을 해소했고, 민주적이고 정의로운 나라가 되었다. 아프리카의 귀감이 된 것이다.

그러나 프랑스의 꼭두각시인 이웃나라의 부패한 권력자들은 이를 반기지 않았다. 프랑스 정부의 일부 세력도 마찬가지였다. 결국 상카라는 외국 세력의 사주를 받은 개혁의 동지 콩파오레에게 살해되었다. 콩파오레는 최근까지 대통령으로 재임했다. 죽음을 예감했던 듯, 상카라는 죽기 한 달 전 지인과 대화를 나누다가 체 게바라가 사망한 시점의 나이를 묻고는 "그 나이까지 살 수 있을까"라고 중얼거렸다고 한다. 39년 8개월의 게바라보다 2년 짧은 삶을 산 그는 '아프리카의 체 게바라'라고 불린다.

그의 죽음 이후 부르키나파소는 부패가 만연했던 옛 아프리카로 돌아갔다.

변화, 음모, 정치, 지도자, 폭력 **(2015-09-02)**

컬럼비아대학 1968

이매뉴얼 월러스틴

1968년 5월 프랑스 파리를 필두로 유럽의 여러 나라에서는 대학생과 노동자들이 연합하여 국가의 억압과 새로운 식민화에 반대하는 시위를 벌였다. 자본주의 국가에서 시작된 이 열풍은 곧 중부와 동부 유럽의 공산권 국가로도 번져 언론의 자유에 대한 요구와 인권 탄압에 대한 저항의 물결이 크게 일었다.

미국 뉴욕시에 있는 컬럼비아대학에서는 같은 해 4월부터 학생들의 시위가 벌어졌다. 비슷하지만 다른 맥락이었다. 단초는 1967년 3월 한 학생이 이 학교의 국제법 도서관에서 발견한 문서였다. 컬럼비아대학이 국방부 소속의 무기 연구소와 연계되어 있다는 내용이었다. 이 연구소의 실체가 드러나자 미국의 베트남전쟁 참전에 반대하던 학생들은 국방부와 연계된 대학 당국의 사임을 요구했다. 반면에 연방수사국에서는 자료를 폭로한 학생은 물론이고 과격파로 분류된 학생 여섯 명에 대한 수사에 착수했다.

흑인 주민이 압도적 다수를 이루는 할렘가에 근접한 컬럼비아대학에서는 1965년부터 체육관 건립 계획을 세웠었다. 문제는 지역 주민과 대학 관계자들이 각기 다른 출입구로 드나들게 설계함으로써 1964년에 확립된 흑백융합 정책을 명백하게 위반하는 것처럼 보였다는 것이다. 따라서 이에 반대하는 시위도 점차 과격해지고 있었다. 대학 당국에 반대하는 두 세력이 합세하여 도서관부터 체육관 예정지까지 행진하며 공사를 중지시키려 했다. 저지하던 경찰이 한 학생을 연행하자 학생들은 대학 본부 건물을 점거했다.

결국 900명 가까운 학생들이 구속되고 시위대와 경찰 양측이 많은 부상자를 내며 사태는 마무리되었다. 대학 당국은 단기적으로 재정적인 손실을 감수해야 했다. 그러나 장기적으로는 인종차별의 잔재가 사라지면서 학교의 정책도 더 유연해졌다. 이 시위 과정에서 끝까지 학생들의 편에서 옹호해주었던 분이 『세계체제론』의 저자 이매뉴얼 월러스틴 교수였다. 일전에 작고한 그분을 추모한다.

권리, 사상, 용기, 인종, 저항 **(2019-09-05)**

시인이라는 조롱

티투스 마키우스 플라우투스

티투스 마키우스 플라우투스는 고전적인 라틴어가 정립되기 전 초기의 라틴어로 희극 작품을 쓴 극작가였다. 그가 썼다는 130여 편의 희곡 중 오늘날까지 온전하게 전해지는 것은 20편 정도에 불과하다. 거기에는 이유가 있다. 양피지에 필사로 기록을 남기던 시대에 양피지에 쓴 이전 기록을 지우고 그 위에 다른 기록을 적는 것은 흔한 일이었다. 한 수도자가 성서에 대한 성 아우구스티누스의 주석을 기록하기 위해 플라우투스의 작품을 애써 지워버렸던 것이다. 오늘날의 과학 기술로 어느 정도 복원은 했지만 완전할 수는 없었다.

하지만 그렇게 전해지는 작품들만으로 그는 큰 명성을 얻었고, 후대의 셰익스피어나 몰리에르에게까지 깊은 영향을 주었다고 평가받는다. 무대를 꾸미는 목수로 일하다가 그리스의 연극을 취미삼아 연구했던 그는 해운 사업에 실패한 뒤 극작의 길에 들어섰다. 그리스의 작가 메난드로스를 모방했다고 비난하는 사람이 있을 정도로 큰 유사성을 보였지만, 그것을 로마 시민들의 일상으로 바꾸어 그들에게 연극의 세계를 알려준 것만으로도 그의 업적은 인정받고 있다. 이미 그 시대에 플라우투스라는 이름은 연극에 있어서 성공의 상징으로 받아들여졌다.

희극의 묘미는 언어유희를 통해 웃음을 선사하면서도 날카로운 풍자로 기성의 권위를 조롱하는 데 있다. 로마의 평민들을 대변한 그에게는 귀족이 조롱의 대상이었다. 귀족들은 법을 만들면서 기득권을 지키기 위해 법조문에 어떠한 가감도, 어떠한 변경도 없이 정해진 방식대로 정해진 개수의 단어만 사용하도록 했다. 그렇기에 법을 '노래'라고 부르기도 했던 것이다.

그의 희극 「당나귀」에는 등장인물이 기생충 같은 한 식객을 위대한 시인이라고 일컫는 장면이 나온다. 그것은 단지 그가 법률 용어라는 보호 장치를 '노래하듯' 읊어댔기 때문이다. 이곳에서도 사법 정의는 어디로 가고 어찌 노래만 남았을까.

고대, 문학, 작가, 작품, 풍자 (2018-09-06)

1812 ● 나폴레옹

유럽 대륙을 거의 정복한 나폴레옹이었지만 바다 건너 영국은 끝내 눈엣가시로 남았다. 그러나 해군력이 압도적으로 우세했던 영국에 밀려 트라팔가르에서 이미 쓰라린 패배를 맛본 프랑스는 해전으로 맞설 수 없었다. 그리하여 대륙봉쇄령이 발동되었다. 유럽 대륙과 영국 간의 교역을 금지하는 조치였다. 대륙 모든 곳에서 이에 동조한다면 효과를 거둘 수 있는 전략이었다. 그러나 교역을 통해 나라 살림을 꾸려가던 지역에서 그것을 포기할 수는 없었다. 궁극적으로는 러시아제국이 영국과의 교역을 재개했다.

나폴레옹은 러시아를 침공할 계획을 실천에 옮겼다. 병력에서 열세였던 러시아군은 싸우는 시늉만 하면서 퇴각했다. 프랑스의 가장 큰 적은 원정군이라는 사실 자체였다. 한여름의 무더위, 보급 물자의 지연, 악화된 위생 환경 등으로 사기가 떨어진 프랑스군에서는 탈영병이 속출했다. 마침내 대규모의 전면전이 모스크바 서부 인근의 보로디노에서 벌어졌다. 양측이 다수의 사상자를 낸 이 전투에서 러시아군이 퇴각했기에 프랑스군의 승리처럼 보일 수 있으나, 이것이 나폴레옹 몰락의 서막이었다.

프랑스군은 9월 14일 모스크바에 입성했다. 러시아의 사자가 나와 그들을 맞으리라는 예상과 달리 모스크바는 텅 비어 있었다. 시민들 모두가 이미 빠져나간 것이었다. 저녁 무렵부터 곳곳에서 연기가 피어오르기 시작했다. 패잔병의 실화라고 여겨졌지만, 아니었다. 숨어 있던 러시아군과 시민들이 방화를 한 것이었다. 18일에야 진화된 불은 도시 대부분을 잿더미로 만들었다. 러시아의 황제가 평화 조약을 맺기 위해 찾아오리라 기대하며 5주일을 점령국의 수도에서 허송했지만, 찾아온 것은 동장군이었다. 결국 나폴레옹은 고된 귀국길에 올라야 했다.

70년이 지난 1882년에 초연된 차이콥스키의 〈1812년 서곡〉은 그해의 전쟁에 대한 기록이다. 작곡자 스스로가 음악적으로 혹평을 했던 이 작품은 승리자 러시아의 관점으로만 본 서사시라 할 수 있다.

근대, 음악, 전쟁, 지도자 **(2017-09-07)**

활빈당 제시 제임스(?)

1939년 〈제시 제임스〉라는 영화가 나왔다. 골든글로브 최우수 감독상을 받은 헨리 킹의 지휘 아래 타이론 파워와 헨리 폰다 같은 호화 캐스팅으로 무법자 제시 제임스에 대한 전설을 만든 것이다. 영화는 어머니의 땅을 헐값에 사들여 철도를 부설하려는 철도업자와 싸움이 붙은 두 형제 프랭크와 제시가 정당방위로 상대방에게 상처를 입혔으나 범죄자로 수배령이 떨어져 도주하는 삶을 그린다. 이후 제시 제임스에 대한 영화가 여럿 만들어지면서 그는 부자에게 뺏은 재물을 빈자에게 나누어주는 로빈 후드로 비쳤다.

이것은 사실이 아니다. 제시 제임스와 형 프랭크는 남북전쟁 당시 남군의 게릴라로 활약하면서 북군 병사들에게 잔혹한 짓을 서슴지 않았다. 제시는 미주리주의 센트럴리아시에서 비무장 북군 24명을 죽인 대학살에도 한몫을 했다. 전쟁이 북군의 승리로 돌아가자 그들은 갱단에 가담해 은행과 역마차와 기차를 습격하는 무법자가 되었다. 결국은 스스로 갱단을 조직해 10년에 걸쳐 범죄를 저질렀다. 생전에 이미 악명이 자자했는데, 동생 제시는 현상금을 노린 부하에게 살해되었다. 학자들은 그가 지역에서 소요를 일으킨 남군 패잔병에 불과하다는 결론을 내렸다.

그런데 어떻게 그가 불한당에서 활빈당으로 바뀌었을까? 부친의 행적을 미화하려는 것은 동서양에 보편적인 현상인지, 제시의 아들 제시 제임스 2세가 아버지에 대한 초창기의 영화를 만드는 데 관여했던 것도 한 원인일 것이다. 대히트를 친 헨리 킹 감독의 영화를 비롯한 영상매체의 힘이 그런 허상의 확산을 부추긴 것이 아닐까.

잘못된 사실을 바로잡으려는 것만이 이 글의 목적은 아니다. 여기에는 다른 교훈도 있다. 착취하는 강자들에 대한 민중의 반발 심리는 언제나 활빈당 이야기를 통쾌하게 만든다. 권력이건 재산이건 있는 자들의 파렴치가 극에 달한 이곳에선 그런 민심을 헤아릴 여유조차 없는 것 같다.

영화, 왜곡, 전쟁, 폭력, 풍자 **(2016-09-08)**

올라가는 길과 내려오는 길

헤라클레이토스

고대 소아시아의 이오니아 지방에 살던 그리스인들은 지적 혁명이라고 할 만한 의문들을 제기하고 그에 대한 답을 제시했다. 그들은 세계의 기원과 그 본질에 대해 사색하면서 초자연적인 힘에 의지하지 않고 오로지 자연현상의 관찰에 근거해서만 결론을 도출했던 것이다. 탈레스가 우주를 이루는 근본 요소가 물이라 했을 때 그 주장은 나일강의 삼각주가 물로부터 걸러진 흙으로 만들어졌다는 경험적 관찰에 바탕을 둔 것이었다. 근본 요소가 불이라 한 사람도 있었고 공기라 한 사람도 있었으며, 최종적으로는 원자론까지 등장했다. 이들의 생각을 통틀어 자연철학이라고 말하는데, 이것이 처음은 미미하나 끝은 창대한 과학의 출발점이었다.

한편 자연철학은 우주의 근본에 대한 생각을 물질에 국한하지 않고 개념의 영역으로까지 확장시켰으니, 피타고라스는 만물의 본질이 일종의 추상적 원리인 수학적 비례에 있다고 보았다. 또한 파르메니데스는 표면적인 변화는 환상에 불과한 것이니 변하지 않는 본질을 찾아야 한다고 주장하면서 합리적 이성의 사용을 옹호했다. 에페소스 출신의 헤라클레이토스는 파르메니데스에 반대하며 만물의 본질은 항상 변화한다고 주장하면서 "우리는 같은 강물에 두 번 발을 담글 수 없다"는 유명한 말을 남겼다. 변화만이 불변의 진리라는 역설인 것이다.

그런데 헤라클레이토스는 자신의 철학과 정반대되는 것처럼 보이는 말도 남겼다. "올라가는 길과 내려오는 길은 같은 길"이라는 것이다. 똑같은 강을 바라보면서도 거기에서 언제나 '다름'을 봤던 사람이 다른 두 길에서 '같음'을 보다니. 그러나 약간의 추론으로 그 모순은 제거된다. 모든 것이 변화하니, 성공을 거두어 올라가는 그 길이 곧바로 실패하여 내려오는 길이 될 수도 있다는 것이다.

자만하지 말아야 한다. 권력을 쥐고 있는 위정자들은 언제까지나 그 권세를 누릴 것처럼 힘을 과시하고 남용하지만 그들이야말로 더욱 자성해야 한다.

고대, 권력, 철학, 풍자, 학문 **(2015-09-10)**

최고 지위의 여성이라도

● 루스 베네딕트

미국의 인류학자 루스 베네딕트가 타계하고 거의 정확하게 70년이 지났다. 그렇지만 『문화의 유형』에서 발전시킨 문화상대주의의 개념은 여전히 큰 힘을 발휘하고 있다. 우리의 기준으로 다른 사람들을 판단해서는 안 된다는 통찰은 다양한 방식으로 적용될 가능성을 내포하기 때문이다.

베네딕트는 미국 인류학회 회장을 역임하여 여성 최초로 학계를 대표하는 지위에 오른 사람이었다는 평을 받는다. 하지만 그것이 쉬운 길은 아니었다. 여성이 대학에 다니면 불임이 된다든가 애초에 결혼을 할 수 없다는 헛소리들이 공공연하게 떠돌던 시대적 풍토 속에서 여성이 학문의 길에서 두각을 보이려면 능력에 못지않게 용기가 필요했기 때문이다.

베네딕트는 언어학자 에드워드 사피어와 깊은 우정을 나눴다. 사피어는 문화 유형과 개인의 창조성의 관계에 대한 연구를 지속하도록 베네딕트를 격려했다. 게다가 그 둘은 시와 심리학 등 공통적인 관심사도 많았고, 서로의 저작에 대한 비판적 조언도 아끼지 않았다. 그렇지만 둘의 관계는 오래가지 못했다. 베네딕트가 주목한 여성해방의 문제에 대해 사피어는 보수적인 태도를 보였기 때문이다.

베네딕트에게 큰 도움을 주었던 또다른 인물은 은사 프란츠 보아스였다. 박사학위 논문의 지도교수였던 보아스는 베네딕트가 컬럼비아대학의 훌륭한 자산이 되리라 확신하고 동료 교수로 이끌었다. 베네딕트가 '파파'라고까지 불렀던 보아스의 영향력은 그의 저작에서 쉽게 찾을 수 있다. 당시의 인류학은 문화의 전파 방식에만 관심을 두었다. 하지만 그 사제는 문화를 언어, 예술 등 다른 현상과의 관계 속에서 파악하려 했고 그 자체가 인류학의 혁신이었다.

보아스가 은퇴한 뒤 많은 사람들이 베네딕트가 후임 학과장을 맡을 것으로 예상했다. 그러나 대학 당국은 그가 지나치게 과격하다고 여겨 보수적인 참전 용사이자 베네딕트의 격렬한 비판자를 그 자리에 앉혔다.

O┳ 여성, 작품, 차별, 학문 (2018-09-13)

연극의 (부정적인) 힘

● **안토니오 살리에리**

이탈리아 음악가 안토니오 살리에리는 합스부르크 왕가의 총애를 받으며 18세기 말 오페라의 발전에 큰 업적을 남겼다. 글루크의 제자였던 그는 세 개의 언어로 오페라를 작곡하는 등 국제적으로 활동하면서 특히 오페라 어휘의 발전에 크게 기여했다. 명성 높은 밀라노의 오페라하우스 '라스칼라'의 개관 기념 공연작이 그의 오페라였으니, 당대에 그의 명성이 어느 정도였는지 알 수 있다. 1804년 이후로는 오페라를 작곡하지 않았어도 지도자로서의 명성은 대단해 슈베르트, 베토벤, 리스트가 그의 제자로 꼽힌다.

하지만 오늘날 그는 잘 기억되지 않는다. 아니, 오명으로 기억된다. 그 모든 것이 연극에서 묘사된 그의 면모 때문이었다. 시작은 러시아의 문호 푸시킨이 했다. 그의 시극 「모차르트와 살리에리」는 살리에리가 질투심에서 모차르트를 독살했다는, 전거가 의심스러운 이야기에 바탕을 둔다. 게다가 림스키코르사코프가 그 이야기를 그대로 받아들여 한 막짜리 오페라로 만들었다.

그렇지만 치명타는 영국의 극작가 피터 셰퍼에게서 왔다. 그의 희곡「아마데우스」는 독살 이야기를 정교하게 가다듬어 플롯에 신빙성을 더했다. 그 성공은 연극에 머무르지 않았다. 웨스트엔드와 브로드웨이의 무대에 오른 뮤지컬은 1981년에 토니상을 받았다. 다음 차례는 영화였다. 셰퍼가 손수 시나리오로 각색한 이 작품에 밀로스 포먼 감독이 가세해 결국 1984년 아카데미 최우수작품상을 받기에 이르렀다. 살리에리는 모차르트의 독살범으로 굳어졌다.

음악학자들은 셰퍼가 그린 모차르트와 살리에리가 하나같이 사실과는 거리가 멀다고 지적한다. 둘 사이에 라이벌 의식이 있었을지 모르지만, 그 둘은 서로를 존중하는 사이였다는 것이다. 살리에리가 모차르트의 아들에게 음악을 가르쳤고, 모차르트의 악곡도 지휘했다고 한다. 19세기 중반 이후 거들떠보지도 않던 살리에리의 음악이 연극과 영화로 소개되고 나서 새삼 주목을 받게 되었다는 것이 살리에리에게는 위안이 될까?

문학, 왜곡, 음악 **(2017-09-14)**

최고의 지배자 ● 트라야누스

로마제국의 속주였던 히스파니아 출신인 트라야누스는 제국의 판도를 최대로 넓힌 황제였다. 원로원에서는 오현제 중 두 번째인 그에게 특히 '최고의 지배자'라는 별칭을 부여했다. 그는 군인 황제로서 군대의 통솔에 탁월한 능력을 보여, 그리스 북부의 다키아는 물론이고 아르메니아와 메소포타미아 등 서아시아의 많은 영역이 그의 치하에 로마의 영토로 편입되었다.

하지만 그의 업적이 군사적 영토 확장에만 그쳤다면 '최고의 지배자'라는 영광스런 호칭이 그에게 주어지지는 않았을 것이다. 그는 건설 사업도 벌여 로마라는 도시의 외형을 바꾸어놓았다. 다키아 원정에서 거둔 노획물은 트라야누스광장을 조성하는 재정적 뒷받침이 되었고, 광장의 핵심부에는 트라야누스 시장이 건립되었다. 세계 최초의 쇼핑몰이었으리라 생각하는 사람들이 많지만 실상은 트라야누스의 행정부가 집무하던 종합청사였다는 설이 유력하다.

그뿐 아니라 그는 사회복지 사업도 벌였다. '알리멘타'라는 사업을 벌여 이탈리아 전역에서 고아와 가난한 아이들을 지원하는 기금을 조성했을 뿐 아니라 그들의 교육과 급식까지 책임졌다. 여기에서도 역시 처음에는 다키아 원정의 수탈물이 중요 재원이었지만, 훗날에는 부동산세와 후원금으로 충당했다. 이 사업의 정확한 목적에 대해서는 오늘날까지도 학자들 사이에서 논란이 분분하다. 그렇지만 다키아 원정이 마무리될 즈음 이 사업이 시작되었다는 사실, 그리고 가난한 사람들에게 재산을 나눠주려는 시도가 그 이후에도 두 차례 있었다는 사실로 미루어보면 이 사업이 갖는 인도적 차원의 의도만은 의심할 수 없다.

그런 이유로 중세의 토마스 아퀴나스도 정의로운 사람의 예로 트라야누스를 꼽았고, 단테도 『신곡』에서 그를 의인의 반열에 올려놓았다. 실로 사망한 지 2000년이 지나도록 후대에게서 별다른 비난 없이 칭찬만 받은 로마의 황제는 그 외에는 없었다. 우리의 일부 정치가들이 새겨야 할 덕목이다.

고대, 관용, 작품, 지도자, 풍자 **(2015-09-16)**

권력 다툼의 여파

● 토머스 베켓

미국에서 태어났지만 자신의 의지에 따라 영국 국민이 된 문호 엘리엇의 희곡 「대성당의 살인」은 캔터베리 대주교 토머스 베켓이 1170년 영국 국왕 헨리 2세의 기사들 네 명에게 살해당한 사건을 다룬다. 그 배경에는 성직자에 대한 지배권을 강화하려는 국왕의 의도가 있었다.

12세기에 이르기까지 영국의 재판에는 세속계의 치안판사와 종교계의 주교가 큰 영향력을 행사했다. 그런데 1164년 헨리 2세가 클래런던 헌장을 발표하여 성직자의 권한을 크게 축소시키려 했다. 특히 문제가 된 것은 중죄를 저지른 성직자를 세속 법정에서 재판해 세속의 처벌을 받게 한 것이다. 성직자 대다수가 그 헌장을 받아들였지만 베켓은 끝내 반대했고 탄압을 피해 유럽 대륙으로 도피했다. 숨어 있던 시토 수도원에도 압력이 가해지자 베켓은 귀국할 수밖에 없었고, 결국 헨리 2세의 복심을 읽은 기사 자객들에게 살해되었다.

최대의 적이 사라졌으니 왕권 강화는 손쉽게 이루어졌으리라 생각하겠지만, 역사란 그렇게 단순하지 않다. 민심은 오히려 국왕에게 적대적인 방향으로 흘렀고, 결국 그는 타협의 손

길을 내밀 수밖에 없었다. 그리하여 대역죄가 아닌 이상 성직자에 대한 재판은 교회재판소에 맡겨야 한다는 절충안이 나오게 되었다. 이것이 이른바 "성직의 특혜"가 등장하게 된 개략적인 전말이다.

그렇지만 "성직의 특혜"에는 또다른 반전이 따랐는데, 그 내용은 소극에 가까웠다. 처음에 "성직의 특혜"를 탄원하려는 사람은 삭발을 한 뒤 성직자의 복장으로 법정에 출두하는 절차를 밟아야 했지만, 시간이 지나면서 라틴어 성서의 독해능력을 보이면 되는 문해력 테스트로 바뀐 것이다. 그것은 성직자가 아닌 사람이라도 "성직의 특혜"를 신청할 수 있는 길을 열어놓았다. 그뒤에는 「시편」의 한 구절을 암송하면 될 정도로 간편화되어 글을 모르는 비성직자라도 그 구절만 암송하면 목숨을 구할 수 있게 되었다. 이 제도는 1827년에야 폐지되었다.

⊶ 권력, 문학, 작가, 종교 **(2019-09-19)**

통신이 미비했던 시절에도 프랑스혁명의 소식은 카리브해의 작은 섬까지 전해졌다. 그리하여 프랑스령 생도맹그섬 사탕수수 농장의 흑인 노예들이 들고일어난 것이다. 투생 브레다라는 노예 출신의 흑인이 그들의 지도자로 떠올랐다. 독립을 쟁취하려는 투쟁에 나서면서 이름도 루베르튀르로 바꿨다. 태어난 농장의 이름 브레다 대신에 '길을 여는 사람'이라는 뜻의 루베르튀르를 택한 것이다.

당시 큰 이득을 창출하던 카리브해의 농장들 중에서도 가장 번성했던 생도맹그섬을 많은 나라들이 노렸다. 루베르튀르는 프랑스, 에스파냐, 영국 등과 적절하게 친소 관계를 유지하는 외교 전략을 펼치는 한편, 군대를 조련하고 유럽인들의 전술까지 익히는 등 군사력을 강화했다. 그가 국지적인 전투에서 패배했을 때조차 프랑스 군대는 그의 군사 지도자로서의 역량을 높이 평가할 수밖에 없었다.

그는 자유와 평등이라는 단어를 사용하며 흑인 노예의 노동 조건 개선을 넘어 노예제의 전면적인 폐지를 요구했다. 실질적으로 생도맹그섬을 장악한 루베르튀르의 세력에 압도당한 프랑스혁명 정부는 노예제의 폐지를 선언했다. 그는 생도맹그섬의 궁극적인 독립은 경제적 자립에 있다고 파악하면서 노동조건을 개선하고 이전의 노예 노동자들이 임금 노동자가 되도록 만들었다.

그러나 나폴레옹 정부는 노예제를 부활시키려 획책하며 대규모의 군대를 파견했다. 그들이 제안한 회담에 루베르튀르는 순진하게 응했고, 결국 체포되었다. 프랑스로 압송되는 배에 오르면서 그는 명언을 남겼다. "나를 물리침으로써 당신들은 생도맹그섬에서 자유의 나무의 가지 하나를 자른 것에 불과하다. 뿌리에서 다른 가지들이 돋아날 것이다. 왜냐하면 그 뿌리는 깊기 때문이다."

그의 말은 진실이었다. 그는 프랑스의 감옥에서 사망했지만, 그의 부관 장자크 데살린은 프랑스 세력을 몰아내고 독립 공화국을 세웠기 때문이다. 이것을 아이티혁명이라 부른다.

권리, 저항, 전쟁, 지도자, 차별 **(2018-09-20)**

자매 음악가 ● 카치니 자매

르네상스 후기의 작곡가이자 성악가인 줄리오 카치니는 오페라라는 장르의 기반을 닦은 선구자의 한 사람으로 꼽힌다. 류트의 선율에 맞춰 테너로 노래를 부르며 메디치 가문의 궁정이나 귀족 청중 앞에서 극적인 장면을 연출하던 그의 시도가 원초적 형태의 오페라였던 셈이다. 그는 1남 2녀와 함께 무대에 올라 노래한 음악 가족의 가장이기도 했다. 이 가족 중에서도 특히 두 딸에 주목할 필요가 있다. 왜냐하면 그들은 음악사뿐 아니라 여성사의 맥락에서도 기억되어야 하기 때문이다.

큰딸 프란체스카는 어릴 적부터 음악뿐 아니라 라틴어, 그리스어는 물론이고 문학과 수학까지 공부했다. 피렌체에서 태어나 메디치 궁정에서 노래를 부르고 음악을 가르치며 실내악과 무대 음악을 작곡했다. 한때는 궁정에서 가장 높은 급료를 받는 음악인이기도 했다. 1625년 폴란드의 왕자 라디슬라우스 시지스몬도가 피렌체에 방문한 것을 기념하여 작곡한 〈알치나 섬에서 해방된 루지에로〉는 여성이 작곡한 최초의 오페라로 널리 인정받고 있다. 폴란드의 왕자는 바르샤바로 돌아가 이 작품의 공연을 올리라고 지시했을 정도로 이 작품을 좋아했다.

네 살 터울의 작은딸 세티미아도 17세기에 음악으로 성공적인 경력을 쌓은 여성으로 꼽힌다. 하지만 언니에 비해 덜 알려져 있고, 그것도 단지 가수로서의 예술적 소질에 대해서만 평가를 받고 있다. 세티미아가 자초한 일이었다. 그는 아직 어리다 할 수 있는 스무 살 무렵부터 베네치아의 가면무도회를 위한 곡을 필두로 작곡에 나섰다. 그렇지만 자신이 지은 곡들을 대중을 위해 출판하지는 않았다. 그저 개인적인 즐거움을 위해 노래하려고 간직할 뿐이었다. 사망한 뒤에야 그의 작품 하나가 인쇄되어 알려지게 되었다.

사람들은 탄식한다. 17세기에 자신의 작품을 발표하지 않고도 여성 음악인으로서 성공을 거둘 수 있었다니, 그 목소리가 얼마나 환상적이었으면…….

여성, 음악, 작품 (2017-09-21)

잔인함의 네 단계

● 윌리엄 호가스

윌리엄 호가스는 18세기 영국을 대표하는 화가로서 당대 영국의 부조리한 현실을 고발하는 그림이나 판화를 많이 남겼다. 아버지가 빚에 몰려 감옥살이를 했을 정도로 넉넉지 못한 가정에서 자란 그는 어릴 적부터 런던의 뒷골목과 시장터를 구석구석 돌아다니며 세상 물정을 관찰하는 일에 관심이 많았다. 그러면서 그는 마주친 사람들의 스케치를 즐겨 그렸다. 이런 경험이 그가 풍자화가로 이름을 날리게 되는 밑바탕이 되었다.

그는 18세기 초 영국에서 일어난 민관 합작의 대규모 사기 사건으로, 뉴턴과 같은 석학까지도 큰 피해를 입은 '남해회사 버블' 사건을 조롱하는 그림도 그렸다. 모든 부류의 사람들이 노름을 하며, 단지 주식을 남발하는 것밖에는 하는 일이 없는 남해회사의 주식을 사려고 잘 차려입은 사람들이 줄을 서서 어리석음을 과시한다. 복권, 연극 무대, 오페라, 가면무도회 등 인간 군상의 허영과 탐욕이 도사리는 것들은 모두 풍자의 대상이 되었다.

그는 단지 비꼬기만 한 것이 아니었다. 교훈을 전하려 했다. 그러자면 스토리라인이 필요했기에 그의 판화에는 연작이 많다. 그중에 〈잔인함의 네 단계〉라는 4부작이 있다. 첫 단계에서 주인공인 어린 톰 네로는 개의 항문에 꼬챙이를 쑤셔넣는 등 고문을 가한다. 둘째 단계에서 성년이 된 네로는 마부가 되어 말에게 채찍질을 가한다. 학대와 과로로 쇠진한 말이 쓰러지면서 마차도 내려앉는다. 셋째 단계인 '완벽한 잔인함'에서 네로는 어린 하녀를 유혹해 주인을 떠나게 만들고는 임신시킨 뒤 도둑질을 사주하고 결국은 살해한다. 마지막 단계인 '보복된 잔인함'에서 살인범으로 유죄가 확정된 네로는 교수대에서 처형당하고 그의 시체는 수습 의사들의 실습용으로 해부된다.

휴가철이 끝날 때마다 반려동물을 유기하는 사례가 늘어난다고 한다. 호가스의 교훈이 경종이 되기를.

O┳ 미술, 열정, 작품, 풍자 **(2016-09-22)**

구원은 어디까지?

존 뉴턴

아버지는 지중해를 통해 교역하던 배의 선장이었다. 양육을 도맡은 어머니는 아들이 성직자가 되기를 바랐으나 아이가 일곱 살이 되기도 전에 결핵으로 죽었다. 쌀쌀맞은 계모는 의붓아들을 인근의 기숙학교로 보냈다. 그곳에서도 학대가 이어졌다. 비뚤어진 성정을 지닐 만한 여건 속에서 이 소년은 열한 살에 아버지의 배를 타게 되었다. 아버지와 동행한 여섯 차례의 항해는 다른 선원들과의 불화와 불복종으로 점철되었다.

아버지는 은퇴를 하며 아들이 자메이카의 사탕수수 농장에서 일할 수 있도록 배려했지만, 그것조차 거부한 아들 존 뉴턴은 친구를 만나러 가는 길에 징집되어 해군에 들어갔다. 해군 생활도 순탄과는 거리가 멀었다. 애인을 만나려고 탈영하려다가 붙잡힌 뒤 350명의 선원 앞에서 맨살의 윗몸에 채찍질을 당했다. 모욕에 대해 앙갚음하려고 선장을 살해한 뒤 바다로 몸을 던지려 했으나 실행에 옮기지는 못했다. 그 대신 서아프리카로 가는 배로 갈아탔다. 그 배는 그곳으로 물자를 싣고 가서 노예와 교환하여 서인도제도와 북아메리카에 내다파는 배였다.

그 배에서도 다른 선원들과 불화를 일으켰다. 결국 선원들은 그를 노예 상인과 함께 서아프리카의 해안에 내던져버렸다. 그는 그곳 추장의 노예가 되어서 혹사당했다. 나중에 아버지가 보낸 사람들에게 구조되어 귀국하게 되었으나 그 배에서도 분란의 근원이었다. 말이 거친 선원들조차 그처럼 말이 험한 사람은 본 적이 없다고 혀를 내두를 정도였다. 그뒤 그는 스스로 노예 상인으로 나섰다. 그런 그가 세계에서 가장 많이 불리는 찬송가라고 알려진 〈어메이징 그레이스〉의 가사를 썼다.

그의 회심의 계기는 아일랜드 연안 해역에서 맞은 폭풍우였다. 죽음의 위기에 몰린 그는 자신이 살아난다면 종교에 귀의하겠다고 맹세했던 것이다. 그렇게 목회자가 되어 어머니의 바람을 이룬 그가 "나처럼 타락한 자도 구원하신 놀라운 은총"을 노래했던 것이다. 요즘의 그 무리들도 구원을 받을 수 있을까.

근대, 변화, 음악, 종교 **(2019-09-26)**

메데이아 ● 에우리피데스

에우리피데스는 그리스의 3대 비극 작가 중에서 가장 어렸다. 그의 생애에 대해 전해오는 이야기는 많지만 신빙성에 대해서는 논란이 많다. 저명한 작가의 삶을 윤색하려는 사람들에 의해 날조된 이야기도 많다. 그렇지만 그와 거의 동시대에 살았던 희극 작가들이 그의 삶을 조롱하고 비방하며 무대에서 패러디했던 것도 무시하지 못할 이유이다. 아리스토파네스와 같은 희극 작가들은 그를 소크라테스와 같은 퇴폐적인 지식인으로 취급하며 젊은이들에게 악영향을 끼친다고 비난했던 것이다.

어찌되었든 에우리피데스는 무대에 혁신을 가져와 그의 영향은 오늘날까지 미칠 뿐 아니라, 그를 비방한 희극 작가들의 작품에서도 나타난다는 역설적인 평가까지 받고 있다. 그가 이룬 가장 큰 혁신은 전설이나 신화의 영웅을 특이한 상황에 처한 평범한 사람들로 바꿔놓았다는 것인데, 그 과정에서 그는 등장인물들의 내적인 동기에 초점을 맞추었다. 그는 강렬한 사랑과 증오의 감정에 사로잡혀 스스로를 파멸시키는 사람들을 그렸는데, 그것이 셰익스피어나 라신, 입센, 스트린드베리와 같은 극작가들이 무대에 올린 심리적 감옥의 기원이었다는 것이다.

「메데이아」라는 그의 극이 있다. 메데이아는 '황금 양털'을 구하러 온 이아손에게 한눈에 반한 흑해 연안 콜키스의 공주였다. 자신의 형제까지 살해할 정도로 이아손을 도와 원정의 목적을 달성케 하고 그와 결혼했다. 그러나 이아손은 그를 버리고 코린토스의 글라우케 공주와 결혼하려 한다. 복수심에 사로잡힌 메데이아는 글라우케는 물론이고 그 아버지까지 술책을 부려 살해한다. 게다가 이아손에게 더 큰 슬픔을 안기기 위해 둘 사이의 자식들까지 살해한다.

그런 메데이아조차 그리스 여성의 비참한 처지에 개탄했다. "아이를 한 번 낳느니 방패를 손에 들고 세 번이라도 전쟁터에 나가겠노라." 동시대의 남성들은 이런 '이단적'인 대사에 놀라 그를 조롱하기 시작했던 것이다.

O┳ 고대, 문학, 여성, 작가, 차별 **(2018-09-27)**

공범자들

1968년 가을 개편을 맞아 미국의 CBS 방송사에서는 종래와 전혀 다른 성격의 프로그램을 내놓았다. 텔레비전 프로그램에 잡지의 개념을 도입해 한 주제에 대해 집중적으로 파고든 내용을 다룬 것이다. 캐나다의 한 뉴스 채널에서 2년 전부터 유사한 방송을 내보내긴 했지만, 미국의 3대 메이저 방송사에서 시작할 때에는 그 무게감부터 달랐다.

이 방송은 한 시간 동안 진행되기에 제목도 〈60분〉이라고 붙였다. 다른 뉴스 프로그램과는 뚜렷하게 차이가 나는 이 포맷에 시청자들도 반응을 보이기 시작했다. 초반에는 격주로 나갔으나 3년이 지나면서 화요일 밤 10시의 고정 프로그램으로 자리잡았다. 올해 9월 24일에 50주년을 맞았을 정도로 이 프로그램은 방송사를 대표하는 장수 프로그램이 되었다.

미국이라고 그것이 쉬운 길은 아니었다. 공정한 방송을 유지하려는 기자와 앵커들의 확고한 집념이 그 과정을 이끌었다. 유일하게 사임한 미국 대통령이 된 리처드 닉슨은 베트남전쟁에 관한 방송을 통제하려 했다. 그러나 〈60분〉은 클러스터 폭탄, 징병 반대자들, 남베트남 부대의 진상 등을 계속 폭로했다.

그뿐 아니라 서아시아, 나이지리아, 북아일랜드 등지의 사태와 미국의 연루 의혹을 밝히며 닉슨 행정부를 궁지로 몰아넣었다. 공정 보도에 대한 갈망을 실현해주는 방송사에 대한 시청자의 신뢰와 자부심이 얽혀 좋은 방송을 수호한 것이다.

1983년부터 방영된 〈추적 60분〉이 이와 비슷한 한국 최초의 프로그램이다. 이명박 정권 때부터 이런 프로그램이 축소되고 폐지되었다. 영화 〈공범자들〉은 그때 시작된 방송 장악 음모의 실체를 파헤친다. 마지막 장면에서 비로소 주역이 등장하는데, 그에게는 '공범자'라는 칭호가 부족하다. 악행을 저지르기 위해 사람들의 눈을 가리고 입을 막은 그는 '주범'으로 지목되어야 마땅하다. 긴 추석 연휴에 주범이 누구인지 확인하시길.

🔑 권력, 영화, 음모, 작품, 정의 (2017-09-28)

어느 인종차별주의자의 죽음

● 헨드릭 페르부르트

헨드릭 페르부르트는 네덜란드에서 남아프리카로 이주해 타지 출신으로 총리에 오른 유일한 인물이다. 그는 인간이 인간에게 자행한 가장 잔혹한 범죄로 꼽히는 극단적 인종차별인 아파르트헤이트 정책을 계획하고 실행에 옮겼다.

여러 학문에 재능을 보여 독일 유학을 다녀온 뒤 스물여섯 살에 대학교수가 되어 학자로서 명성을 쌓은 그는 신문의 편집인을 맡은 뒤 마침내 총리의 지위에까지 올랐다. 그는 아버지의 정치적 성향을 물려받았다. 아버지는 보어전쟁에서 네덜란드가 패한 뒤 영국의 지배 아래 남아프리카에 거주하던 네덜란드 이주민인 보어인들에게 연민을 느껴 이주를 결행했던 것이다.

페르부르트는 아프리카인들의 독립적인 정치 체제를 원했고, 그러한 그의 노력이 성공을 거두어 마침내 남아프리카는 1960년에 영연방에서 벗어나 남아프리카공화국이 되었다. 문제는 그가 말하는 아프리카인들이란 아프리카에 거주하는 백인들만을 가리킨다는 사실에 있었다. 자신들의 독립을 원하지만 그것을 위해서는 흑인을 차별해야 했다.

아파르트헤이트는 내부의 여러 시행 세칙에 의해 유지되지만, 본질적으로는 두 가지로 귀결된다. 첫째는 '법치'이다. 흑인에 대한 여러 종류의 억압과 차별이 법의 이름으로 집행된다. 저항하는 단체는 불법으로 규정한다. 둘째로, 비밀경찰과 군대라는 '공권력'의 지원을 받는다.

페르부르트를 살해하려는 두 번의 시도가 있었다. 이상하게도 두 번 모두 범인은 정신 질환을 앓던 백인이었다. 1960년의 위기는 넘겼으나 1966년에 목과 가슴에 입은 자상은 치명적이었다. 사망 이후 병원, 공항, 댐 같은 공공장소에 그의 이름이 붙었으나, 인종차별이 폐지된 1994년 이후에는 모조리 다른 이름으로 바뀌었다.

아프리카의 많은 나라에서 그의 사망 소식에 환호를 올렸다. 조의가 아닌 환호를 받을 마감은 실패한 삶의 증거다. 그런 삶은 이곳에도 많을 듯하다.

법, 신념, 인종, 폭력, 차별 **(2016-09-29)**

빵과 서커스 ● 유베날리스

로마제국 초창기에 유베날리스라는 이름의 풍자시인이 있었다. 생애도 잘 알려져 있지 않은데, 그마저 열여섯 편의 풍자시의 내용으로 추정한 것에 불과하다. 어느 황제 치하에서 어느 곳으로 유배를 갔는지도 불분명하지만, 꽤 권세가 높은 어떤 이의 명예를 훼손했다는 이유로 추방당한 적이 있다는 사실로 미루어 짐작건대, 당대에 상당히 널리 읽히며 영향력을 행사했던 것만은 확실하다. 영향력이 없었다면 그저 무시되었을 것이기에.

그렇지만 출처가 유베날리스의 풍자시인지 알지도 못한 채 회자되는 문구는 꽤 있다. 그중 하나가 '빵과 서커스'다. 그는 시민의 표를 얻기 위해 값싼 식량과 볼거리를 제공하는 포퓰리즘 법안을 만들던 정치가들을 풍자하기 위해 그 문구를 사용했다. 로마인들 사이에서 도덕적 기강이 무너진 것에 대한 개탄이 깔려 있는 표현이지만, 이제는 비슷한 현상을 가리키는 보편적인 말로 자리잡은 듯하다. 19세기 에스파냐의 지식인들도 자신의 사회를 비꼬기 위해 '빵과 투우'라는 말을 만들어낸 바 있다.

대개 이 말은 눈가림의 정책을 입안하는 사람들을 조롱할 의도로 만들어졌다고 여겨진다. 그러나 유베날리스가 풍자한 대상은 대중이었다. 공공사업이나 정책의 탁월성을 도외시하고 즉물적이고 얕은 즐거움으로 사태를 무마하려는 정치가들에게 현혹되는 대중의 몽매함에 대한 경멸이 '빵과 서커스'에 집약되어 있는 것이다. 평민은 이기적이며, 그들은 더 광범위하고 본질적인 문제에 눈을 감는다는 것이다.

그런데 한국 사회도 유베날리스의 경멸로부터 피해 갈 수 없을 것 같다. 임시 공휴일을 지정하고 장병들에게 특식과 특별 외박을 '하사'하자 정부에 대한 지지율이 높아졌다는 기사를 접하며 갖게 된 자괴감이다. 해답은 어디에 있으려나? 출처도 모르면서 사용하는 유베날리스의 또다른 문구를 곱씹는다. "건전한 신체에 건전한 정신이" 깃들게 되기를 간절히 바랄 뿐이다.

🗝 고대, 문학, 정치, 풍자 **(2015-09-30)**

IV

아무도 아닌 자의 장미 • 파울 첼란

파울 첼란은 동유럽 부코비나 지방의 체르노비츠에서 태어났다. 합스부르크제국의 지배에서 벗어나 루마니아령이 된 직후였기에 그는 여러 문화와 언어를 접하며 성장했다. 교양 높은 어머니는 아들의 표준 독일어 교육에 공을 들였다. 좋은 직업으로 유복한 삶을 살길 바라서였다. 독일어가 모어(母語)가 되었으나 그의 부모는 2차대전 중 아우슈비츠에서 처형되었다. 살아남은 자의 지옥을 겪은 첼란은 그 현실을 견디기 위해 독일어로 시를 쓰기 시작했다. 적의 언어로 시를 쓴다고 비난하는 사람들이 있었으나 그는 "모어를 통해서만 나의 진실을 말할 수 있다"고 단언했다. 그럼에도 언어로 표현할 수밖에 없는 시인이기에 언어로 인한 내적 갈등은 더욱 첨예하게 드러난다. "그런데 견디시겠어요, 어머니, 아 언젠가, 집에서처럼,/ 이 나직한, 이 독일어의, 이 고통스러운 운(韻)을?"

첼란은 그 고통에서 멈추지 않음으로써 그 상처받은 언어를 살려놓는다. "말로 나는 당신을 다시 데려온다, 당신은 이제 여기에 있다./ 모든 것이 진실이고 진실의 기다림인 것이다." 그는 자신의 시가 언젠가는 누군가에게 가닿으리라는 희망과 기대 속에 바다로 띄워 보내는 '유리병 편지'라고 했다. 그의 시는 진실을 싣고 끊임없이 무언가를 향해 가는 도중에 있다. 아무도 아닌 것으로서.

시집 『아무도 아닌 자의 장미』는 그 정서를 반영한다. "아무것도 아니었다네 우리는,/ 우리는 아무것도 아니며, 아무것도/ 아닌 것으로 남으리니, 활짝 피어서./ 아무것도 아닌 것의, 아무도 아닌 자의 장미." 상처 입힌 언어를 바로 그 언어로 승화시켰듯, 첼란은 수용소에서 땅을 파며 '아무도 아닌 자'가 된 사람들을 아무도 아니었다는 바로 그 이유로 찬미한다.

그의 시는 "아우슈비츠 이후 시를 쓰는 것은 야만"이라는 테어도어 아도르노의 비관에 대해 시인은 더욱 현실을 직시하고 정제된 언어로 표현해야 한다는 대답이었다.

문학, 작가, 전쟁 (2013-10-02)

자연권 ● 존 로크

미국 독립선언문의 서두다. “모든 사람은 평등하게 태어났으며 양도할 수 없는 권리를 조물주에게서 부여받았다는 것을 우리는 자명한 진리로 받아들인다. 그 권리에는 생존권, 자유권, 행복추구권이 포함된다. 이러한 권리를 확보하기 위해 사람들 사이에 정부가 수립되었다.” 이 선언은 존 로크의 자연권 사상에서 도출되었다. 사람은 자연상태에서, 즉 법이나 정부가 없는 상태에서 태어났는데, 보호를 위해 사회를 조직하여 함께 모여 살기로 동의했다는 것이다. 따라서 자연권은 인간의 정부보다 선행하기에 무조건적으로 지켜야 한다는 것이다. 오늘날 대다수 국가의 헌법에서 무엇보다 앞서 자연권을 강조하는 이유다.

자연권은 사상과 언론의 자유를 성찰하게 해준다. 사상과 언론은 사회 내의 소통이 전제되지 않는 한 의미가 없다. 따라서 그런 자유는 자연권에 후행하며, 같은 이유에서 거기에는 조건이 붙는다. 표현의 기회가 박탈된 사람들에게 그 권리를 찾아주려 할 때 사상과 언론의 자유라는 말이 의미를 지니며, 그 자유에는 마땅히 의무가 뒤따른다. 사상의 자유에 헌신한 볼테르가 추앙받는 이유도 공허하게 이론으로서 관용의 정신을 말한 데 그치지 않고 마녀사냥식으로 핍박받던 사람들의 자연권을 끝까지 대변한 실천적 의무에 있다.

참정권에 대해서도 비슷한 통찰을 적용할 수 있다. 투표권이 없는 사람들에게 그것을 찾아주려 할 때 그 말은 의미를 갖는다. 그 권리를 갖게 되는 순간 그것은 의무가 된다. 권리와 의무는 뫼비우스의 띠인 것이다. 나의 권리이니까 포기하는 것도 나의 권리라고 말하는 사람들은 이 단순한 이치를 모를 뿐이다. 적극적으로 투표에 참여하여 자신의 의사를 표명하는 것이 민주시민의 의무다.

고공에서 농성을 지속하는 사람들과 톨게이트 수납원들, 그들의 긴박한 생존권에 대한 조치가 화급하게 취해지기를 촉구한다.

권리, 법, 사상, 저항 **(2019-10-03)**

데르수 우잘라 ● 블라디미르 아르세니예프

블라디미르 아르세니예프는 1902년과 1907년 두 차례에 걸쳐 북동 러시아 지역을 탐사한 제정 러시아의 군인이었다. 그는 시베리아 지역의 식물군과 토착 소수 인종의 생활방식에 대한 상세한 기록을 남겼다. 하지만 그를 더 널리 세상에 알린 것은 1923년에 출간된 책『데르수 우잘라』였다.

탐사 초기에 우연히 마주쳤던 골디족 사냥꾼 데르수 우잘라와의 만남에서 비롯된 기억들을 담은 이 책은 두 번에 걸쳐 영화로 만들어졌는데, 구로사와 아키라 감독이 1975년에 만든 두번째 영화는 모스크바 영화제에서 금상을 받았다.

아르세니예프의 부대원들과 마주친 데르수는 길잡이를 해 달라는 그들의 요청을 받아들인다. 데르수는 정령신앙을 믿는다. 태양에도, 강에도, 바람에도 영혼이 깃들어 있다고 믿는다. 그만큼 그는 자연과 동화된 삶을 산다. 태곳적 미개한 신앙을 믿는다고 비웃을 수도 있겠지만, 자연과 밀착된 삶에서 나오는 선한 지혜는 아르세니예프와 그 부하들의 신뢰를 넘어 존경을 얻게 된다. 그뿐 아니라 노한 자연과 마주친 위기 상황에서는 기지를 발휘하여 아르세니예프의 생명을 구한다.

노령으로 인한 시력의 약화는 사냥꾼에게 치명적이다. 데르수는 자신이 거주하는 블라디보스토크에서 함께 살자는 아르세니예프의 요청을 받아들인다. 그러나 도시에서는 나무를 자르는 것도, 야영을 하는 것도, 모닥불을 피우는 것도, 사격 연습을 하는 것도 불법이다. 낙담한 데르수는 숲으로 돌아가기를 원하고, 시력이 감퇴된 그를 위해 아르세니예프는 조준하기 간편한 최신식 라이플을 선물한다. 결국 데르수는 그 총을 탐낸 도적에 의해 살해된다.

그 영화의 힘은 이 짤막한 요약에 있지 않다. '도시와 숲의 대비'라든가 '운명의 아이러니'와 같은 철학적 논평에 있는 것도 아니다. 시종 담담하지만 도도하게 전해지는 자연과 공존할 필요성에 있다고 나는 믿는다.

영화, 작품, 현대 **(2018-10-04)**

창의적 독자 ● 세르반테스

세르반테스는 에스파냐의 문호를 넘어 세계적으로 사랑받는 작가로 꼽힌다. 그의 『돈키호테』는 근대 소설의 효시로 회자되며, 에스파냐의 언어에도 지대한 영향을 끼쳐 에스파냐어를 '세르반테스의 언어'라고 말하기까지 한다. 『돈키호테』의 큰 성공 덕분에 그는 소설가로만 알려져 있지만 시와 희곡도 많이 썼다. 게다가 그의 다른 소설들마저 잘 알려져 있지 않다.

그렇게 가려진 작품 중에 『모범 소설』이라는 것이 있다. 12개 편의 단편을 모은 것인데, 작가로서의 명성이 이미 확고해진 말년에 자신의 역량을 더욱 가다듬어 집필했다고 알려져 있다. 이 작품집에 마지막으로 실린 단편은 제목조차 붙이지 않았지만 오늘날에는 「개들의 대화」라는 이름으로 알려져 있다. 두 마리의 떠돌이 개 시피온과 베르간사가 있다. 뒷골목을 떠돌기에 이 둘은 에스파냐 사회의 어두운 이면들을 목격하며, 그런 이유로 이 작품은 당대의 에스파냐에 대한 통렬한 풍자를 담고 있다는 평을 받는다.

그런데 다른 측면에서 이 작품의 영향을 크게 받은 인물이 있는데, 바로 정신분석의 원조인 지그문트 프로이트다. 그는 이 소설의 형식에 초점을 맞췄다. 이 작품이야말로 정신분석의 기원이라고 말했을 정도다. 두 마리 중 주로 한 마리만 이야기하고, 다른 한 마리는 듣기만 하다가 간간이 한마디씩 거들 뿐이다. 개들이 나누는 특이한 대화의 핵심 내용은 성적(性的)인 것이다. 정신분석 임상 병실의 한 장면이 그대로 떠오른다.

프로이트는 이 작품을 원어로 읽기 위해 에스파냐어를 배웠다고 토로한 바 있다. 게다가 그는 소년시절에 친한 친구에게 보낸 55통에 달하는 편지에서 자신은 시피온이라는 이름으로 서명하고 친구에게는 '친애하는 베르간사'라고 칭하기까지 했다. 작가의 창작뿐 아니라 독자의 독서에도 창의성이 개입되면 창조적 결과가 나올 수 있음을 보여주는 사례이다.

🔑 근대, 문학, 의학, 작가, 작품 **(2015-10-07)**

당통의 죽음 ● 게오르크 뷔히너

게오르크 뷔히너는 1837년 나이 스물넷에 요절한 독일의 극작가로 희곡을 많이 쓰지는 않았다. 노동자들로만 등장인물을 구성한 세번째이자 마지막 희곡 「보이체크」는 미완으로 남아, 그의 유작을 수많은 사람들이 합세하여 완성시킨 일도 있다. 작곡가 알반 베르크는 이것을 〈보체크〉라는 제목의 오페라로 만들었다. 단명했기에 남긴 작품이 많지 않지만, 뷔히너가 오래 살았다면 괴테나 실러와 같은 대문호가 되었으리라는 평도 받는다. 오늘날 독일에서 가장 명성 높은 문학상이 그의 이름을 딴 '뷔히너상'이다.

뷔히너의 첫 희곡은 「당통의 죽음」이다. 프랑스혁명의 공포정치를 주도한 조르주 당통은 혁명재판소를 세웠다. 그곳에선 혁명의 적이라는 혐의를 받기만 하면 증거 없이도 속결 재판을 통해 처형할 수 있었다. 곧 이런 끔찍한 권력 집중이 잘못임을 깨달은 당통은 사태를 되돌려놓으려 했지만 로베스피에르는 바로 이 혁명재판소를 통해 당통을 단두대로 보냈다. 죄목은 뇌물 수수와 더불어 혁명의 적에게 너그럽게 대했다는 것이었다. 당통은 함께 처형당한 무고한 사람들을 위로하며 의연하게 죽음을 맞이했다고 전해진다. 얼마 뒤 로베스피에르 역시 형장에 올랐다.

뷔히너는 당통을 소재로 한 이 작품의 집필 단계에서부터 공권력에 의해 체포될까봐 두려워했다. 초고를 마친 뒤에도 자기검열을 통해 성적인 풍자 장면을 가미하여 정치색을 완화시킨 다음에야 비로소 1835년에 출판됐다. 무대 공연을 통해 이 연극이 완성된 것은 뷔히너가 사망하고 65년이나 지난 1902년의 일이었다.

작품의 제3막은 법정이다. 대중은 당통에게 호의적이다. 그러자 재판관들이 휴정을 선언한 뒤 음모를 꾸며 분위기를 바꿔놓는다. 그들이 당통의 방만한 생활방식을 문제삼자 대중이 돌아선 것이다. 4막에서 당통과 그의 동지 데물랭이 처형당한다. 당통이 사랑한 아내 쥘리는 집에서 음독자살을 한다. 데물랭이 단두대에 오를 때 아내 뤼실은 함께 죽기로 작정하고 혁명의 적인 것처럼 '국왕 만세'를 외친다.

근대, 문학, 작가, 작품 **(2019-10-10)**

귀부인의 남자 ● 로베르트 비조키

18세기 이탈리아에는 특이한 직종에 종사하는 젊은이들이 있었다. 결혼한 귀부인의 옆에서 시중을 들던 남성으로, 그들의 소임은 통상적인 경호를 넘어 은밀한 사생활의 영역으로까지 확대되어 이들과 관련된 성적 추문도 빚어지곤 했다. 이것이 사회적 관례로 자리잡아 미혼인 청년 귀족은 사실상 남편이 있는 귀부인의 시종 기사 노릇을 했던 것이다. 이들을 '치치스베오'라고 불렀는데, 그 어원에 대해서는 여러 학설이 타당성을 다투고 있다.

오늘날의 이탈리아인들조차 쉽게 납득할 수 없는 이 관행을 두고 시스몽디와 같은 역사가는 16세기 이후 이탈리아의 역사가 옛 영광을 잃고 타락하는 과정에서 이러한 제도가 핵심적인 역할을 했다고 지적한다. 그러나 문제가 그리 간단치 않다. 우리는 역사를 보면서 도저히 이해하기 어려운 관행이 과거 어디에선가 이루어진 사실에 놀라는데, 꼼꼼한 조사에 근거한 연구 결과를 읽고 내막을 알게 되면서 다시 놀라는 경우가 많다.

이 경우에는 〈콰데르니 스토리치〉 같은 명망 높은 학술지의 편집위원이었던 피사대학의 로베르트 비조키 교수가 그런 즐거움을 선사한다. 그는 일기, 편지, 문학작품 등 다양한 자료를 훑으며 이러한 관행이 계몽사상이라든가 여성권의 신장과도 관련된 현상이었음을 밝힌다. 단적으로 말해 치치스베오는 추근거리는 구애자들로부터 유부녀를 보호해주는 역할도 맡았고, 그 남편이 폭력적인 경우에는 가족들의 지지까지 받아가며 남편의 폭행을 막아주기도 했다는 것이다. 나아가 남성들에게만 (성적인) 자유와 선택의 권리가 주어졌던 시절에 여성의 독립성을 표상하기도 했다는 것이다.

근자에 비조키 교수에게 수학한 한국인 제자가 이 책을 번역 출간했는데, 저자는 제자에 대한 애정을 넘어 한국의 독자에게 이 책이 갖게 될 의미를 친절하게 설명하는 서문을 덧붙였다. 그 흥미로운 세계로의 여정을 적극 추천한다.

근대, 여성, 연구, 유래, 작품 (2018-10-11)

세계 소녀의 날 ● 플랜 인터내셔널

플랜 인터내셔널이라는 비정부기구가 있다. 70여 개국에서 활동중인 시민단체로, 어린아이들의 인권을 증진시키는 것을 목표로 삼고 있다. 2007년 이 단체에서는 『소녀이기 때문에』라는 보고서를 발간했다. 세계 곳곳에서 자행되지만 개발도상국에서 더욱 심각한 여자아이들에 대한 착취와 차별의 사례를 적나라하게 폭로한 것이다. 특히 캐나다의 회원들은 거기에 머무르지 않고 '소녀이기 때문에'라는 캠페인을 벌여 연방정부로 하여금 국제적인 활동에 나서도록 촉구했다. 그 결과 유엔까지 이 운동에 나서게 되었다.

이 기구는 남자아이들이 겪는 차별과 억압도 철폐하려고 노력한다. 하지만 여자아이들의 문제에 더 큰 관심을 둔 이유는 명백하다. 그들에게 가해지는 시련이 훨씬 더 가혹하기 때문이다. 지금도 세계적으로 약 6200만 명의 소녀들이 교육에 접할 기회가 원천적으로 차단되어 있다. 또한 5세부터 14세에 이르는 여자아이들이 또래의 남자아이들보다 훨씬 더 심한 노동에 시달리고 있고, 4명 중 한 명꼴로 18세 이전에 결혼을 해야 한다. 여자아이들은 성폭력의 위협에도 노출되어 있는데, 범법자들은 처벌받지도 않는 경우가 비일비재하다.

플랜의 노력은 유엔 총회에서 '세계 소녀의 날'을 지정하는 것으로 귀결되었다. 여자아이들의 불공평한 처지를 개선하기 위해 2012년부터 10월 11일을 '세계 소녀의 날'로 선포했던 것이다. 구체적으로는 공평한 교육의 기회, 법적 권리, 충분한 영양을 공급받을 권리, 성차별 금지, 여아에 대한 폭력의 금지, 조혼의 금지 등을 목표로 삼고 있다.

2014년에 유엔의 여성 친선대사가 된 영국의 배우 에마 왓슨은 2016년부터 세계 여러 나라를 돌며 여자아이들의 조혼을 금지하도록 호소하고 있다.

관용, 권리, 여성, 차별 **(2017-10-12)**

추노 ● 조지 래티머

노예제 폐지를 둘러싼 미국의 내전이 북부의 승리로 돌아가 노예해방령이 선포되었음은 잘 알려진 사실이다. 그런데 전쟁 이전의 상황에서 남부의 노예가 북부로 도주하면 어떤 일이 일어났을까? 일반화하기는 어렵지만, 그나마 교훈적인 결말을 이끌어낸 것이 다음의 사례이다.

조지 래티머는 백인 아버지와 흑인 어머니 사이에서 태어난 노예였다. 남부의 버지니아주에서 가내 하인이었다가 마부로, 일꾼으로 팔려간 그는 주인의 빚 때문에 옥살이까지 했다. 그를 마지막으로 소유했던 주인은 제임스 그레이라는 상점주였는데, 래티머는 학대를 견디다못해 임신중인 아내와 함께 매사추세츠주의 보스턴으로 도주했다.

그레이는 주 경계 내에서 래티머를 잡아올 경우 25달러를, 그 너머에서는 50달러를 주겠다고 현상수배를 했다. 그레이 밑에서 일하던 누군가가 보스턴에서 래티머를 알아보았고, 그는 곧 체포되어 결국 수감되었다. 그의 수감 소식이 알려지면서 구명운동이 일어났다. 그의 변호사는 노예제를 강하게 반대해온 법관 르무엘 쇼에게 그 사건을 배심원들이 결정할 수 있게 해달라고 청원했으나 거절당했다. 그것은 연방 정부에서 해야 할 일이며 주 정부에서는 그 결정이 아무리 달갑지 않더라도 따라야 한다는 논리였다.

지역의 여론이 들끓었다. '래티머 위원회'가 조직되었고, 그를 돕기 위한 신문도 창간되었다. 그들은 청원서를 작성했다. 도주 노예 혐의를 받는 사건에 주의 관리가 개입하거나 감옥 등 주의 시설을 사용하는 것을 금지시키려는 청원, 그리고 매사추세츠주는 노예제와의 어떠한 고리도 끊어야 한다는 청원이었다. 결국 그것은 '래티머 법'으로 귀결되었는데, 거기에는 청원서의 내용이 그대로 반영되었다.

그러는 사이에 기금도 조성되어 래티머는 400달러에 그레이에게서 자유를 살 수 있었다. 도주 당시 뱃속에 있던 아들 루이스 하워드는 개량된 전구를 만들어 미국 발명가들의 명예의 전당에 올랐다.

권리, 법, 인종, 정의, 차별 **(2016-10-13)**

마녀사냥의 교본

하인리히 크라머

지금도 대성당과 많은 교회들이 풍광을 좌우하는 독일 남서부의 도시 슈파이어에서 세상을 떠들썩하게 할 책이 1487년에 출간되었다. 『마녀를 심판하는 망치』라는 이 책은 도미니크 수도회의 성직자 하인리히 크라머와 야콥 슈프랭거가 함께 저술했지만, 책의 공신력을 높이기 위해 슈프랭거를 거저 끼워넣었다는 주장이 일반적이다.

출간된 지 3년 만에 가톨릭교회에서는 이 책의 내용이 사실이 아니라고 부인했다. 그러나 출간 이후 30여 년 사이에 20쇄를 찍고, 다시 1574년부터 1669년 사이에 16쇄를 더 찍은 이 마녀사냥의 교본은 르네상스시대 이래로 법정에서의 마녀 단죄를 위한 지침을 제공하며 마녀사냥의 광풍과 대중의 미신과 종교개혁으로 말미암은 종교적 긴장을 악화시켰다.

본디 가톨릭교회에서는 마법이나 마녀의 실재를 부정했다. 그 존재를 믿는 사람들은 "꿈이나 환각 속에서 악마의 꾐에 빠져 오랜 이교도의 과오에 빠진 것"이라고 주장했다. 그럼에도 마법을 믿는 사람은 있었지만, 당시까지 그들에 대한 처벌이라고 해야 사람들 앞에서 하루 정도 벌을 서며 망신을 당하는 데 그쳤다. 그러나 『마녀를 심판하는 망치』가 나온 뒤 사람들은 마녀가 실재한다는 것을 더욱 확신하게 되었으며, 그에 따라 마녀에 대한 처벌도 잔인해졌다.

사실 크라머는 티롤 지역에서 마녀로 지목된 여인을 기소하려다 실패한 탓에 오히려 그가 주교에게 '망령이 든 노인'으로 취급받으며 인스브루크에서 추방된 적이 있었다. 어쩌면 그것이 마녀와 마법이 실재한다고 주장하는 책을 쓰게 된 계기가 되었을지 모른다. 이 책은 마녀사냥에는 세 요소가 필요하다고 주장하니, 마녀의 사악한 의도, 악마의 도움, 그리고 처벌에 대한 신의 허락이다.

이 책으로 인해 무고한 사람들이 숱하게 마녀로 몰려 참혹한 죽음을 맞았다. 역사교과서 국정화를 밀어붙이는 정부를 보면서 마녀사냥의 세 요소를 본다. 종북, 북한의 도움, 대통령의 허락.

왜곡, 음모, 종교, 폭력, 풍자 **(2015-10-15)**

인생은 길고 할일은 많다

제인 폰다

헨리 폰다부터 시작하여 3대에 걸쳐 명배우를 탄생시켜 할리우드의 명가로 등극한 폰다 가문 중에서도 내게 가장 인상적인 배우는 제인 폰다이다. 연기자라면 누구나 꿈꾸는 아카데미상이나 에미상과 같은 영광을 여러 차례 누릴 정도로 연기를 잘했다거나 에어로빅 비디오를 만들어 전대미문의 판매고를 올렸기 때문이 아니다. 자신이 겪은 당대의 부조리들에 대해 스스로 판단하며 그에 대한 저항의 행동에 나섰기 때문이다.

미국의 베트남전쟁 참전에 대한 격렬한 반대는 아버지 헨리와의 관계를 소원하게 만들었지만 제인은 개의치 않았다. 베트남에 곧 파견될 병사들과 인터뷰하며 그들이 느낀 공포감을 바탕으로 영화를 만들었고, 여러 대학을 돌며 왜 전쟁에 반대해야 하는지를 역설했다. 당시의 많은 행동가들이 베트남을 방문해 전쟁의 참혹함을 있는 그대로 보여주려고 했다. 제인도 1972년 하노이를 방문하여 사진을 찍으며 병사들과 어울렸다. 그 과정에서 방공포 위에 앉은 모습이 사진에 찍혔다. 그것이 많은 미국인들의 분노를 샀고, 그리하여 그에게는 '하노이 제인'이라는 명예롭지 못한 별명이 따라다니기도 했다.

그럼에도 불구하고 그의 행동 범위는 더 넓어졌다. 그는 북미 원주민들의 권리 찾기 운동에도 명분을 보탰다. 어릴 적 성추행을 당했고 자라서는 상사의 동침 요구가 있었음을 고백하면서, 스스로도 모든 것이 여자들의 잘못이라는 통념에 물들어 있었지만 이제는 그에 맞서겠다며 여성운동에도 동참했다. 팔레스타인전쟁도 중재하려 했고, 이라크전쟁에도 반대했다. 오죽 눈엣가시였으면 소지하던 비타민 알약에 마약 혐의를 씌워 체포했을까. 닉슨이 재임중이던 백악관의 명령이었다.

최근에는 툰베리를 비롯한 청소년들에게 영감을 얻어 미국 국회의사당 앞에서 기후 변화와 관련한 시위를 벌이다가 여든하나의 나이에 체포되었다. 인생은 길고 마음만 먹으면 할일은 많다는 교훈을 얻는다.

🔑 관용, 여성, 영화, 용기, 저항, 전쟁 (2019-10-17)

여성 수학자 ● 히파티아

고대 말에 이집트의 알렉산드리아는 학문의 중심지였는데, 그곳에 히파티아라는 여성이 있었다. 생애의 기록이 남은 최초의 여성 수학자이자 철학자, 천문학자로 알려져 있다. 교육자로도 명성이 높았다. 기독교도가 아니었지만 그 종교를 인정해 제자들 대다수가 신자였다. 훗날 주교가 된 제자가 보낸 편지들이 지금까지 전해져 그 진면목을 보여준다.

당대의 한 역사가는 남성들의 집회에서 아무것도 아랑곳하지 않고 자신의 주장을 내세운 그의 존엄과 덕성을 찬미했다. 학문으로 일가를 이룬 아버지 테온을 수학에서 능가했다는 평가까지 받던 그는 용모도 빼어났다. 흠모하던 한 남자가 학생임을 빙자해 구애했다. 평생 순결을 지킨 그는 거절했지만, 집요하게 접근하자 월경혈이 묻은 천 조각을 보여주며 이렇게 말해 물리쳤다고 한다. "당신이 진정 사랑하는 것은 이것이오. 당신은 아름다움 자체를 사랑할 줄 몰라요."

상담자로도 탁월했다. 그러나 그 능력이 그의 명을 재촉했다. 당시 알렉산드리아는 정치와 종교의 권력이 맞붙으며 파벌 다툼과 정쟁이 심했다. 그 진앙에 알렉산드리아의 새 주교가 된 키릴로스가 있었다. 그는 권력욕이 심한 사람으로, 로마에서 파견한 지방 장관 오레스테스와 맞섰다. 오레스테스는 유대인들의 재산을 몰수하고 도시에서 추방하려는 키릴로스를 저지하려 했다. 히파티아는 그런 오레스테스에게 틈틈이 조언했다.

키릴로스 휘하의 광신도 무리가 일을 저질렀다. 마차를 가로막고 히파티아를 끌어낸 뒤 옷을 벗기고 살해했다. 살점까지 갈가리 조각냈다. 히파티아의 죽음은 동로마제국 전역에 충격을 안겼다. 조사가 이루어졌고, 키릴로스는 뇌물을 건넴으로써 심한 처벌은 모면했다고 한다. 기독교도가 아니었지만 히파티아의 행적은 성인전에 편입되었다. 다름 아닌 알렉산드리아의 성녀 카타리나의 삶과 죽음으로 윤색되었던 것이다. 기독교도에게 살해된 히파티아가 이교도에게 살해된 순교자 카타리나가 된 것이다.

고대, 권력, 여성, 음모, 학문 **(2018-10-18)**

안개 속의 풍경 ● 테오 앙겔로풀로스

땅에서 솟아오른 듯, 하늘에서 내리꽂힌 듯, 그리스 중부의 테살리아평원에는 엄청난 높이의 기암들이 박혀 있어 눈을 놀라게 한다. 꼭대기마다 세워진 그리스 정교의 수도원에 이르면 말은 의미가 없어진다. 그 놀라운 메테오라에서 내려와 관광객 대상의 기념품 가게에서 또다른 놀라움을 맛본다. 프랑스 유학을 다녀온 가게의 주인은 그리스 문화의 찬란함에 경탄하는 나에게 고대 그리스가 싫다고 말한다. 관광객들은 플라톤과 페리클레스의 그리스에 감탄하지만 그 밖의 그리스에 대해서는 뭘 알고 있는가 힐난하는 것이다.

그것이 그만의 독특한 생각인 줄 알았다. 아니었다. 상당히 널리 퍼진 견해였다. 그리스 근현대사의 비극을 알고 있느냐고, 알아달라고 절규하는 그리스 사람들이 아주 많았다. 기차는 8시에 떠난다는 미키스 테오도라키스가 그러했고, 조르바를 춤추게 한 니코스 카잔차키스가 그와 함께했으며, 일요일엔 안 된다는 멜리나 메르쿠리도 같은 부류였다. 테오 앙겔로풀로스를 이 명단에서 제외시킨다면 그는 아주 섭섭해할 것이다.

영화를 공부하려고 프랑스로 갔지만 제대로 된 영화를 만들기 위해 그리스로 되돌아갈 수밖에 없었던 앙겔로풀로스는 그리스의 역사에 충실했다. 그 역사는 '대령들의 정권'의 현대사일 뿐 아니라 오디세우스의 고대사이기도 하다. 고대 민주주의의 근원지였던 아테네가 독재에 찬탈된 것을 보며 그의 투쟁의 시선은 과거로 회귀한다. 그렇지만 투쟁의 시선이란 궁극적으로 미래를 향하는 것. 시간이 움직이지 않고 공간이 흐르지 않는 반복을 보이기 위해 그는 아주 멀리서 바라본다.

멀리서, 아주 멀리서 보면 시공은 얽혀 있다. 나는 영화 〈안개 속의 풍경〉에서 〈율리시즈의 시선〉을 통해 〈유랑극단〉을 본다. 진보여, 그대는 윤회다. 시간이여, 그대는 장소다. 기억이여, 그대는 미래다. 테오 앙겔로풀로스를 통해 (덧붙여 코스타 가브라스를 통해) 나는 그리스의 오늘을 이해하기 시작한다.

⊶ 변화, 열정, 영화, 현대 **(2017-10-19)**

업적과 배신 ● 엘리아 카잔

그리스계 미국 영화감독 엘리아 카잔은 할리우드에서 가장 존경받고 영향력이 큰 인물로 꼽힌다. 배우의 잠재적인 연기력을 최대한 끌어내는 것으로 알려진 그의 작품에 출연했던 배우들 중 스물한 명이 아카데미상 후보에 올라 아홉 명이 수상했다. 〈욕망이라는 이름의 전차〉를 통해서는 말론 브란도와 비비언 리가 출세 가도를 달리게 되었고, 〈에덴의 동쪽〉으로는 제임스 딘이 영화 관객을 처음 만나게 된 것이니, 배우의 능력을 알아보는 데도 탁월했음이 분명하다.

본인도 아카데미 최우수감독상을 두 번 받았다. 그에게는 확고한 영화 철학이 있다. 자신이 특별히 관심을 갖는 사회적 문제를 다루는 영화를 만들 것이며, 그 전체적인 주제에 스스로 공감해야 한다는 것이다. 그렇게 해서 미국 내의 반유대주의 정서를 직시한 〈신사협정〉이 제작되었고, 할리우드에서 거의 최초로 흑인에 대한 편견을 다룬 〈핑키〉가 후속으로 이어졌다.

그런데 냉전시절의 매카시 광풍은 카잔을 비켜가지 않았다. 미국 하원의 청문회에 불려나간 그는 처음에는 망설였지만, 예전 동료였던 영화인 여덟 명의 이름을 불었다. 이로써 그는 극작가 아서 밀러라는 친구를 잃었다. 뉴욕항 부두 노조의 부패를 고발한 영화 〈워터프론트〉는 고발을 한 자신을 옹호하기 위한 영화였다는 평까지 받는데, 주인공 말론 브란도도 출연을 망설였다고 한다.

1999년, 그에게 아카데미 특별상이 수여되었다. 행사장 밖에서 250명 정도가 시상에 반대하는 피켓 시위를 벌이는 가운데 그가 무대에 올랐을 때 배우들이 둘로 갈렸다. 일어서서 박수를 친 사람들과 박수를 치지 않기로 결정한 사람들로. 닉 놀테, 에드 해리스 등이 일어나지 않은 반면, 워런 비티, 메릴 스트립 등이 박수를 보냈다. 박수를 보냈던 한 인사는 이렇게 회고했다. "같은 이유로 일어났겠죠. 스무 편의 영화를 만들면서 그가 들였던 창의력과 정력과 고독한 밤들 말입니다."

사상, 신념, 영화, 작품 **(2016-10-20)**

이런 뻔뻔한 ● 조지프 매카시

냉전체제가 강화되는 가운데 중국이 공산화되자 미국에서 공산주의에 대한 국민들의 두려움이 극에 달했다. 1950년 2월, 한 국회의원이 미 국무부 내에 205명의 공산주의자가 있다는 연설로 모두를 경악시켰다. 그 숫자는 계속 줄어들다가 나중에는 그저 '많다'는 것으로 바뀌었다. 미 상원 특별위원회의 조사결과 그의 주장에는 아무런 근거가 없음이 밝혀졌다.

그런데 한국전쟁이 벌어지자 그의 인기가 치솟으며 상원의원에 재선되었다. 바로 조지프 매카시의 이야기다. 재선된 그는 스스로 조사위원장이 되어 고발을 계속했다. 정치인은 물론이고 유명한 학자와 지식인들도 그의 고발 대상이 되었다. 그러나 전쟁이 끝나고 그와 함께 광풍도 수그러들자 냉정을 되찾은 국민과 의회가 그를 비판적으로 보기 시작했다. 결국 그는 모두에게 버림을 받으며 알코올 중독으로 세상을 떴다. 매카시의 행적에 바탕을 둔 매카시즘이라는 용어는 극단적인 반공주의를 일컫지만, 오늘날에는 근거 없이 남을 매도하며 무모하게 선동을 획책하려는 비열한 행태를 가리키는 말이 되었다.

매카시 이야기를 또다시 떠올리는 이유는 뻔하다. 대통령의 속내를 실현하기 위해 역사교과서 국정화를 들고나온 집권 여당 대표의 주장이 매카시를 더욱더 닮아가고 있기 때문이다. 물론 그에게 붙어서 조상의 친일 전력을 숨기려는 자들의 저의도 결을 같이하고 있음이 확연하다. 기존의 역사교과서가 좌파에 의해 서술되었다고 말하는 근거는 어디에 있는가?

역사는 사실에 충실해야 한다는 것이 역사학의 기본 전제이다. 그것은 동서를 막론하고 수천 년에 걸쳐 쌓아온 전통적인 의무다. 교과서 집필에 참여했던 역사 교사, 교수 대다수는 바로 그 의무의 부름을 받은 것뿐이다. 임기가 한정된 어느 정권의 이해관계에 의해 침해당할 성질의 의무가 아니라는 말이다. 어찌 감히 역사를 말하는가? 뻔뻔하게.

사상, 왜곡, 전쟁, 정치, 풍자 (2015-10-21)

웬만한 세계사 개설서마다 제국 말기에 기독교를 국교로 받아들인 사실을 로마의 업적으로 꼽는다. 그 과정에 대한 설명도 비교적 균일하다. 박해를 받던 기독교가 4세기 초 콘스탄티누스대제의 밀라노 칙령을 통해 승인받고, 4세기 말 테오도시우스황제가 국교로 받아들여 다른 모든 이교를 금지했다는 것이다. 기독교는 로마에 전파된 이래로 계속 세력을 확장한 것처럼 보인다. 그러나 사실은 그리 단순하지 않다.

기독교는 최악의 상태에서도 삶에 위안을 주고 의미를 부여하는 신의 의지가 섭리에 따라 전개된다는 교리를 펼치며 개인의 가치를 강조했다. 그리하여 소외되고 박탈당한 계층에 호소함으로써 세력 기반을 획득했다. 그러나 황제들이 교회에 특권을 부여하고 토지를 하사하면서 하층민의 종교였던 기독교가 이제는 귀족과 황제의 종교가 되었다. 그 결과 많은 농민과 도시 빈민들이 등을 돌림으로써 기독교는 저변의 지지 기반을 잃어 위기를 맞았다. 이런 상황에서 기독교를 구해준 이들이 수도자였다.

수도자들은 본디 은자로서 완전한 신앙생활을 추구하기 위해 속세를 등진 사람들이다. 사막으로 들어가 예수의 삶을 본떠 죽음까지 불사하며 자아를 철저하게 버리는 기독교의 이상에 고취된 사람들이다. 고대 세계에서 사막은 악마들의 거처로서 문명과 절연된 곳이었다. 그들은 그런 곳에서 예수의 삶을 모방하고 스스로의 신앙을 입증하는 가장 완전한 방식으로서 수도생활을 택했던 것이다.

박해받던 시절 기독교도의 가장 고결한 종교적 삶은 죽음이었다. 사자의 먹이가 되더라도 순교의 길을 가야 하는 것이었다. 수도자의 생활은 순교와 마찬가지였다. 순교자들과 다름없이 수도자들은 물질적인 쾌락의 세계에서 자신을 죽였던 것이다. 이들은 정절, 청빈, 복종이라는 성서의 가르침을 실천하면서 평민들의 존경을 받았다. 기독교가 계속 지지 기반을 확보할 수 있었던 것은 수도자들에 대한 민중의 존경심 덕분이었다.

참된 목회자와 신자의 모습이다.

고대, 신념, 종교 **(2019-10-24)**

진주 귀고리를 한 소녀

● 트레이시 슈발리에

한 초상화에 꽂힌 열아홉 살의 여성이 그 그림의 포스터를 구해 16년 동안 어디를 가든 거처에 걸어놓았다. 순수한 듯하지만 노련해 보이고, 슬픈 듯하지만 기뻐 보이며, 갈구하는 듯하지만 체념한 것처럼 보이는 기막힌 모순의 표정에 반했기 때문이다. 화가보다는 모델이 이 그림을 지배했을 것이라는 확신에서 그는 이 그림에 감춰진 이야기를 추적했다. 그리하여 베르메르의 그림 〈진주 귀고리를 한 소녀〉를 다룬 동명의 소설이 탄생했다.

작가 트레이시 슈발리에는 베르메르가 살았던 델프트를 방문하여 당대의 역사를 알아보고 베르메르뿐 아니라 당대 다른 화가들의 작품도 연구하면서 임신한 몸으로 8개월에 걸쳐 체력의 한계까지 느끼며 집필을 마쳤다. 2000년 1월에 출간된 그 소설은 통산 300만 부 넘게 팔려나가며 영화로 만들어졌다. 피터 웨버가 감독한 이 영화에서는 스칼렛 요한슨이 베르메르의 하녀이자 모델 그리트의 역을 맡아 신비로운 분위기를 자아냈다.

이 영화는 원작 소설과는 결말에서 아주 다르다. 영화는 집에서 쫓겨난 그리트에게 화가의 요리사가 진주 귀고리를 전달하는 것으로 끝난다. 소설에서는 상황이 한결 더 상세하다. 그리트는 자신을 좋아하던 푸줏간 집 아들의 부인이 되었는데, 10년 뒤 화가가 사망하고 그 집으로 불려간다. 부채 관계를 청산하려는 것이 아닐까 하는 생각과는 달리 베르메르는 그리트가 그 귀고리를 받아주길 원한다는 임종의 부탁을 남겼다는 것이다. 그리트는 그것을 남의 아내로서, 또한 하녀로서도 받을 수 없다며 전당포에 잡히고 빚을 갚는다. 남은 돈은 평생 쓰지 않고 간직한다.

역사가들은 그 소설조차 예술작품의 창작에 따른 가공의 이야기일 뿐이며, 그리트마저도 허구의 인물이라고 간단하게 일축한다. 역사와 소설과 영화가 같은 인물들에 대해 각기 다른 이야기를 한다. 표현 양식의 차이일 뿐일까? 사람들은 보이는 대로 보지 않고 보려는 대로 본다.

미술, 영화, 작가, 작품 **(2017-10-26)**

일요일엔 안 돼요

멜리나 메르쿠리

연극배우 멜리나 메르쿠리는 유진 오닐, 테네시 윌리엄스, 아서 밀러 등의 작품에서 열연함으로써 연기생활을 시작했다. 유럽의 무대에서 성가를 올리던 그에게 영화 〈일요일은 참으세요〉가 국제적인 명성을 안겨주었다. 교양 있고 자유분방한 아테네의 창녀와 그리스 문화에 빠진 미국 고전학자가 벌이는 전형적인 로맨틱 코미디였지만, 관객을 자연스레 그리스 문물에 동화시킨다는 이 영화로 메르쿠리는 칸 영화제 여우주연상을 받았다. 같은 제목의 주제가는 아카데미 음악상을 받은 히트곡이 되었다. 에우리피데스의 희곡을 각색하여 계모와 수양아들 사이의 비극적 사랑을 그린 〈페드라〉는 미키스 테오도라키스가 음악을 맡아 영화에 감동을 더하며 메르쿠리에게 또다시 세계의 이목을 집중시켰다.

그렇게 인기의 정상에 있던 배우였지만 1967년 쿠데타에 의해 이른바 '대령들의 정권'이 들어서는 것을 묵과할 수는 없었다. 정변이 일어날 당시 공연으로 미국에 머무르던 메르쿠리는 곧 군사정권에 맞선 투쟁에 동참했다. 그는 세계 곳곳을 누비며 군부 독재의 부당성을 알리고 그리스의 대령들을 국제적으로 고립시키려 노력했다. 군사정권은 메르쿠리의 국적을 박탈하고 재산을 몰수했다. 메르쿠리는 이렇게 응수했다. "나는 그리스인으로 태어났고, 그리스인으로 죽을 것이다. 그들은 파시스트로 태어났고, 파시스트로 죽을 것이다." 메르쿠리에게 파시즘은 일요일뿐 아니라 언제나 참을 수 없는 것이었다.

7년 만에 군사정권이 무너진 뒤 귀국한 메르쿠리는 1977년에 전국에서 최다 득표를 한 국회의원이 되었다. 1981년부터는 문화부 장관을 맡아 영국으로 반출된 파르테논의 유물을 반환하라는 운동에 힘을 실었다. '유럽의 문화 수도'라는 제도도 만들어 유럽의 주요 도시들이 번갈아가며 해마다 그 문화적 업적을 홍보할 수 있도록 했다. 내적 충실과 대외적 화합을 모두 이끈 여성 정치인의 모범이다.

권력, 문학, 여성, 영화, 지도자 **(2016-10-27)**

소통의 부재 ● 볼테르

시리우스라는 별 주위를 도는 한 행성에 미크로메가스가 살고 있었다. 지구보다 2160만 배 큰 세계의 주민답게 그의 키는 8마일에, 수명은 1050만 년에 달했다. 지적 능력도 뛰어난 그가 현미경으로도 관찰하기 힘들 만큼 100피트 크기밖에 되지 않는 곤충을 해부한 책을 냈다가 이단 재판에 회부되어 800년 형을 살게 되었다. 그는 그 기간에 자신의 지성과 영혼을 계발하려고 우주여행을 떠났다.

토성에서 키가 6000피트밖에 되지 않는 난쟁이를 만나 친해졌다. 자신들이 저마다 거주하는 행성에 대해 이야기를 나누다가 더 많은 세계를 보기 위해 그들은 함께 철학 여행을 떠나기로 했다. 그렇게 해서 지구에 도착했다. 36시간 만에 지구를 일주한 그들은 그곳에 생명체가 없을 것이라고 결론을 내렸다. 깊은 바다라고 해봐야 미크로메가스의 발목만 적실 정도로 작은 곳에서 살 수 있는 것은 없다고 생각했기 때문이다.

그러다가 바다에 뭔가 떠다니기에 현미경으로 관찰했더니 고래였다. 이어 그 옆에서 사람들을 태운 배도 발견했다. 너무 작아 지능도 없을 것 같은 그들이 뭔가를 말하는 것 같기에 이 여행자들은 곧 보청기 같은 기구를 개발했고, 뛰어난 지력을 갖췄기에 그들이 하는 말도 알아듣게 되었다. 그들은 아리스토텔레스, 데카르트, 로크와 같은 철학자들에 대해 이야기하는데, 그들의 논지는 결코 받아들이기 힘든 것이었다.

그러다가 이야기가 토마스 아퀴나스에 이르렀을 때 그들은 포복절도했다. 우주가 지구를 위해, 지구에 사는 인간을 위해 만들어진 것이라는 결론 때문이었다. 그 주장을 펼친 자는 박사모를 쓰고 있었는데, 시리우스의 한 주민은 그 조그마한 인간에게 우주는 그렇게 구성되어 있지 않다고 친절하게 설명해 주었다. 그러나 그 보잘것없이 작은 존재는 그의 설명에 콧방귀를 뀔 뿐이었다. 그 오만불손함 때문에 받은 모욕감이 가시지도 않은 채 그들은 지구를 떠났다.

볼테르의 우화다.

근대, 문학, 작가, 철학 **(2015-10-28)**

축제와 폭동

핼러윈이 성인과 순교자들을 기리는 기독교의 축일에서 비롯되었는지, 한 해의 수확에 감사하는 켈트인의 축제에 기원을 두고 있는지 명확하게 밝혀진 것은 없다. 어쨌든 오늘날 그날은 어린아이들이 대접받기를 기다리는 명절을 넘어 어른들까지도 기괴한 복장으로 으스스한 분위기 속에서 파티를 벌이는 기념일이 된 것만은 확실하다. 러시아의 문학비평가 미하일 바흐친은 그런 축제의 분위기에 폭동의 요소가 내포되어 있음을 밝혔는데, 실제로 폭동으로 귀결된 핼러윈이 있었다.

1913년 10월 31일 미국 인디애나폴리스의 중심가에서 노조 활동을 하던 사람들이 파업을 지지하는 집회를 열었다. 그러는 가운데 핼러윈의 분위기에 취한 사람들이 운행중이던 전차를 세우고 기관사들에게 동조하라고 강요했다. 당시 그곳에서는 가장 긴요한 대중교통 수단이 전차였고 그래서 그 회사에 노조가 결성되어야 한다고 촉구했던 것인데, 이튿날 상당수의 기관사들이 결근했다. 절반 정도의 전차만 정상적으로 운행중인 상황에서 시위대가 전차를 파괴하고 전력을 공급하는 케이블을 절단하는 등 사태는 걷잡을 수 없이 확대되었다.

다음날에는 폭동으로 번져서 시위대와 진압 인력과 구경꾼 다수가 부상을 당하고 여섯 명이 사망했다. 선거일은 다가오는데 경찰도 속수무책이어서 마침내 주지사가 계엄을 선포하고 방위군 투입을 요청했다. 그러나 성난 군중은 오히려 주 의사당을 포위한 채 불만 사항을 열거하며 군대의 철수를 요구했다. 결국 주지사가 군대의 철수를 약속하며 노동자들에게 업무에 복귀하도록 간청하여 일주일간의 폭동은 끝을 맺었다.

이 폭동은 11월 말에 열린 인디애나주 의회에서 주 최초로 최저임금제와 정규 노동시간을 확립하고 사업 장소의 안전을 보장하는 법안을 통과시키는 것으로 결실을 맺었다. 노동자들의 주거 환경을 개선하려는 계획이 추진된 것도 부수적인 성과의 하나였다.

권리, 노동, 유래, 저항, 현대 **(2018-11-01)**

실망해도 눈은 떠야

맷 먼로

홍콩에서 복무하던 한 영국 군인이 노래 솜씨가 뛰어나 가수로 데뷔하게 되었다. 주로 홍콩의 라디오 방송에 출연하며 인기를 얻어가던 그는 영국으로 진출하게 되었다. 하지만 인기는 잠깐이었을 뿐 곧 잊혀가던 그가 우연히 배우 피터 셀러스에게 발탁되어 유수의 레코드회사와 계약을 맺게 되었다. 머지않아 세계적인 스타가 될 맷 먼로였는데, 1960과 70년대에 그의 인기는 가히 5대양 6대주에 걸쳐 있었다. 그는 아시아, 유럽, 아프리카, 미주, 오스트레일리아의 콘서트홀, 카바레, 나이트클럽을 누볐던 것이다.

중후하지만 편안하게 들을 수 있는 그의 바리톤 음색은 영화를 통해서도 즐길 수 있었다. 우리에게는 〈007 위기일발〉이라는 제목으로 소개된 제임스 본드 영화 〈연인과 함께 러시아를 탈출하며〉의 주제곡은 그의 목소리로 방송을 탔고, 어미 잃은 새끼 사자를 키워 야생의 자연으로 돌려보내는 영화 〈야생의 엘자〉의 주제곡 〈자유롭게 태어나〉도 그가 불러서 아카데미 주제가상을 받았다.

이미 인기의 정점에 있던 그가 1964년 유로비전 송 콘테스트에 출전했다. 대상은 따놓은 당상처럼 보였다. 그러나 그해의 대상은 나이 열여섯의 이탈리아 출신 신인 질리올라 친퀘티에게 돌아갔다. 아직도 올드팬들의 가슴을 설레게 하는 청초한 모습으로 "난 사랑하기에 충분히 나이가 많다"고 어머니에게 항변하는 노래 〈논 오 레타〉가 심사위원들과 청중을 사로잡았던 것이다.

2위로 밀린 먼로가 낙담했던 것은 당연하다. 그러나 그는 실망에 머무르지 않았다. 오스트리아 대표로 출전하여 6위에 그친 우도 위르겐스의 노래를 유심히 들었다. 아니, 귀에 담아 마음에 새겼다. 먼로의 매니저가 영어로 개사하여 먼로가 부른 그 노래가 공전의 히트를 기록했다. 〈워크 어웨이Walk away〉, "당신의 한마디만 들어도 보내지 못할 것 같으니 말없이 떠나가오"라는 그 노래는 그렇게 만들어졌다.

신념, 음악, 작품 **(2016-11-03)**

수정의 밤 ● 헤르셸 그린츠판

아돌프 히틀러가 집권하면서 독일에서 유대인은 악몽을 맞았다. 이전까지 누리던 독일 시민의 권리를 잃은 것 정도가 아니었다. 그들은 나치 선전의 희생자가 되어 1차대전 패배는 물론이고 독일 경제 몰락의 원인으로 낙인찍혔다. 점차 생존권마저 위협받던 그들은 급기야 악명 높은 뉘른베르크 법에 의해 시민권을 빼앗기고 독일인과의 결혼까지도 금지되었다.

유대인들은 해외에서 도피처를 구해야 했지만 그들을 받아주는 곳조차 별로 없었다. "세상은 유대인이 살 수 없는 곳과 들어갈 수 없는 곳"으로 이루어진 것처럼 보였다. 독일 정부는 폴란드계 유대인을 추방했으나, 폴란드에서는 그들의 입국을 허락하지 않았다. 난민이 폴란드로 가면 폴란드 군인이 그들을 다시 독일로 보내는 일이 빗속에서 이어졌다. 음식도 피신처도 없었다.

그중에 그린츠판 부부가 있었다. 그들은 파리에 머무르던 17세의 아들 헤르셸에게 엽서를 보냈다. "무슨 일인지 아무도 말해주지 않아. 그렇지만 이제 곧 끝장이겠지. 한푼도 없는데, 우리에게 뭔가 보내줄 수 있겠니?" 헤르셸은 뭔가를 보내는 대신

권총을 구해 파리의 독일대사관으로 찾아갔다. 그리고 외교관 폼 라트에게 발사했다. 사실 그는 유대인에 대한 처우 문제로 나치에 반대하여 비밀경찰의 내사를 받던 인물이었다.

폼 라트가 사망했다. 그 소식이 독일과 오스트리아에 퍼지자마자 유대인에 대한 박해가 자행되었다. 나치 정부는 개입할 필요조차 없었다. 이미 그들의 선동에 넘어간 대중이 폭도로 변해 있었기 때문이다. 1938년 11월 9일 하룻밤에 최소한 91명의 유대인이 학살되었고 그보다 더 많은 수가 자살했다. 유대인 예배당과 상점과 가옥이 습격을 받아 파괴되었다. 이것이 '수정의 밤'이었다. 별이 빛나는 아름다운 밤이 아니었다. 길거리를 뒤덮은 유리 조각을 수정에 빗댄 말이었다.

그리고 그것은 시작일 뿐이었다. 홀로코스트라는 전대미문의 참극이 도사리고 있었다.

인종, 전쟁, 폭력 (2015-11-04)

잠바티스타 비코 •

1668년에 태어나 1744년에 사망할 때까지 잠바티스타 비코는 유럽의 변방이라 할 수 있는 나폴리를 떠나본 적이 별로 없다. 나폴리대학의 수사학 교수였던 그는 그곳에서조차 별로 알려지지 않았다. 수입도 변변치 않은데다 많은 식솔을 거느려야 했기에 빈한한 삶을 살았다. 그는 자신의 곤궁한 삶이 학문에 더욱 정진하라는 신의 섭리가 작용한 것이라 여기면서 『새로운 학문』의 집필에 몰두했다. 나폴리 뒷골목의 한 구석방에서 인류의 역사는 물론이고 인간 신체의 내면에서부터 천상의 세계까지를 아우르는 업적을 이룬 것이다.

그의 최대의 업적이라고 일컫는 『새로운 학문』은 대단히 독창적이면서 여러 학문 분야에 창조적인 화두를 던져주고 있다. 그럼에도 그 저작은 읽기가 난해하여 이탈리아인들조차 프랑스어와 영어 번역을 통해 그를 이해하게 되었다고 실토할 정도였다. 번역서를 통해 비코의 중요성에 대한 인식이 더 널리 확산되었고, 또한 여러 차례 열린 국제 학술대회가 결실을 맺으면서 이제 적어도 구미 각국에서는 비코가 유럽 사상사의 맥락 속에 확고한 족적을 남긴 인물이라는 평가가 보편화되기에 이르렀다.

많은 사람들이 저마다 다른 이유로 비코를 높이 평가한다. 제임스 조이스는 불행한 개인의 삶이 결국은 인류의 행복으로 귀결된 것이라는 비코의 스스로에 대한 평가에 자기 자신을 투영했다. 그 결과가 『피네간의 경야』라는 고도로 실험적인 소설이다. 헤이든 화이트는 인류 역사의 신비를 풀 열쇠로 언어에 주목했던 비코에게서 영감을 얻어 역사학에서의 '언어적 전환'을 이끌었다. 에드워드 사이드는 곤궁한 삶 속에서도 권력과 거리를 유지하며 비판의 자세를 견지한 비코에게서 지식인의 귀감을 발견했다.

비코를 이해한다면 다른 철학자들까지도 이해할 수 있는 또 다른 방편을 얻게 된다고 했던 석학 아르날도 모밀리아노의 평가는 아직도 유효하다. 『새로운 학문』의 한국어 번역본이 출간되었다. 비코에 대한 관심이 확산되기를 기대한다.

근대, 사상, 작가, 작품, 철학 **(2019-11-07)**

무엇을 할 것인가

● 니콜라이 체르니솁스키

러시아 작가 니콜라이 체르니솁스키의 『무엇을 할 것인가』는 이상적인 공동체를 그린 유토피아 소설이다. 감옥에서 집필한 이 작품의 여주인공 베라 파블로브나는 부자와 결혼시키려는 부모의 손아귀에서 벗어나 의대생과 위장결혼을 하며 경제적 독립을 추구한다. 베라가 연 방직공장에서는 노동자들이 자아를 실현하며 이익을 배당받는 등 '영원한 즐거움'을 얻는다. 여기에서는 모든 사회 계급과 남녀가 평등하다. 지식인의 임무는 교육을 통해 대중을 계몽시키는 것이다.

이 소설은 작품 자체보다는 극단을 오가는 이 저작에 대한 반응으로 더 잘 알려져 있다. 문학성을 강조하는 사람들은 이 소설에 보이는 훈계조의 서술을 혐오하고 조롱했다. 본디 이 소설은 투르게네프의 『아버지와 아들』에 대한 반응으로 나왔다고 알려져 있는데, 정작 투르게네프는 이 소설을 읽는 것조차 역겹다고 토로했다. 톨스토이도 이 소설을 못마땅해하며 도덕적 책임감에 대한 자신의 관점을 『무엇을 할 것인가』라는 같은 제목의 책으로 표출했다. 나보코프도 『재능』에서 이 작품을 조롱했다. 최대의 비판은 도스토옙스키에게서 나왔는데, 그는

『지하 생활자의 수기』에서 이 소설이 표방하는 공리주의적 이상의 허술함을 지적했다.

혁명에 고취된 이들의 반응은 전혀 달랐다. 플레하노프는 "인쇄기 발명 이후 러시아에서 가장 큰 성공을 거둔 책"이라고 칭찬했으며, 무정부주의자 에마 골드먼은 여주인공 베라와 같은 삶을 본받겠다고 다짐했다. 골드먼의 동지이자 연인으로 철강공장의 공장장을 살해하려 했던 알렉산더 버크먼은 이 소설의 등장인물인 라흐메토프를 자신의 가명으로 사용했다. 최대의 찬사는 레닌에게서 나왔다. 자본 형성이 뒤늦은 러시아에서 자본주의를 건너뛰고 사회주의 혁명을 일으키려면 지식인의 역할이 중요하다는 그의 이론에 정확하게 부합했기 때문이다. 그리하여 그 역시 『무엇을 할 것인가』라는 팸플릿을 작성했던 것이다.

문학, 유래, 작가, 작품 **(2018-11-08)**

양쪽에서 ● 조니 미첼

〈롤링스톤〉은 미국에서 창간 50주년이 넘도록 격주로 발행되는 대중문화에 대한 권위 있는 잡지다. 거기에서 캐나다 출신의 조니 미첼에 대해 "역대로 가장 위대한 가수이자 작곡가"라 평했다. 3000만 곡 이상을 보유하고 있는 온라인 최대의 대중음악 데이터베이스인 '올뮤직'에서는 "먼지가 가라앉고 나면 조니 미첼만이 20세기의 가장 중요하고 영향력이 큰 여가수로 우뚝 서 있을 것"이라고 극찬했다. 확실히 조니 미첼은 그럴 자격이 있다.

그는 캐나다 곳곳에서 버스킹을 하다가 미국에 정착했다. 그에게 찬사가 쏟아지는 이유는 무엇보다도 오랜 기간에 걸쳐 아름다운 곡들을 만들어 부르며 음악의 다양한 영역을 섭렵한 사실에 있다. 포크로 시작했지만 로큰롤, 블루스, 재즈는 물론이고 클래식에도 큰 영향을 끼쳤을 뿐 아니라 음역도 메조소프라노에서 콘트랄토로 넓혀나갔다. 그럼에도 일가견이 있어 발매한 앨범의 표지를 모두 손수 그렸다. 그는 스스로를 "상황에 의해 일탈한 화가"라고 규정할 정도였다. 비대해지는 음악산업에도 일침을 가해, 2007년에 낸 열일곱번째 앨범 이후로는 공연도 레코드 발매도 하지 않는다.

그의 노래는 사회적인 문제와 환경에 얽힌 이상을 많이 다룬다. 그렇다고 거기에 집착하지는 않는다. 사랑의 기쁨은 물론이고 마음의 혼란과 삶에 대한 환상까지도 건드리며 솔직하게 표현한다. 노래 〈Both Sides Now〉는 곡조가 뛰어날 뿐 아니라 가사가 미국의 영어 교과서에 실릴 정도로 한 편의 주옥같은 시다. 그래서 다수의 가수들이 이 곡을 불렀다. 구름과 사랑과 인생을 노래하는데, 한쪽에서만 봤던 젊을 적의 내가 이제는 양쪽에서 보며 내가 보는 것이 그것들에 대한 나의 환상에 불과한 것임을 받아들인다.

자식을 키울 방도가 전혀 없이 홀로 버려진 미혼모로서 딸을 입양 보낼 수밖에 없었던 사실을 아주 뒤늦게야 인정한 그의 개인적 고뇌를 이 노래에서 읽는다는 것은 지나친 해석일까?

미술, 신념, 음악, 현대 **(2017-11-09)**

다섯 번 낙선했어도

유진 데브스

유진 데브스는 민주당 인디애나주 의원으로 정계에 입문했다. 그는 특히 철도노동자의 생활 여건에 관심을 가지며 미국 철도노조의 확립에 기여했다. 1894년 그는 풀먼 철도회사의 파업에 관여했다. 노동자들은 회사측에서 경제적 공황을 빌미로 임금을 대폭 삭감하자 파업에 나서며 연대를 호소했다. 처음에 데브스는 파업이 연방 정부를 적으로 돌릴 위험이 있다는 이유로 반대했다. 그럼에도 조합원들은 파업을 강행했다. 파업의 규모가 커지고 다른 직종으로 확대되자 데브스도 따랐다. 결국 연방 정부에서는 군대를 동원해 파업을 진압했다.

데브스는 파업의 주동자로 체포되어 감옥에서 6개월을 보냈는데, 사회주의 이론에 관한 다양한 서적을 탐독하여 출소할 때에는 사회주의자가 되어 있었다. 그는 국제사회주의운동을 열렬하게 지지하면서 1898년에는 미국사회민주당을, 1901년에는 미국사회당을 창당했다. 그는 사회당의 대통령 후보로 다섯 차례 출마해 다섯 차례 낙선했다. 1920년의 마지막 입후보는 감옥 안에서 이루어졌다. 사회주의 전통이 척박한 미국 현실에서 당선 가능성을 염두에 둔 것이 아니라 자신의 소신을 떳떳하게 널리 알리기 위한 것이었다.

데브스는 뛰어난 연설가였다. 그의 옥중출마도 연설 때문이었다. 미국의 1차대전 참전에 반대하는 연설을 하여, '반역법'이라는 애국주의적 시각이 반영된 조항을 위반한 죄로 10년형을 선고받았던 것이다. 그는 법정에서 이렇게 진술했다. "살아있는 모든 존재가 나의 친족입니다. 하층계급이 존재한다면 내가 바로 그 계급에 포함될 것이요, 범죄분자가 존재한다면 내가 바로 그 분자일 것이며, 감옥 안에 단 하나의 영혼이라도 갇혀 있다면 나는 자유롭지 않습니다." 다섯 차례나 낙선한 그가 미국에서 가장 존경받는 정치인으로 꼽히는 이유다.

추문 폭로로 점철된 현 미국 대통령 선거의 이전투구와는 격이 달라도 한참 다르다.

권리, 노동, 신념, 용기, 정치, 지도자 **(2016-11-10)**

꽃을 든 남자 ● 니코스 벨로야니스

파블로 피카소는 〈꽃을 든 남자〉라는 스케치를 남겼다. 터키의 시인 나짐 히크메트와 그리스의 영화감독 니코스 지마스는 그 모델이 들고 있는 꽃을 더욱 구체화해 각기 〈카네이션을 든 남자〉라는 시와 영화를 남겼다. 법정에서 자신을 변론하며 자신이 지지하는 이념을 상징하는 붉은빛의 카네이션을 들고 있던 그 남자가 그리스의 독립투사 니코스 벨로야니스다.

아테네의 법학도였던 벨로야니스는 공산당에 가입했다는 이유로 퇴학당하고 감옥에서 고문을 당했다. 1941년 독일이 그리스를 점령한 뒤에는 나치스에게 넘겨졌다. 그는 탈옥한 뒤 그리스 인민해방군에 입대하여 주로 유고슬라비아에서 레지스탕스 활동을 펼쳤다. 그리스가 독립한 뒤 귀국한 그는 아테네에서 공산당을 재조직하려다가 체포되어 군사법정에서 재판을 받았다. 반역 혐의로 회부된 재판에서 사형은 면했지만, 곧 소련에 국가 기밀을 넘겼다는 간첩 혐의로 두번째 재판을 받았다.

피고가 재판관들을 향해 부역자라고 꾸짖고 조롱했던 이 재판은 세계적으로 관심을 끌었고, 피카소의 그림이 그를 '카네이션을 든 남자'라는 이름으로 불리게 만들었다. "살아서 나의 신념을 배반하느니 죽어서 그것을 지키겠노라. 나는 언제나 그런 선택을 해왔고, 지금도 그 일을 하고 있을 뿐"이며 "그리스 땅이 무덤과 폐허가 된 것에 대한 책임은 외국의 제국주의자들과 그리스의 그들 하수인이 져야 한다"고 포효했던 그에게 법정은 사형을 선고했다.

일주일 이내에 전 세계에서 수십만 통의 전보가 날아들어 사형 선고를 철회하라고 촉구했다. 피카소, 사르트르, 채플린, 엘뤼아르, 히크메트 등이 동참했다. 반면에 미국은 그리스의 국왕과 정부에 사형을 집행하라고 압력을 가했다. 결국 국왕 파블로스는 국제적인 사면의 청원을 묵살했고, 1952년 3월 30일 일요일 동이 틀 무렵에 37세 벨로야니스의 심장은 박동을 멈췄다.

O┳ 사상, 신념, 영화, 저항 **(2018-11-15)**

준비된 우연 ● 알렉산더 플레밍

스코틀랜드의 한 젊은이가 해운업체에서 근무하다가 삼촌에게서 약간의 유산을 물려받았다. 의사였던 형의 조언을 듣고는 그 돈을 의학 공부를 위한 학자금으로 썼다. 의대에 가기 전에 의용군에서 보병으로 복무했던 그는 대학의 사격부에 가입했다. 그의 솜씨를 눈여겨본 사격부의 수장은 그를 계속 회원으로 붙잡아두고 싶어 연구 조교를 제안했고, 그렇게 그는 예방의학과 면역학의 선구였던 암로스 라이트의 수제자가 되었다.

의학의 발전에 지대한 공을 세운 알렉산더 플레밍은 그런 경로로 의학에 입문했다. 1944년에 영국 왕실 작위를 받고 1945년에는 노벨 의학상을 받은 그를 영국 언론에서는 20세기를 빛낸 가장 위대한 인물로 꼽는다. 또한 스코틀랜드에서는 가장 뛰어난 스코틀랜드인을 선정하는 인기투표에서 국민 시인 로버트 번스, 중세의 전설적 영웅 윌리엄 월리스와 함께 3인방을 이루고 있다.

페니실린을 발견한 것으로 알려진 날을 돌이켜보며 그 자신은 이렇게 술회했다. "1928년 9월 28일 동이 튼 뒤 깨어난 나는 장차 박테리아 킬러를 발견해 의학혁명을 불러오게 되리라고는 전혀 알아채지 못했다. 그러나 그게 내가 한 일이었다." 마치 우연히 그런 발견을 했던 것처럼 말한다. 과학사에서는 우연한 발견으로 뜻밖의 업적을 올린 사례들을 가리켜 '세런디피티'라고 한다. 과학사가들은 플레밍의 말에 상응하듯 그 대표적인 예로 그의 두 업적인 라이소자임과 페니실린의 발견을 꼽는다.

라이소자임은 군의관 플레밍이 1차대전 당시 패혈증으로 인한 부상군인들의 사망 빈도가 특히 높았던 현상에 대해 연구하다가 발견했다. 페니실린은 포도상 구균 배지에서 인플루엔자 바이러스를 연구하다가 배양기에 발생한 푸른곰팡이 주위가 무균 상태라는 사실을 통해 발견했다. 이것이 우연이었을까? 이런 현상들을 목격했던 다른 사람들은 기존의 연구 방식을 고수했지만, 그는 다른 결말을 이끌어냈다. 우연도 준비된 사람에게 찾아온다.

과학, 관용, 의학, 전쟁, 학문 **(2017-11-16)**

키케로의 죽음 •

로마에서 가장 위대한 연설가로 꼽히는 마르쿠스 툴리우스 키케로는 라틴어 산문의 품격을 한껏 높여, 라틴어를 넘어 유럽의 여러 언어에서 산문의 역사는 키케로에 대한 반응의 역사라 일컬어진다. 이탈리아의 문인 페트라르카가 훗날 그의 편지를 발굴한 것이 이탈리아 르네상스의 출발이라고도 한다. '인문학'이나 '인문정신'을 뜻하는 '후마니타스'라는 단어를 그가 만들었으니 당연한 평가이다. 그 단어가 함축하는 내용까지도 그가 정립한 것이어서, 인문정신이란 "공적 영역에 적극적으로 참여하면서도 점잖고 충실한 사적 삶을 영위하는 덕성"이라는 가르침은 오늘날까지 이어져 내려온다.

키케로는 그 가르침을 실천하듯 정계에서 자신의 몫을 다했다. 공화제를 신봉하며 자신의 글재주를 발휘해 원로원의 눈엣가시들을 준엄하게 고발하던 그에게는 적이 많았다. 그 대표적인 인물이 원로원 체제를 비판하며 황제에 오르려던 카이사르였다. 그럼에도 카이사르는 키케로의 재능을 아껴, 내전에서 승리한 뒤에도 키케로에게 계속 정치활동을 권하는 등 친분을 유지했다.

정작 키케로에게 위험이 닥친 것은 카이사르가 사망한 뒤였다. 그는 카이사르의 유지를 이어받겠다는 안토니우스를 고발하는 연설문을 작성했다. 그리스의 명연설가 데모스테네스를 연상케 하는 글이었고, 그의 대중적 인기는 치솟았다. 그러나 정세의 변화는 다시금 안토니우스의 세력을 회복시켰고, 오히려 키케로가 궁지에 몰렸다. 키케로에게 자객들이 들이닥쳤다. 하인들이 숨기려 했음에도 그는 피하지 않았다. 오히려 자객들에게 당당하게 말했다. "그대들이 벌이는 행동에는 제대로 된 것이 없네만, 머리를 자르는 것 하나만은 제대로 하게나."

대통령과의 친분을 과시하며 세도를 부리던 자들이 그들끼리도, 심지어는 스스로도 말을 맞추지 못하고 추태를 보인다. 키케로까지 바랄 수는 없더라도 그 주변에는 어찌 이렇게 의로운 사람이 하나도 없을까.

고대, 권력, 신념, 유래, 풍자 **(2016-11-17)**

어두운 유언 ● 폴리 머리

간호사였던 어머니는 세 살 때 뇌출혈로 사망했다. 교사였던 아버지는 정신병동에 갇혀 있었다. 훗날 아버지는 백인 관리인에게 맞아 죽었다. 고아가 된 폴리 머리는 이모들과 외할머니 밑에서 자랄 수밖에 없었다. 외할머니는 노예제로 유지되던 미국 남부의 농장에서 농장 소유주가 한 노예를 강간한 결과로 태어났었다. 그럼에도 그의 손녀는 꿋꿋하게 자라났다. 그렇다고 결코 순탄한 삶은 아니었다.

뉴욕으로 이주하여 고등학교를 마친 머리는 궂은일을 마다하지 않으면서 대공황의 시련을 견디고 시립대학까지 졸업했다. 로스쿨에 진학하기로 결심하면서부터 그에게는 더 큰 시련이 닥쳤다. 노스캐롤라이나대학에 원서를 냈으나 당시에는 흑인을 받아들이지 않았다. 그 학교뿐 아니라 그 주는 물론이고 남부 전체가 그러했다. 대학총장과 루스벨트 대통령에게까지 탄원의 편지를 쓴 뒤 그것을 언론에 공개했다. 여전히 버스에서 흑백으로 좌석을 구분하던 버지니아에서 백인의 좌석에 앉아 있다가 경찰에 연행되기도 했다.

이런 행동을 통해 시민권의 중요성을 뼈저리게 인식하게 된 그는 결국 흑인들의 학교인 하워드대학 로스쿨에 진학했다. 그곳에서 경험한 것은 인종차별 대신 성차별이었다. 로스쿨의 유일한 여성이었던 그에게 강의 첫날부터 "여자가 왜 법대에 오는지 모르겠다"는 교수의 말을 들었다. 흑인에 대한 차별을 가리키는 '짐 크로우 법'에 빗대어 머리는 그곳에서 '제인 크로우 법'이 통용된다는 명언을 남겼다.

그뒤 캘리포니아대학에서 석사학위를, 예일대학에서 흑인 여성 최초로 법학박사 학위를 받은 그는 본격적으로 인권운동에 뛰어들었다. 그의 한 저서는 인권운동의 성서라고 불릴 정도였다. 그러다가 학계를 떠난 그는 1977년에 성공회의 성직자가 되었다. 『어두운 유언』이라는 시집도 냈다. "희망이란 음정 없는 노래 속의 단어." 그렇지만 "내게 희망의 노래와 그것을 부를 세상을 주시오." 그는 그런 세상을 살았다.

여성, 문학, 인종, 작가, 현대 **(2019-11-21)**

아나키스트로 살기

에마 골드먼

오늘날 리투아니아의 영토가 된 러시아제국의 땅에서 한 유대인 소녀가 태어났다. 아버지는 엄하고 완고했지만 저항적인 딸은 순종하지 않았다. 유대인 여자에게는 교육이 필요 없다던 아버지 밑에서 독학을 했던 딸 에마 골드먼은 니콜라이 체르니솁스키의 소설 『무엇을 할 것인가』에 매료되어 여주인공 베라 파블로브나를 본뜬 삶을 살겠다며 한평생을 그 책에서 영감을 얻었다.

부모의 억압과 가난을 피해 미국 이민을 결심한 골드먼은 봉제공장에서 일하다가 시카고의 헤이마켓광장에서 일어난 사건을 알게 되었다. 노동운동을 하던 아나키스트들이 단지 테러의 혐의만으로 사형을 선고받고 처형되었다는 소식은 골드먼의 반체제적 아나키즘의 정치철학을 강화시켰을 뿐이다. 그러나 그는 언제나 독자적인 신념에 따라 행동한 것이었지 다른 누구의 노선을 따르지는 않았다.

그를 자신의 후계자로 점찍었던 급진주의 지도자 요한 모스트는 그가 자신의 앵무새가 되기를 거부하고 독자적인 목소리를 내기 시작하자 "나와 함께 있지 않은 자는 나에게 반대하는 자"라며 격노했지만, 결국 골드먼은 그를 떠났다. 임금인상을 위한 파업을 와해시키려는 공장 경영자를 제거하기로 결심했을 때는 자금을 마련하기 위해 『죄와 벌』의 등장인물인 소냐를 떠올리며 매춘을 실행에 옮기려 했다. 징병제에 반대하여 수감된 뒤 결국 소련으로 추방되었지만, 그곳에서도 개별적인 목소리를 억압하는 체제에 환멸을 느꼈을 뿐이다. 자신의 주장에 반대하던 또다른 아나키스트 볼테린 드 클레어의 견해를 존중하여 그의 전기를 집필한 것도 같은 맥락에서 이해되어야 할 골드먼의 특성이다.

박열 의사와 함께 일왕의 암살을 기도했던 일본인 아내인 아나키스트 가네코 후미코가 독립유공자 서훈을 받게 되었다. 아나키즘에는 고정된 주의가 없다고 주장했던 점에서 골드먼보다는 볼테린 드 클레어에 가까웠던 가네코가 감옥에서 타계한 지 92년 만의 일이다. 환영한다.

권력, 노동, 여성, 저항, 전쟁 **(2018-11-22)**

스누피 ● 찰스 슐츠

삼촌은 조카에게 '스파키'라는 별명을 붙여줬다. 1920년대의 인기 만화에 등장하는 경주마였다. 만화 그리기를 좋아한 조카의 주요 모델은 애완견 스파이크였다. 못이건 핀이건 닥치는 대로 주워 삼키는 이상한 개였다. 그는 그림 한 점을 〈리플리의 믿거나 말거나〉라는 잡지사에 보냈다. 1918년에 창간호를 낸 그 잡지는 별난 인물이나 사건, 숨겨진 진기명기의 고수들을 소개하여 선풍적 인기를 끌었다. 이후 그 잡지사는 텔레비전 시리즈를 제작한 데 이어 오늘날에는 인터넷 게임으로까지 영역을 확장했다.

그 소년이 보낸 그림이 실렸다. "스파키는 핀과 못과 면도날을 먹는 사냥개"라는 자막이 붙었다. 이것이 찰스 슐츠의 만화 『피너츠』의 주인공 스누피가 탄생한 배경이다. 1950년부터 2000년까지 50년간 연재되었고, 한때는 75개 국가에서 21개 언어로 2600여 종의 신문에 실려 3억 5000만 명이 넘는 독자에게 웃음과 생각할 거리를 제공했다. 『피너츠』 덕분에 4단 만화가 하나의 규범으로 자리잡게 되었다.

이 만화는 거의 전적으로 어린이 세계를 다룬다. 어른들도 등장하지만 그 모습이나 목소리가 드러난 적은 드물다. 남자 주인공 찰리 브라운은 소심하고 자신감이 없다. 연을 날릴 줄도, 야구 경기에서 이길 줄도, 풋볼을 할 줄도 모른다. 풋볼을 시도하면 가혹한 여자 친구 루시가 마지막 순간에 공을 낚아채는 바람에 헛발질을 하다가 나자빠진다. 친한 듯하지만 대립의 각은 날카롭다.

땅콩을 가리키는 피너츠는 '의미 없는 사소한 것'을 뜻하기에 슐츠는 그 제목을 싫어했다. 그는 자신의 만화에 심오한 철학적 · 사회학적 · 심리학적 의미를 담으려 했다. 사실 독자도 그런 의미 때문에 그 만화에 열광했던 것이다. 스누피가 이런 말을 한다. "난 어제 개였어. 난 오늘도 개야. 난 내일도 개겠지. 쳇. 승진할 희망도 없다니." 우리 사회의 많은 젊은이들이 떠오른다.

유래, 작가, 작품, 현대 **(2017-11-23)**

흙수저는 박멸되어야?

마거릿 생어

뉴욕 빈민가의 간호사였던 마거릿 생어는 정치적으로 좌파였던 건축가 남편에게 동조하면서 사회활동에 적극적으로 참여했다. '빵과 장미'의 구호로 알려진 로런스 섬유 노동자들의 파업에 관여했고, 업턴 싱클레어나 에마 골드먼 같은 개혁적 인물들과도 교제했다.

이주해온 여성 노동자들 사이에서 일하면서 그는 많은 여성들이 피임에 대한 정보를 몰라 원치 않는 출산, 유산, 낙태의 고통을 겪어왔음을 알게 되었다. 그는 「모든 어머니들이 알아야 하는 것」, 「모든 소녀들이 알아야 하는 것」이라는 성교육과 관련한 글 두 편을 썼다. 그러면서 한편으로 '산아제한'이라는 말을 처음으로 사용했고, 미국 최초로 피임을 위한 임상실험실을 열었다.

이것이 문제가 되었다. 1873년에 제정된 '컴스톡 법'은 음란성을 근거로 피임에 관한 정보에 접근하는 것을 금지하고 있었기 때문이다. 아직은 피임이나 산아제한이라는 말조차 생소하던 시절에 그는 온갖 비판 속에 테러의 위협도 받았다. 그가 가족계획에 대해 쓴 책이 음란물을 규제하는 법에 위배된다고 기소당해 영국으로 피신하기도 했다. 그가 세운 임상실험실에서 피임과 관련한 자료를 배포했다는 혐의로 체포되기도 했다.

1차대전 이후 마거릿은 피임의 문제에 있어 개인보다는 사회 쪽에 더 관심을 두게 되었다. 그는 아이를 부양할 능력이 없는 경우에 출산을 제한해야 한다고 믿게 된 것이다. 여기에서 그의 활동이 우생학 주장자들과 겹친다. 그는 사회가 개입하여 사회적 부적격자들의 출산을 제한함으로써 인간의 유전자 속성을 개선해야 한다고 주장했다.

'산아제한의 도덕'이라는 1921년의 연설에서 그는 사회를 세 부류로 나눴다. 가족 규모를 스스로 조정하는 '교육받은' 부류, 방법은 몰라도 중요성은 인식하는 '책임 있는' 부류, 가족 숫자 조정에 신경쓰지 않는 '무책임한' 부류로. 셋째 부류의 재생산은 중단되어야 한다는 것이 그의 씁쓸한 결론이었다.

권리, 법, 여성, 저항, 차별 **(2016-11-24)**

다윈 읽기 •

찰스 다윈이라면 누구라도 진화론을 떠올릴 것이다. 교양인이라면 '자연 선택'과 '생존 경쟁'의 원리에 따라 생명체가 분화되고 종의 다양성이 유지된다는 것을 상식으로 알고 있다. 생명의 기원과 분포에 관련된 학설이기에 종교계와의 갈등도 피할 수 없었고, 『종의 기원』을 발표할 때까지만 해도 진화의 구체적인 작동 방식에 대해 다윈 스스로 명확하게 설명하지 못한 부분이 있어서 갖가지 논란이 일었던 것도 사실이다. 하지만 20세기 중반에 이루어진 유전학적 · 지구과학적 발견에 힘입어 다윈의 이론은 전반적으로 정설로 굳어졌다.

사상사의 맥락에서는 프로이트가 『정신분석학 입문』에서 했던 언급이 중요하게 떠오른다. 그는 인류가 과학에 의해 순진한 자기애에서 벗어날 수 있었던 두 가지 사례를 밝힌다. 첫째는 코페르니쿠스에 의해 지구는 상상도 할 수 없을 만큼 방대한 우주 체계 속에서 그 중심이 아니라 단 하나의 점에 불과하게 바뀌었다는 것이다. 둘째는 다윈에 의해 인간이 신의 가호를 받고 창조된 특별한 피조물이 아니라 "동물 세계의 후손으로 격하되었다"는 것이다. 프로이트가 그렇게 말한 이유는 무의식의 세계에 대한 자신의 발견이 코페르니쿠스와 다윈의 업적에 버금가거나 넘어선다는 주장을 펼치기 위해서였다.

이제 그 프로이트의 주장마저도 독일 과학자 에밀 뒤부아 레몽에게서 얻은 통찰이었음이 밝혀지고 있다. 그러나 이 글의 목적은 그 진위를 밝히려는 것이 아니다. 그렇게 중요하게 거론되는 다윈이지만 정말로 그의 대표작인 『종의 기원』을 사람들이 읽었을까 하는 단순한 문제 제기를 하려는 것이다. 얼마 전 출간된 『종의 기원 톺아보기』는 그런 문제의식에서 시작되었다. 생물학 전공자가 평생을 바쳐 다윈을 연구하면서 한편으로 누구나 읽을 수 있는 번역본이 없다는 사실에 마음이 아파 세심한 역주와 용어 설명을 곁들여 펴낸 책이다. 원저 자체에 대한 총괄적인 설명이 아쉬운 건 사실이지만 더 깊은 이해를 위한 출발점으로서는 충실하다.

과학, 사상, 연구, 작품 **(2019-11-28)**

지하 철도

19세기 초반부터 중반에 이르기까지 미국에는 '지하 철도'가 있었다. 이 역사적인 명칭은 '지하'에 있었던 것도 아니고, '철도'도 아니었다. 미국 남부의 가혹한 노예제를 피해 노예제가 없는 북부의 주나 캐나다로 도주하려는 흑인들을 돕던 비밀조직을 그렇게 불렀다. '지하'라는 말은 숨어서 활동해야 했기에 불린 이름이고, '철도'란 기차와 관련된 용어를 암호로 사용했기 때문이다. 예컨대 도주를 돕는 이들은 '승무원', 도주하는 노예는 '승객' 또는 '화물', 은신처는 '정거장'이라고 부르는 식이었다.

도주한 노예로서 작가이자 정치가로 활약한 프레더릭 더글러스는 자서전에서 노예제 폐지론자들의 이러한 활동에 대해 부정적으로 지적한 바 있다. 즉, 그들의 동기는 존중할 만한 것이지만, 그들의 활동은 노예 소유주에게 경계를 더욱 강화하도록 함으로써 실제로 노예들이 도주하기가 더 어려워졌다는 것이었다. 그렇지만 또다른 흑인운동 지도자였던 윌리엄 듀보이스는 지하 철도의 업적을 긍정적으로 평가했다. 그는 해리엇 터브먼이나 윌리엄 램버트의 행위를 거론하면서 특히 흑인 '승무원들'의 핵심적 역할을 강조했던 것이다.

캘리포니아주가 노예제가 없는 자유주를 선언하자 위기를 느낀 남부에서는 도주 노예법을 강화하여 엄격하게 시행하고자 했다. 그 법은 자유주라 할지라도 그곳의 관리는 도주 노예를 추적하는 노예 소유주를 도와야 한다는 내용이었다. 이렇게 어려운 상황에서 많은 흑인들이 노예로 가장하여 농장에 침투한 뒤 '승무원'이 되어 '승객'을 '정거장'으로 안내했던 것이다. 도주중 위기 때마다 흑인들의 도움이 없었더라면 애초에 성사되기 힘든 활동이었다.

처음부터 도주 노예법은 의회를 장악한 남부 출신의 의원들에 의해 입안되고 통과되었다. 목화가 가져다주는 막대한 이득에 눈이 멀어 흑인을 한낱 노동력으로만 여기던 그들이었다.

근대, 법, 인종, 차별 **(2018-11-29)**

야무진 여자 ● 골디 혼

세 살배기 예쁘장한 여자아이가 발레와 탭댄스를 배워 〈호두까기 인형〉의 공연 무대에도 올랐다. 성인이 될 무렵에는 발레 학원을 차려 교사로 나섰다. 본인은 캉캉 무대에도 오르며 나이트클럽에서 백댄서로 일했다. 틈틈이 연기 공부도 해오던 그가 단명했던 텔레비전 시트콤에서 배역을 맡았다. '머리가 텅 빈' 금발 미녀의 역할이었다. 그뒤 그에게 국제적인 명성을 안겨준 코미디 프로그램에서 맡은 역도 비슷했다. 다른 배우들이 연기를 하고 있는 사이에 그가 갑자기 괴성을 지르며 낄낄 웃다가 다음 순간에 정색을 하고 대사를 읊었던 것이다.

이렇게 골디 혼에게는 멍청한 금발 미녀라는 이미지가 배었다. 비키니 차림으로 찍은 포스터가 그런 이미지를 강화했다. 그렇게 굳어진 고정관념이 그를 따라다니며 더 큰 영광을 안겨주었다. 1960년대 말에서 70년대 초에 출연했던 영화들마다 그를 속된 말로 '예쁘지만 골이 빈' 캐릭터로 부각시키면서 인기를 유도했다. 그는 흥행의 성공을 보증하는 배우가 되었고, 그런 영화 중 하나인 〈선인장 꽃〉으로는 아카데미 여우조연상까지 받았다.

그런데 실생활의 그는 야무졌다. 암으로 투병하는 어머니를 돌보기 위해 인기 절정의 순간에도 영화계를 떠났던 그는 어머니의 타계 이후 영화 제작자와 감독으로서 은막의 세계에 돌아왔을 뿐 아니라 〈조강지처 클럽〉을 통해 연기자로도 복귀했다. 그러면서 케이트 허드슨을 비롯한 세 자녀를 훌륭한 배우로 키웠다. 남성들이 지배하는 영화산업의 세계에서 자신의 소명 의식과 신념 체계를 고수하면서도 "덜 위협적인 방식으로 견해를 제시하는" 신중함이 그 비결이었다.

2003년에 창설된 '골디 혼 재단'은 비영리기구로서 각종 혜택과는 거리가 먼 세계 전역의 어린이들에게 교육을 통한 재활의 기회를 제공하는 사업을 지원하고 있다. 눈에 보이는 것만으로 사람을 평가해서는 안 된다는 것을 일깨워주는 야무진 여성이다.

O┳ 여성, 영화, 왜곡 **(2017-11-30)**

별이 지다 ● 피델 카스트로

한 대학생이 정치적 부패와 사회적 불공정에 반대하며 자유와 개혁을 기치로 내건 정당에 가입했다. 정직한 정부를 세우려 했던 그 당은 패배했지만, 그는 자신의 대의명분을 지켜나갔다. 선출된 대통령이 갱단 두목들을 경찰 수장으로 임명하자 학생들의 저항이 커졌고, 그를 저항의 진앙으로 지목한 정부에서는 그가 대학을 자퇴하지 않으면 살해할 것이라고 위협했다. 그는 거부하면서 총을 소지하고 다녔고, 무장한 친구들이 그를 지켜줬다. 피델 카스트로는 그렇게 정치 세계에 들어섰다.

마침내 바티스타 정권을 몰아내고 권좌에 오른 그는 마르크스-레닌주의와 쿠바 민족주의를 적절하게 결합해 산업을 국유화하고 쿠바를 공산당 일당의 국가로 만들었다. 그리고 그것을 넘어 칠레, 니카라과, 그레나다 등에서의 반제국주의 혁명을 지원했다. 미국이 소련을 겨냥한 핵미사일을 터키에 배치한 것에 대한 반발로 소련이 쿠바에 핵무기를 배치하는 것을 허용한 그는 미국의 눈엣가시였다. 미국은 중앙정보국에서 훈련받은 반혁명분자들을 앞세워 쿠바를 침공했고, 경제 봉쇄를 통해 압박을 가했다. 그는 그것을 견뎌냈다. 그러면서 숱한 암살의 시도가 이루어졌다. 카스트로 스스로가 "나의 최고 업적은 수많은 암살 시도에도 살아남은 것"이라고 말할 정도였다.

국가 간의 이념이나 이해관계가 첨예하게 갈리는 정치 세계에서 그에 대한 평가도 날카롭게 대비된다. 대체로 개발도상국에서 카스트로는 사회주의, 반제국주의, 반식민주의의 기수로서 미국에 맞서 쿠바의 자주독립을 수호한 영웅으로 그려진다. 그가 쿠바를 넘어 국제적인 혁명운동에 영감을 주었다는 것이다. 서방에서는 인권유린을 자행한 정부를 이끌었던 독재자라고 비판한다.

어찌되었든 세계에서 가장 장기간 집권한 지도자로서, 말과 행동으로 세계 정치에 지대한 영향을 끼친 그가 며칠 전 타계했다. 반세기를 풍미한 20세기의 또하나의 별이 졌음에 조의를 표한다.

권력, 용기, 저항, 정치, 지도자 **(2016-12-01)**

막스 뮐러 1

1823년 12월 6일, 독일의 서정시인 빌헬름 뮐러의 아들이 태어났다. 빌헬름의 연작시 「아름다운 물방앗간 아가씨」와 「겨울 여행」에 프란츠 슈베르트가 곡을 붙여 연가곡집을 창작했으니 상당히 성가가 높던 시인이었음이 확실하다. 가곡 〈겨울 여행〉은 오역 때문인지 아니면 더 낭만적으로 보이게 하려고 그랬는지, 한국에서는 〈겨울 나그네〉로 알려져 있다.

아버지는 갓난아기의 이름을 손위 처남 프리드리히에서 따왔고 두번째 이름을 막스라고 지었다. 막스라는 이름은 아이의 대부였던 작곡가 카를 마리아 폰 베버의 오페라 〈마탄의 사수〉에 등장하는 사냥꾼에게서 따온 것이다. 그런데 훗날 그 아들은 뮐러라는 성이 너무도 평범하다고 생각하여 막스와 뮐러를 붙여 성으로 만들었으니, 정확하게는 그의 이름을 프리드리히 막스뮐러라고 해야 할 것이다.

집안 배경도 그렇고 라이프치히에서 공부하던 시절에는 펠릭스 멘델스존과 우정을 쌓기도 했지만, 음악보다 더 큰 관심사는 종교와 언어였다. 베를린, 런던, 파리를 오가며 산스크리트와 『우파니샤드』에 대한 지식을 쌓아가던 그는 옥스퍼드대학에서 학자로서의 경력을 시작했고 1855년에 영국으로 귀화했다. 1860년 옥스퍼드대학의 산스크리트 교수 공채는 지금도 논란이 되고 있는데, 그는 거기에서 탈락하자 실망을 감추지 못했다. 어머니에게 보낸 편지에서 "좋은 사람들 모두가 나를 지지했지만, 범속한 대중이 대다수였다"고 토로한 그는 귀화를 했음에도 독일인으로서 지닌 루터파 신앙이나 인도를 공부하며 알게 된 폭넓은 종교관도 문제시되었을 것이라고 생각했다.

1868년에 옥스퍼드대학의 비교문헌학 교수가 된 그는 스코틀랜드의 명망 높은 법관인 애덤 기퍼드 경의 유지를 받들어 지금까지도 이어지는 기퍼드 연례 강좌에서 4년에 걸쳐 종교에 대해 강연했다. 그의 주제는 '자연 종교', '물리적 종교', '인류학적 종교', 그리고 마지막으로는 '심리학적 종교'였다. 예상할 수 있듯, 그의 강연은 수많은 반론에 부딪혔다.

근대, 문학, 유래, 음악, 종교 **(2019-12-05)**

막스 뮐러 2 •

그의 첫번째 강연 '자연 종교'는 후속 강연들의 서론에 해당하는 것으로, 자연 종교에 대해 가장 폭넓게 정의를 내린 것이었다. 두번째 강연 '물리적 종교'는 자연 종교를 구체화한 사례의 하나로, 이런저런 민족들마다 어떻게 유한한 물리적 대상의 이면에 있는 무한한 존재를 느끼는지에 대해 논증한 것이었다. '인류학적 종교'란 민족들마다 영혼에 대한 믿음에 도달한 뒤 죽음 이후 그 영혼의 운명에 대해 어떻게 상상했는지를 보이려는 것이었다. '심리학적 종교'란 신과 영혼의 관계에 대한 것으로, 그 관계에 대한 참된 인식이야말로 참된 종교의 바탕이라고 주장하면서 그것을 '접신론'이라고도 일컬었다.

그에 대한 반박은 기독교의 목회자들에게서 나왔다. 어느 장로교 목사는 그의 강연이 기독교 신앙을 전복시킬 뿐 아니라 범신론을 확산시킨다면서 그를 연사로 선정한 주최측까지 비난했다. 교황청에서 스코틀랜드에 파견한 가톨릭교회의 참사관 알렉산더 먼로는 그의 강연이 "신의 계시와 예수 그리스도와 기독교 자체에 맞선 십자군전쟁"이었다고 독설을 퍼부었다. 막스 뮐러 스스로가 독실한 기독교 신자로서 자신의 연구 결과에 근거해서 학술적 논의를 펼친 것이었음에도 그의 교수직을 박탈해야 한다는 요구까지 나타났다. 오늘날의 결론은 막스 뮐러가 아니라 정작 그에 대한 비판자들이 기독교의 편견에 사로잡혀 있었다는 것이다.

하지만 그의 최대 업적은 동양의 여러 언어에 대한 연구에 바탕을 두고 '인도학'을 확립했다는 데 있다. 종교에 대한 연구도 따지고 보면 언어 연구에서 갈라져나온 것이었기 때문이다. 그에 따르면 언어의 연구는 불가분하게 그 언어를 사용하는 문화의 연구와 연결되고, 따라서 신앙의 체계와도 엮일 수밖에 없다는 것이다. 그는 사어의 계보를 밝히기 위해 '투라니아 어군'을 제안한 것으로도 유명하다.

그러나 우리에게 막스 뮐러는 『독일인의 사랑』을 쓴 소설가로만 알려져 있다. 그의 여러 저작 중 소설로서만 유일한 것인데도 말이다.

O┳ 문학, 연구, 작품, 종교, 학문 **(2019-12-12)**

형용사 없는 무정부주의

● 볼테린 드 클레어

미국에는 볼테린 드 클레어라는 여성 무정부주의자가 있었다. 노예제 폐지론자였던 아버지는 계몽주의자 볼테르를 본떠 딸의 이름을 지었다. 빈궁한 형편에도 아버지는 딸이 더 나은 교육을 받도록 수녀원에서 설립한 학교에 보냈다.

그곳에서 그는 오히려 무신론을 포용하게 되었다. "무지와 미신이 타오르는 그 지옥에서 벗어나려고" 그는 큰 강을 헤엄쳐 건넌 뒤 산길을 헤매다가 친지에게 발견되어 학교로 돌려보내지기도 했다.

학교를 졸업한 뒤 강연과 기고로 자신의 주장을 펼친 그는 궁극적으로 자유사상의 신문인 〈진보시대〉의 편집인이 되었다. 노동절의 유래가 된 헤이마켓 사건은 그에게도 큰 충격이어서, 무정부주의자로서의 입지를 굳건히 다지는 계기가 되었다. 그의 술회에 따르면 "그 이전까지는 배심원이 평결하는 미국 사법체계가 갖고 있는 본질적 정의를 믿었지만, 이후로는 결코 그럴 수 없었다".

그는 암살의 위협도 겪었다. 습격한 자는 과거에 자신이 가르치던 학생이었는데, 열병의 후유증으로 정신이상이 온 것이었다. 평소에도 병약했던 볼테린은 이 일로 귀와 목 부위의 만성적인 질환을 앓게 되었음에도 그 학생을 곧바로 용서하면서 이렇게 말했다. "질병을 앓은 두뇌에서 나온 행동으로 감옥에 가게 된다면 그것보다 더 문명에 위배되는 일은 없을 것이다."

그는 "형용사 없는 무정부주의"의 강력한 옹호자로 알려지게 되었다. 특히 20세기에 무정부주의자로서 큰 획을 그은 골드먼을 겨냥하여 재산권을 파괴하려는 공산주의자라고 공격하는 한편, 자신은 "개인에게 고유한 참된 재산권을 무효로 만들려는 모든 특권과 권위에 대한 전쟁"을 벌인다고 주장했던 것이다. "나는 무정부주의자 이외의 다른 수식어를 붙이지 않을 것이다."

세 살 손위의 볼테린과 골드먼은 처음에는 우호적인 사이가 아니었지만, 점차 지적으로 상대방을 존중하게 되었다. 볼테린은 「골드먼을 옹호하며」라는 글을 썼고, 골드먼이 내던 잡지 〈마더 어쓰〉에는 「볼테린 수필집」이라는 기사가 실렸다.

사상, 신념, 여성, 저항 **(2018-12-06)**

적폐의 발언권?

모리아크와 카뮈

1950년대에 프랑스는 두 명의 노벨 문학상 수상자를 배출했다. 1952년에 프랑수아 모리아크가, 1957년에 알베르 카뮈가 받았던 것이다. 그래서 비슷한 연배라고 착각할 수 있겠으나 모리아크가 서른 살 가까이 연상이었다. 그 둘 사이에서 격한 논쟁이 일어났는데, 그것은 프랑스가 해방된 1944년 9월부터 이듬해 정월까지 이어졌다.

무신론자였던 31세의 청년 카뮈는 자신이 편집장을 맡은 레지스탕스 기관지 〈전투〉에 나치 부역자들의 처리에 관한 글을 기고했다. 엄정한 사법부에서 엄격한 재판 과정을 통해 부역자들을 처단할 필요가 있다는 내용이었다. 59세의 가톨릭 신자 모리아크는 나치 점령 당시에는 미뉘 출판사에서 비밀리에 발행되던 〈피가로〉에 기고하고 있었다. 모리아크는 그러한 처단이 초래할 권력 남용을 경고했다. 그러한 처단은 갓 살아난 프랑스를 오염시킬 위험이 있기에 부역자에 대한 재판은 나치의 방법과는 달라야 한다는 것이었다. 요컨대 과거의 청산은 필요하지만 그것은 복수가 아닌 화해의 정신 속에서 이루어져야 한다는 것이었다.

카뮈의 반론과 모리아크의 재반론이 이어졌으나 기본적인 논조는 같았다. 젊은 카뮈는 레지스탕스 순교자들의 정신을 이어받아 비시 정권의 법과 결별하여 정의를 행사해야 한다고 강조했다. 노년의 모리아크는 연륜을 반영하듯 실제로 그러한 처단이 초래하게 될 국론의 분열과 형평성의 상실을 우려했다. 그런데 사태는 모리아크가 우려하던 대로 흘러갔다. 판결에는 일관성이 없었고, 각 정파마다 자신들의 정치적 목적을 위해 부역자의 처단을 활용했던 것이다. 2년 뒤 카뮈는 모리아크가 옳았음을 인정해야 했다. 판결은 갈등을 악화시키지 않으면서 최종적인 화해로 향해야 한다고 견해를 바꾼 것이다.

그렇지만 카뮈와 모리아크 모두의 주장에 부역자들의, 또는 그들을 위한 목소리는 없었다. 적폐청산의 문제에서 적폐의 발언권은 있을 수 없다.

🔑 작가, 정의, 정치, 풍자, 현대 **(2017-12-07)**

우스개 대통령 ● 이디 아민

이디 아민은 식민지 시절 우간다에서 영국군으로 복무하다가 우간다가 독립한 뒤 쿠데타를 통해 대통령이 되었다. 그의 통치 기간은 인권유린, 정치 탄압, 인종 말살, 금권정치, 부정부패로 점철되었다. 그에게 희생양이 된 사람의 숫자는 보고서마다 편차가 커서, 적게는 10만에서 많게는 50만 명에 이른다. 차이가 크다는 것은 그의 통치가 비밀과 테러로 얼룩져 있었음을 말해주는 방증이다. 집권 초기 친서방 정책을 펼치던 그는 방향을 바꿔 소련과 동독은 물론이고 리비아와도 동맹을 맺으며 서방 세계와 각을 세웠다.

그런데 아민이 유달리 세계의 이목을 끈 것은 그의 정책도 인권 탄압도 아니었다. 그것은 순간순간의 변덕이 병적으로 심해 조금도 예측할 수 없는 기질에서 비롯된 기행이었다. 그것은 시간이 지날수록 더욱 심해졌다. 1977년에 마침내 영국이 우간다와 외교 관계를 완전히 단절하자 그는 공식적으로 "왕관을 쓰지 않은 스코틀랜드의 왕"이라고 선언했을 뿐 아니라 스스로에게 다음과 같이 장황한 칭호를 붙였다. "종신 대통령 각하, 야전사령관 이디 아민 박사, 승리의 십자가, 탁월한 공적의 기사, 군대의 십자가, 뭍의 모든 짐승과 바다의 모든 물고기의 주인이자 아프리카의 대영제국, 그중에서도 특히 우간다의 대영제국의 정복자." 게다가 그는 아내 중 한 명의 신체를 절단하여 그것을 먹었다는 소문의 주인공이기도 했다. 해외에서 그는 기행을 일삼는 희극적인 인물로 조롱을 받기 일쑤였다.

이보다 더 우스꽝스러운 대통령은 있을 수 없다고 생각해왔는데, 하늘 아래 불가능한 것은 없음을 깨닫는다. 이 땅에서 그 실례를 보게 될 줄이야. 그렇지만 아민에게 박해를 당해 유배를 떠난 우간다의 망명객들이 토해낸 우려의 목소리는 귀담아들어야 한다. 그런 기행에만 관심을 두는 동안 그의 온갖 악행은 가려지고 있으며, 실로 아민은 그런 효과를 노리고 기행을 연출했을 수도 있다는 것을.

권력, 유래, 지도자, 폭력, 풍자 **(2016-12-08)**

카네이션 혁명 ● 안토니우 드 올리베이라 살라자르

안토니우 드 올리베이라 살라자르는 포르투갈을 36년간 총리로서 지배한 독재자였다. 그가 구축한 체제 '이스타두 노부'는 '새 나라' 또는 '새 누리'로 번역할 수 있으려나. 1926년 쿠데타를 통해 정계에 입문해 1932년에 총리가 된 그는 민주주의, 사회주의, 무정부주의, 자유주의에 반대하며 보수적 국가주의 체제를 공고히 다졌다. 가톨릭교회를 옹호하긴 했지만, 교회가 정치에 개입하는 것에 대해서는 확실하게 선을 그었다.

그러한 체제가 에스파냐 내전에서 프랑코 총통의 파시스트 정부를 지지한 것은 당연한 일이며, 여러 대륙에 널려 있던 식민지를 하나의 제국으로 여기고 억압적으로 간섭하며 전쟁을 불사하는 제국주의 정책을 지속해나간 것도 이해가 가는 일이다. 또한 반대 세력을 제압하기 위해 경찰력에 의존하며 검열과 탄압을 자행한 것도 그럴 법한 일이다. 그렇게 무소불위의 권력을 휘두르던 살라자르가 욕탕에서 미끄러져 넘어지면서 뇌출혈을 일으켰다. 곧 사망하리라는 예상과 달리 2년을 더 생존했지만, 총리는 교체되었다. 그 기간에 간혹 정신이 돌아올 때면 주변에서는 그가 여전히 총리로 재임중인 것처럼 대해줬다.

1970년에 마침내 그가 사망하고 4년이 지난 뒤 체제에 반대하던 장교들이 반란을 일으켰다. 그런데 그것은 곧 시민 저항이라는 예기치 못했던 거대한 물결과 합류하게 되었다. 결국 '이스타두 노부'가 무너지고 포르투갈은 아프리카와 동티모르의 식민지에서 물러났다. 이것을 '카네이션 혁명'이라고 부른다. 무엇보다 총성이 거의 없었고, 시민들이 독재와 식민지 전쟁의 종말을 축하하려고 거리로 나섰을 때 군인들의 총구와 제복에 카네이션을 꽂아주었기 때문이다. 이후 포르투갈에는 민주주의와 함께 거대한 정치적 · 경제적 · 사회적 변화가 일어났다. 포르투갈에서는 이 일을 기념하기 위해 4월 25일을 '자유의 날'이라 해서 국경일로 지정했다.

우화 같은 실화이다.

권력, 유래, 저항, 지도자, 폭력 **(2015-12-09)**

피 흘리는 캔자스

● 새뮤얼 존스

미국의 남북전쟁은 링컨 대통령이 취임한 뒤 노예제를 지지하는 남부의 7개 주가 남부 연합을 결성하고 섬터 요새에 포격을 가함으로써 시작되었다고 알려져 있다. 미국의 내부에 존재하게 된 두 개의 연합 국가 사이에 벌어진 전쟁이었다는 것이다. 그러나 정치적 · 경제적 시각의 차이에서 비롯된 민간인 차원의 충돌은 그보다 훨씬 전부터 있었다. 남부와 북부의 접경 지역에서 새로운 주로 탄생할 캔자스에서 충돌이 가장 격했다.

캔자스에서는 주민의 투표로 그 주가 자유주가 될 것인지 노예제를 허용할 것인지를 결정하기로 되어 있었다. 노예제 지지자들과 반대자들은 저마다 투표에서 우위를 점하기 위해 혈안이 되었다. 부정선거는 물론이고 물리적 충돌까지도 충분히 예견할 수 있는 상황이었다. 그 예견은 실현되었다.

남북전쟁이 일어나기 5년 전에 노예제에 찬성하는 행동가 새뮤얼 존스가 캔자스주에 있는 마을 로런스를 습격하고 약탈했다. 로런스는 캔자스를 자유주로 만들기 위해 매사추세츠에서 온 노예제 폐지론자들이 2년 전에 건설한 도시였다. 실제로 이 습격으로 인한 인명 피해는 단 한 명에 불과했고, 그것도 사고에 의한 사망이었다. 더 큰 피해는 노예제 폐지를 주장하는 현지 신문들의 발간을 중단시키고 건물을 파괴한 데 있었다.

노예제 폐지를 격렬하게 주장하던 존 브라운은 이것을 묵과하지 않았다. "말이 아닌 행동만이 필요하다"고 언제나 말해왔던 브라운과 그의 추종자들은 반격에 나섰다. 그는 노예제 지지자들이 집결하는 몇 곳을 습격하여 다섯 명을 살해했다. 결국 여러 해에 걸친 공방이 이어졌고, 200명가량이 사망했다. 브라운은 남부 연합의 무기고를 습격하여 노예들을 무장시키려다가 남부의 시민군과 해병대의 공격을 받고 사로잡혀 교수형에 처해졌다. 이 일련의 사건에 대해 〈뉴욕 트리뷴〉의 편집인이었던 호러스 그릴리는 "유혈의 캔자스"라고 불렀다.

인종, 전쟁, 정의 **(2018-12-13)**

세 편의 영화로 남은 사람

제임스 딘

연말연시에 방영하는 흘러간 영화를 통해 자주 만나는 배우 중 한 명이 제임스 딘이다. 자신을 이해해주는 유일한 사람인 어머니가 일찍 암으로 사망한 뒤로 그는 불안정한 삶을 살았다. 그렇다고 특별한 비운을 겪은 것은 아니어서, 고교시절 그는 야구와 농구는 물론이고 웅변에도 재능을 보인 우수하고 인기 많은 학생이었다.

대학에서는 법학에서 드라마로 전공을 바꿨기에 아버지와 갈등을 겪었다. 어쨌든 연기가 천성이었는지, 연기 수업을 받던 그는 전업 연기자가 되려고 대학마저 중퇴했다. 하지만 성공 가도에 이르는 길은 순탄치 않았다. 그는 콜라 광고를 통해 텔레비전에 처음 모습을 드러낸 뒤 이런저런 영화와 텔레비전 드라마에서 단역으로만 등장했다.

〈에덴의 동쪽〉이 그에게 찾아온 일생일대의 기회였다. 존 스타인벡의 원작 소설을 영화로 만들려던 엘리아 카잔 감독은 남자 주인공 칼 트래스크의 복합적인 감정을 잘 표현할 배우를 물색하고 있었다. 카잔은 말론 브란도 급의 연기자를 원했으나 각색자는 당시까지 거의 무명이던 제임스 딘을 추천했다. 원작자 스타인벡이 이 신인 배우가 그 역에 어울릴 것 같다고 인정하여 결국 딘으로 낙점되었다.

촬영이 시작되자 연기는 거의 즉흥적으로 이루어졌다. 딘은 그것을 자신을 위한 최고의 기회로 만들었다. 마지막 장면의 원래 대본은 병상의 아버지가 아들 칼이 벌어온 돈을 거절하자 아들이 낙담하여 떠나는 것이었다. 그러나 딘은 떠나는 대신에 감정을 폭발시켜 아버지를 끌어안으며 눈물을 흘렸다. 아버지 역의 배우조차 이 반전에 깜짝 놀랐는데, 카잔은 딘의 이 즉흥 연기와 아버지의 반응까지도 그대로 화면에 살렸다.

〈이유 없는 반항〉과 〈자이언트〉로 인기의 최정상에 오른 그는 자동차 경주중에 스물넷의 삶을 마감했다. "죽은 뒤에도 살아 있을 수 있다면, 그가 위대한 사람이다." 그는 자신의 기준대로 위대한 사람이었다.

열정, 영화, 작품, 현대 **(2017-12-14)**

불굴의 평화주의자

● **카를 폰 오시에츠키**

카를 폰 오시에츠키는 20세기 초 독일에서 연극 비평이나 페미니즘 같은 문화적 주제에 관한 기사를 주로 썼지만, 빌헬름 2세 치하 독일제국의 말년에 군국주의가 횡행하는 것을 보고 거기에 저항하며 평화주의자가 되어 정치에 관심을 보인 기자였다. 1차대전 당시 징집당해 전쟁의 참화를 직접 경험하면서 평화주의는 더욱 확고한 신념이 되었다. 바이마르 공화국 시절 그의 정치적 평론은 민주주의와 다원주의 사회에 대한 열렬한 지지자라는 평판을 안겨주었다.

그는 정치와 예술에 초점을 맞춘 주간지 〈벨트뷔네〉의 편집장이 된 뒤 필화 사건에 휘말렸다. 독일군이 'M대대'라는 특수 비행단을 소련에서 비밀리에 훈련시키고 있다는 사실을 한 기자가 폭로한 것이다. 그것은 1차대전 이후 독일이 무장을 할 수 없다는 베르사유 조약을 위반한 일이었다. 기자와 편집장 오시에츠키는 대법원에서 심문을 받고 '반역과 간첩'의 혐의로 기소되었다. 둘 다 18개월 징역형을 선고받았으나 기자는 외국으로 도주했고, 오시에츠키는 크리스마스 대사면으로 풀려났다.

석방된 뒤에도 그의 필봉은 무뎌지지 않아 군국주의와 나치에 대한 비판을 멈추지 않았고, 총통이 된 히틀러를 여전히 비판하는 몇 안 되는 목소리로 남았다. 결국 그는 체포되어 집단 수용소에 갇혔다. 수용소에서 그에 대한 처우는 특히 무자비했다. 국제적십자사에서 그를 접견하고 남긴 보고서는 이렇다. "감정이 없는 듯 창백하게 떨면서 한 눈은 부어오르고 이는 뽑힌 채 부러진 다리를 질질 끌고 있는 물체를 보았다. 견딜 수 있는 최극단에 도달한 인간이었다."

그가 1935년 노벨 평화상 수상자로 결정되자 괴링은 거절하라고 압력을 넣었다. 오시에츠키는 그 압력을 거절했다. "상을 받으면 독일 사회와 절연되리라는 비밀경찰 수장의 견해에 반대한다. 노벨 평화상은 국제적인 정치 투쟁이 아니라 국민들 사이의 이해의 상징이다."

신념, 용기, 저항, 전쟁 **(2016-12-15)**

내 마음속의 조지아

● 레이 찰스

레이 찰스는 시각장애인이자 흑인이라는 불리한 여건을 딛고 '소울'이라는 장르를 완성한 미국의 가수였다. 컨트리, 가스펠, 블루스, 재즈, 라틴 음악 등을 넘나들며 엮어낸 결과였다. 그의 수많은 노래들 중에서도 〈내 마음속의 조지아〉는 그 스스로 가장 사랑했고 에피소드도 많이 생긴 곡이다.

1960년에 이 노래가 나오자 레이 찰스는 전국적으로 찬사를 받으며 그래미상을 받았다. 이 노래의 호소력은 미국 내에 머무르지 않았다. 영국 록그룹 핑크 플로이드의 멤버인 로저 워터스는 한 인터뷰에서 열다섯 소년시절을 이렇게 회상했다. "한밤중에 나는 친구들과 어울려 재즈를 듣고 있었습니다. 레이 찰스의 〈내 마음속의 조지아〉였죠. 그때 이런 생각을 했습니다. 언젠가 누구나 지금 내가 느끼는 것의 20만 분의 1이라도 느낄 수 있는 곡을 만든다면 그걸로 충분하겠다고요."

이 노래의 성공 이후 레이 찰스는 조지아주의 오거스타에서 공연이 예정되어 있었다. 그러나 갑자기 공연을 취소하고 오거스타를 떠났다. 취소의 이유는 공연장에서 흑백을 분리하여 백인들에게만 좋은 자리를 배정하고 흑인들은 발코니에 있어야 한다는 이야기를 전해들었기 때문이다. 물론 손해배상 소송에 걸려 위약금을 물었다. 그렇지만 영화 〈레이〉에서 그린 것처럼 조지아에서 그의 공연이 금지되지는 않았다. 그는 이듬해에 흑백분리가 없는 조건으로 같은 공연장 무대에 올랐다.

그는 그 노래를 자랑스러워했다. 조지아주에서 그 노래를 주가로 채택했다는 사실이 특히 자랑스러웠던 것이다. 그는 이렇게 말했다. "나와 같은 흑인에게 폭력을 가하던 조지아주에서 갑자기 내 노래를 주가로 삼다니, 너무도 감동적입니다." 그에게 소울 음악이란 전기와 같았다. 그게 무엇인지 말하기는 어렵지만 어두운 방을 밝히는 힘이 있다는 것만은 부정할 수 없다. 확실히 예술의 힘은 어둠을 밝히는 데 있다.

신념, 영화, 음악, 인종, 차별 **(2015-12-17)**

포인세티아 ● 조엘 로버츠 포인셋

조엘 로버츠 포인셋은 미국의 의사 집안에서 태어났다. 법관이 되어 상류층으로 남아 있으라는 아버지의 충고를 받아들이기에는 해외에서 새로운 문물을 경험하고 싶은 욕구가 너무도 컸다. 그는 유럽 그랜드투어를 마친 뒤 러시아 여행도 다녀왔다. 차르였던 알렉산드르에게서 자기네 군대에 남아달라는 제안까지 받았지만 고국으로 돌아간 그는 칠레와 아르헨티나에 미국의 '특수 요원'으로 파견되어 외교관으로 활약했다. 의사이기도 했던 그는 식물학에도 관심이 많았다. 그는 스미스소니언 박물관의 전신인 미국 과학진흥위원회의 발기인이기도 했다.

미국의 초대 주멕시코 대사였던 그는 멕시코에서 특이한 식물을 발견하여 그것을 고향에 보냈다. 1826년의 일이었다. 점차 그 식물이 '포인세티아'라고 불리게 되어 오늘날에 이르렀다. 그전까지는 단지 '멕시코의 불꽃'이나 '색칠한 잎'이라는 이름으로 알려졌을 뿐이다. 그렇지만 당시까지도 미국에서 이 식물은 크리스마스와 연관되지 않았다. 그것은 또다른 맥락에서 살펴봐야 한다.

전설이라 하니 진위를 판명하긴 어렵겠지만 거기에는 민중의 지혜나 염원이 담겨 있을 것이다. 16세기 멕시코에 페피타 또는 마리아라는 이름의 소녀가 있었다고 한다. 예수의 생일에 아무것도 바칠 게 없던 그 가난한 소녀에게 천사가 나타나 길가에 있는 들풀을 모아다가 성당의 제단 앞에 두라고 했다. 그리하자 거기에서 갑자기 진홍색의 꽃이 피어나기 시작해 그것이 포인세티아가 되었다는 것이다. 17세기부터 프란체스코 수도회에서 그 식물로 성탄절 행사를 꾸미기 시작했다. 잎의 별 모양은 베들레헴의 별, 붉은색은 십자가에 못박힌 예수의 성혈을 상징한다는 것이었다.

오늘날 미국에서는 12월 12일을 '포인세티아의 날'로 기념하고 있다. 1900년부터 독일에서 온 이주민들이 길거리에서 그 꽃을 팔기 시작한 뒤 그 후손들이 재배법을 개발하고 독점하여 하나의 식물이 사업의 소재가 되었다. 그 방법을 알아낸 한 연구자의 공표에 의해 다행히도 그 독점은 깨졌다.

과학, 관용, 근대, 유래 **(2019-12-19)**

황금가지 ● 제임스 프레이저

스코틀랜드의 인류학자 제임스 프레이저의 저서 『황금가지』는 1890년 두 권으로 된 초판본이 나온 뒤 열두 권으로 된 최종본이 완성되기까지 25년이나 걸린 대작이다. 간략하게 말해 이 책의 주제는 고대의 종교란 풍요를 기원하는 주술로 출발했으며, 인간의 정신은 주술에서 종교를 거쳐 과학으로 발전했다는 것이다. 기독교 역시 이교도의 주술 지식에서 파생되었다는 주장은 많은 논란을 불러일으켜, 결국 프레이저는 한 권으로 된 축약본에서 기독교에 관한 논의를 제외했다.

책의 제목인 『황금가지』는 베르길리우스의 서사시 『아이네이스』에서 따온 것으로, 아이네이아스와 무녀는 지하 세계에 들어가기 위해 문지기인 하데스에게 그것을 제시했다고 한다. 프레이저에게는 그 황금가지가 겨우살이였다. 숙주가 되는 나무의 꼭대기에 뿌리를 내려 기생하지만 스스로 광합성도 하는 겨우살이는 모든 나무가 잠이 든 겨울에 푸른빛을 자랑한다. 사람들이 이 나무에 마력이 깃들어 있다고 여겨서 신성한 의식에 쓰였다는 것인데, 그리하여 북유럽의 신화에서 신 오딘의 아들인 발두르는 겨우살이 가지로 만든 창을 맞고 사망하는 것이다. 어머니인 여신 프리가의 노력으로 발두르는 살아났고, 프리가의 눈물이 겨우살이의 열매가 되었으며, 프리가는 그 밑을 지나가는 모두에게 키스를 퍼부었다고 한다.

이 겨우살이의 영어 이름이 미슬토이며, 북유럽의 여러 언어는 같은 어간을 지니고 있다. 성탄절에 가지와 줄기를 엮어 만든 장식물을 문이나 벽 높은 곳에 걸어두는 바로 그 미슬토이다. 기생하는 나무이기에 한때는 숙주를 죽이는 나쁜 식물로 여겨지기도 했지만, 요즈음에는 오히려 숙주를 건강하게 만든다는 보고도 있다. 그 북유럽의 신화가 기독교 시대에 성탄절과 연결되었다. 미슬토 장식은 마녀와 악령에 맞서 사람들을 보호해준다는 것 말고도 그 아래에 있는 여자에게는 키스가 허용된다는 관행이 생겨난 것이다.

O┳ 근대, 문학, 유래, 작가, 작품 **(2018-12-20)**

징글벨 ● 제임스 로드 피어폰트

크리스마스 시즌에 세계적으로 가장 많이 불리는 노래가 〈징글벨〉이다. 옛날 어느 누군가가 흰 눈 쌓인 벌판을 달리는 썰매를 보며 겨울 한철의 풍경을 노래로 만들었고 그것이 나중에는 캐럴로 굳어졌으리라. 보통은 이렇게 생각할 것이다. 그런데 이 노래의 내력을 알게 되면 이 세상의 많은 일들처럼 그러한 상식을 배반함에 놀라게 된다.

작곡자 제임스 로드 피어폰트가 이 노래를 처음 선보인 것은 1857년 가을 추수감사절 기간이었다. 그가 주일학교 성가대를 위해 이 노래를 만들었다는 주장이 있지만, 역사가들은 그것을 부정한다. 19세기 중반에 교회에서 부르기에는 이 노래가 너무도 세속적으로 흥겹다는 것이다. 보스턴의 길거리에서 초연된 이 노래는 그 지역의 많은 합창단에서 부르기 시작하면서 널리 알려지게 되었다. 그렇게 몇십 년이 지나면서 자연스레 크리스마스와 연결된 것이다.

1857년 9월 16일에 이 노래는 〈한 마리 말이 끄는 썰매〉라는 제목으로 저작권이 등록되었다. 작곡자의 한 친구가 이 노래를 가리켜 "즐거운 딸랑 소리(징글)"라고 했는데, 그것이 점차 이 노래의 이름으로 자리잡게 되었다. 그런데 '징글'이라는 영어 단어는 성스러움과는 거리가 먼 뜻을 많이 내포한다. 술잔에 든 얼음이 부딪히는 소리도 바로 그 의성어로 표현하기에, 사람들은 권주가로 이 노래를 불렀다.

말이 끄는 썰매는 한 쌍의 젊은 남녀가 함께 자리할 기회를 주면서 인적 없는 숲으로 그들을 데려간다. 이후의 일은 아무도 모른다. 잘 알려져 있지 않은 이 노래 2절의 가사를 들어보자. "썰매를 탔는데/ 패니 브라이트 양이 내 옆에 앉았네./ 말은 홀쭉하게 말라/ 썰매는 위태로워도/ 불행이 내 복인가/ 말은 둑에 처박히고/ 우리는 흠뻑 취했네." 무엇에 취했을까?

즐거운 계절이 꼭 거룩해야만 할까? 약간의 환락도 아름답게 보이는 철이다.

근대, 유래, 음악, 종교 **(2017-12-21)**

화이트 크리스마스

● 어빙 벌린

제정 러시아의 차르 알렉산드르 3세와 그 아들 니콜라이 2세는 유대인들을 가혹하게 추방했다. 그 결과 19세기 말부터 러시아의 유대인들이 대거 미국으로 향하는 배를 탔다. 그들 중에 모제스 베일린 부부와 여덟 자식이 있었다. 당시 다섯 살배기 아들은 훗날 어른이 되어서도 당시 길가에서 담요 위에 누워 집이 불에 타서 무너지는 것을 본 것밖에는 러시아에 대한 기억이 없다.

그 아이가 어빙 벌린으로 이름을 바꿔 미국 대중음악의 발전에 크게 기여한 작곡가가 되었다. 그는 "평균적 미국인들의 가슴에 가닿기 위해" 곡을 만든다고 밝혔다. 그들이야말로 미국의 영혼이기 때문이라는 것이었다. 그래서 그의 노래는 단순하고 직설적이다. 1988년 그의 100세 기념 헌정 공연에서 월터 크롱카이트가 "그는 우리나라의 이야기를 노래로 만든다"고 말했을 정도였는데, 그의 노래에는 이민자를 받아주고 성공의 가도를 달리게 한 나라에 대한 고마움도 표현되었을 것이다.

미국인의 애국심을 자극하는 노래 〈신이여, 미국을 축복하소서〉는 1938년에 초연된 이후로 여전히 미국인들의 변함없는 사랑을 받고 있다. 유명 가수치고 이 노래를 부르지 않은 이가 없을 정도로, 특히 2001년 9·11테러 이후에는 셀린 디옹이 또다시 녹음하여 빌보드 차트 1위에 오르기도 했다. 나름대로 뛰어난 작곡가인 제롬 컨은 "어빙 벌린은 미국의 음악에서 차지하는 위치가 없다. 바로 그가 미국 음악 자체이기 때문이다"라고까지 극찬했다.

그런데 그의 애국적인 노래들보다 세계적으로 더 잘 알려진 노래가 있으니, 바로 〈화이트 크리스마스〉이다. 기네스북에 따르면 빙 크로스비가 부른 이 곡은 싱글 디스크가 10억 장 넘게 팔려 불멸의 신기록으로 남아 있다. "꿈속에 보는 화이트 크리스마스." 세상은 누추하더라도 잠시나마 흰 눈이 가려준 고요함과 거룩함을 느끼고 싶어지는 계절이다.

유래, 음악, 현대 **(2016-12-22)**

고요한 밤, 거룩한 밤

요제프 모어와 프란츠 그루버

1818년 크리스마스이브. 오스트리아제국 잘츠부르크 강가 조그마한 마을 오베른도르프의 성 니콜라스 성당에서 저녁 미사에 노래가 울려퍼졌다. 1년 전 그곳에 부임한 요제프 모어 신부는 과거에 예수 탄생에 대한 영감을 시로 옮긴 적이 있었다. 그리고 부임 뒤 친구이자 인근 마을의 교사인 프란츠 그루버에게 부탁해, 그루버가 그 시에 기타 반주를 붙인 신곡이 그 노래였다. 쥐가 오르간을 쏠아 고장이 나서 기타 반주로 된 곡을 부탁했다는 말도 있지만 확인되지는 않았다.

어쨌든 모어 신부의 기타 반주와 테너에 맞춰 작곡자가 베이스로 화음을 넣었고, 합창단이 후렴을 노래한 그 첫 공연에 갈채가 쏟아졌다. 매년 크리스마스가 오면 이 교회에서는 이 곡을 노래해, 점차 많은 사람들에게 알려지게 되었다. 오르간을 수리하던 외부인이 이 곡의 악보를 유출하는 바람에 이 곡이 '티롤 민요'로 더 널리 알려지는 데 도움이 되기도 했다. 1859년 뉴욕에 있는 성공회 소속 트리니티 성당의 존 프리먼 영 신부가 이 가사를 영어로 번역했다. 그것이 오늘날 가장 잘 알려진 영어 가사로 자리잡았다.

1914년 12월 24일, 1차대전 당시 서부전선의 격전지 이프르에서 독일군이 참호 주변에 크리스마스트리를 세우고 촛불을 켠 채 노래를 부르기 시작했다. 곧 영국군도 따라서 같은 노래를 불렀다. 〈고요한 밤, 거룩한 밤〉이었다. 그들은 총알과 포탄만 날아다니던 곳으로 나와 음식, 담배, 술, 단추, 모자와 같은 작은 선물을 주고받았다. 병사들 사이의 비공식적인 휴전이 성립된 것이다. 전쟁터였지만 이 노래가 풍기는 경건하면서도 아늑한 분위기에 그들의 인간성이 되살아난 것이었다.

그런 역사를 갖는 〈고요한 밤, 거룩한 밤〉은 크리스마스 때마다 세계 곳곳에서 가장 애창되는 캐럴이 되었다. 이 노래는 140여 개의 언어로 번안되었다. 오베른도르프의 성 니콜라스 성당은 오늘날 '고요한 밤 성당'이라고 불린다.

근대, 유래, 음악, 전쟁, 종교 **(2015-12-23)**

영국의 쉰들러 ● 니컬러스 윈턴

1909년 런던의 한 가정에서 아이가 태어났다. 유대인 부모는 2년 전 독일에서 이주해왔다. 그 가족은 영국의 융합 정책에 부응하여 기독교로 개종하고 이름도 영어식으로 바꿔 그 아이는 니콜라스 베르트하임에서 니컬러스 윈턴이 되었다. 금융인이었던 그는 뛰어난 펜싱 선수로서 영국 국가대표로 선발되었지만 전쟁으로 1940년도의 올림픽이 취소돼 참가하지는 못했다.

1938년 크리스마스 무렵 그는 프라하에 있었다. 본디 스위스 여행을 계획했지만 체코에서 영국으로 피난하려는 사람들을 돕던 친구 마틴 블레이크의 도움 요청을 거절하지 못한 것이다. '수정의 밤' 사건을 통해 나치의 선전에 넘어간 대중이 폭도로 변해 유대인에 대한 탄압이 거칠게 자행되던 시절이었다. 그 사건 이후 영국 의회는 17세 미만 유대인 아이들의 입국을 허용하는 법안을 통과시켰다.

그는 체코의 유대인 어린이들을 돕는 일을 자임했다. 문제는 그 아이들을 영국으로 보내는 일 자체였다. '수정의 밤' 이후 나치의 보복을 두려워했는지, 인접 나라들마다 국경에서 유대인들을 색출한 뒤 독일로 되돌려보낸 것이었다. 아이들은 네덜란드에 집결하여 영국으로 떠나게 되어 있었으나 네덜란드 국경도 사정은 마찬가지였다. 윈턴은 영국 정부가 그 아이들을 책임진다는 보장을 얻어 그들을 구할 수 있었다. 그렇게 구한 아이가 699명이었다. 그러나 윈턴은 아쉬워했다. 미국 등 다른 나라들이 나선다면 수천 명은 더 구할 수 있었는데 단지 스웨덴만 그중 일부를 받아들였기 때문이다.

윈턴은 50년 동안 이 일을 가슴에 묻어두었다. 그의 아내가 다락방에서 이 구출 작전과 관련된 상세한 스크랩북을 발견했다. 1988년 영국의 한 텔레비전 방송이 윈턴과 인터뷰를 했다. 방송에서 스크랩북과 함께 그의 선행이 소개되었다. 사회자가 물었다. "이분이 생명의 은인인 분들이 여기에 계시나요?" 20여 명이 일어나 그에게 박수를 쳤다. 이들이 '윈턴의 아이들'이었다.

관용, 신념, 전쟁 **(2019-12-26)**

선현에게 감사를

여러 이유로 어수선한 마음을 다잡기 위해 비코의 『새로운 학문』 원전을 꺼내들었다. 비코의 고향인 나폴리에서 태어나 그곳에서 삶을 마감한 석학 파우스토 니콜리니가 편집한 판본이다. 니콜리니는 나폴리의 국립문서보관소를 관장하던 고문서학자로서 동향의 선배였던 역사가 베네데토 크로체와 중요한 문화적 연대를 결성하여 편벽되지 않은 학문 연구에 큰 영향을 끼쳤다. 그렇지만 내게는 무엇보다도 그의 비코 연구자로서의 경력이 중요하다. 그는 『비코의 종교성』이라는 저서를 냈고, 『역사가 비코』를 유작으로 남겼다. 그런 저작들보다 더 큰 감명을 내게 안겨주는 것은 그가 편찬한 〈비코 전집〉이다.

본디 비코의 이탈리아어는 너무도 난해하여 이탈리아인들도 19세기 초에 나온 프랑스 역사가 쥘 미슐레의 프랑스어 번역을 통해 비코 필생의 업적인 『새로운 학문』을 읽곤 했다. 1948년 미국의 역사철학자 토머스 고더드 버긴과 이탈리아 문학 연구자 맥스 해럴드 피시에 의해 영역본이 나온 것은 비코의 연구사에서 또하나의 쾌거였다. 유수의 이탈리아 철학자까지도 역자들에게 감사의 편지를 보내 이제야 비코를 제대로 읽을 수 있게 되었다고 말했을 정도로 이 번역은 국제적인 비코 연구의 디딤돌이 되었다. 1999년에 아주 매끄럽게 읽히는 새 영역본이 펭귄 출판사에서 나왔지만, 꼼꼼히 읽다보면 버긴과 피시의 선구적 작업이 없이는 새로운 시도 자체가 불가능한 일이었음을 알게 된다.

역시 구관이 명관이라는 생각이 들다가 니콜리니의 판본을 읽다보니 버긴과 피시조차도 니콜리니의 세밀한 주석 작업이 선행되지 않았다면 번역 작업이 훨씬 더 어려웠으리라는 것을 알게 된다. 니콜리니의 업적을 통해 경외심을 갖고 바라보던 권위 있는 영역본에서 오류까지 찾을 지경이 되니, 밀려 있는 원전 번역 작업을 둘러싸고 더 큰 용기를 얻게 된 것은 뜻밖의 소득이라 할 것이다. 감사의 마음을 주고받아 마땅한 철에 어울리는 일을 하는 것 같아 뿌듯하다.

근대, 연구, 작품, 학문 (2017-12-28)

올드 랭 사인 • 로버트 번스

가는 해에 작별을 고하고 새해를 맞이할 때면 〈올드 랭 사인〉을 흔히 듣는다. 한국에서는 공식적인 애국가가 만들어지기 전에 오음계의 이 곡에 맞춰 애국가를 불렀고, 2012년 올림픽 때에는 가수 김장훈이 이 곡을 〈독립군 애국가〉로 리메이크하여 불러 이래저래 친숙한데, 이 노래에 친밀감을 느끼는 것은 한국 국민만이 아닌 듯하다. 중국인이나 태국인들도 이 노래를 자국의 민요라고 생각하며, 프랑스에서는 이별의 슬픔을 다시 만날 기약으로 달래주는 가사로 개사하여 부른다.

그런데 본디 이 노래는 스코틀랜드의 여러 시인들이 고향 산천에 전승되던 노랫가락을 다듬고 정성어린 구절을 덧붙이면서 오늘날 우리가 아는 악보로 자리잡게 되었다. 흔히 이 노래의 작사자로 알려진 로버트 번스는 특히 정성을 많이 쏟은 시인이었을 뿐이다. 1788년에 번스는 이 악보를 완성하여 스코틀랜드 음악 박물관에 보내면서 이렇게 말했다. "이 옛 시절의 옛 노래는 제가 어느 노인에게서 받아 적기 전까지는 인쇄된 적도 없었고 필사된 적도 없었습니다." 시인 스스로가 작사자라기보다는 채록자였음을 밝힌 것이다.

실로 번스보다 거의 한 세기 전부터 많은 시인들이 '오래전' 또는 '옛 시절' 정도의 뜻을 지닌 '올드 랭 사인'이라는 구절을 사용해왔다. 그리고 이 노래의 역사를 추적하는 사람들은 번스가 완성한 악보조차 오늘날 불리는 노래와는 가사도 멜로디도 달랐다는 사실을 지적한다. 그러니 그 이전의 노래는 훨씬 더 달랐을 것임을 쉽게 짐작할 수 있다.

그렇지만 한 가지 놓치지 말아야 할 사실은 외형적인 변천을 거듭하는 동안에도 아주 먼 옛날부터 스코틀랜드 민중에게 전해 내려온 원래 민요의 오래된 정서는 변함이 없었다는 것이다. 더구나 그것은 국경을 넘고 민족을 초월하여 수많은 사람들의 영혼을 자극하는 침투력까지 가진 애절함이다.

새해의 전망은 어두워도 기대를 가져보는 철이다.

문학, 음악, 작품 **(2015-12-30)**

찾아보기

조한욱 교수의 소소한 세계사
겹겹의 인물을 통해 본 역사의 이면

초판 1쇄 인쇄 2020년 6월 7일
초판 1쇄 발행 2020년 6월 17일

지은이 조한욱 | 펴낸이 신정민

편집 김승주 이희연 신정민 | 디자인 강혜림 | 저작권 김지영 이영은
마케팅 정민호 김경환 | 홍보 김희숙 김상만 함유지 김현지 이소정 이미희 박지원
제작 강신은 김동욱 임현식 | 제작처 한영문화사

펴낸곳 (주)교유당
출판등록 2019년 5월 24일 제406-2019-000052호

주소 10881 경기도 파주시 회동길 210
문의전화 031) 955-8891(마케팅), 031) 955-2680(편집)
팩스 031) 955-8855
전자우편 gyoyudang@munhak.com

ISBN 979-11-91278-49-1 03900